Metadata for Core Resources in
Engineering Sciences and Technology

工程科技
核心资源元数据

赵瑞雪 赵 华 武丽丽 鲜国建 等◎编著

科学出版社

北 京

内 容 简 介

　　工程科技是推动人类进步的强有力的发动机，在人类社会发展中扮演的角色变得愈加重要。随着大数据、人工智能的快速发展，人们对多来源、多类型的行业领域数据资源的需求日益增加。本书根据工程科技发展的需要，集成机械运输，信息电子，化学与化学工程、冶金材料，矿业、石油与天然气，能源动力，环境与水利，农业，海洋和海洋工程，医药卫生，基础科学等国内外工程科技领域信息资源元数据，为促进政府科学决策、工程科技研究开发、人才培养、产业技术发展提供面向全国的工程信息资源服务。

　　本书可为工程科技研究、产业发展、行业发展和咨询服务等相关领域从事智库研究、科学研究和管理决策的人员提供参考，也可供高等院校相关专业师生和工程科技从业者阅读。

图书在版编目（CIP）数据

　　工程科技核心资源元数据/赵瑞雪等编著. —北京：科学出版社，2020.5

　　ISBN 978-7-03-065000-9

　　Ⅰ. ①工… 　Ⅱ. ①赵… 　Ⅲ. ①科学技术–信息资源–元数据

　Ⅳ. ①G254.364

　　中国版本图书馆 CIP 数据核字（2020）第 077351 号

责任编辑：石　卉　吴春花/责任校对：彭珍珍
责任印制：吴兆东/封面设计：有道文化

科 学 出 版 社 出版
北京东黄城根北街 16 号
邮政编码：100717
http://www.sciencep.com
北京厚诚则铭印刷科技有限公司印刷
科学出版社发行　各地新华书店经销

*

2020 年 5 月第　一　版　　开本：720×1000　1/16
2025 年 2 月第二次印刷　　印张：29 1/2
字数：590 000
定价：198.00 元
（如有印装质量问题，我社负责调换）

编 委 会

凡 例

（一）

本书汇聚中国工程科技知识中心建设的核心资源元数据，主要包括资源名称、语种、学科领域、关键词、摘要、资源类型、数据格式、更新频率、用户权限、起始年、责任单位、联系电话、电子邮箱、链接地址和二维码等。

语种：分为中文简体、英文和其他。

学科领域：主要参照中国工程科技知识中心学科分类设置，并增加综合学科和交叉学科两大类。

资源类型：分为百科、标准、产业政策、会议论文、科技（咨询、行业）报告、科技成果、科技机构、科研项目、期刊、期刊论文、视频、数据集、统计数据、图片、图书、新闻资讯、学术活动、学位论文、专家学者、专利和其他。

数据格式：分为文本、数值、视频、图形图像和其他。

更新频率：分为年度更新、月度更新、季度更新、每周更新、每天更新、不定期更新，以及停止发布、更新。

用户权限：分为公开和授权。公开是指用户不用注册即可浏览或获取数据，授权是指用户须注册并经平台审核认证后方可浏览或获取数据。

起始年：收录数据的起始年份。

（二）

数据集严格按照《中国工程院学科分类体系》中一级学科、二级学科相应的先后顺序进行排列。本书提供的网址和二维码可直接定位到数据资源。因数据集平台对数据进行了打通、融合，部分类型数据，如论文、科技成果、专利等，网页链接会定位到检索界面。部分暂未上线的数据集，提供数据集平台的首页网址。因数据集平台的升级改版，可能会导致部分网页链接失效，使用中如有问题可与责任单位联系。

（三）

为便于读者理解中国工程科技知识中心不同分平台的类似资源，本书在收录时对部分数据集名称进行了细微修订，以便更贴切地体现收录数据的总体概况。随着数据集内容的不断更新和完善，数据集的网页名称也有可能会根据内容的变更进行修订。

（四）

如无特别说明，本书所涉数据统计日期截至 2019 年 12 月 31 日。

序　言

　　21 世纪以来，全球科技创新进入空前密集活跃的时期，新一轮科技革命和产业变革正在重构全球创新版图、重塑全球经济结构。不同学科之间日益呈现交叉融合趋势，科学技术从来没有像今天这样深刻影响着人民的生活福祉，也从来没有像今天这样深刻影响着国家的前途命运。科学技术的交叉融合发展以信息化、网络化、智能化为基础和杠杆，信息资源、知识服务和智能服务作为基础设施的支撑作用愈加凸显。

　　中国工程科技知识中心顺应技术发展潮流，应势而生，是经国家批准的首个工程科技领域公益性、开放式的资源集成和知识服务平台建设项目，是国家信息化建设的重要组成部分。中国工程科技知识中心由中国工程院承建，旨在为国家工程科技领域科技创新、重大活动、重大决策、企业创新与人才培养等提供大数据支撑和专业化知识服务，助推国家科技创新驱动发展战略。

　　中国工程科技知识中心自 2012 年 3 月启动建设以来，以技术创新、知识创新、服务创新和体制创新为驱动，联合国家各部委情报所、行业信息中心、国内重点高校、大型国有企业等机构，建设了 2 个知识服务总平台、34 个专业分平台，通过自建、联盟、合作等方式，汇聚了工程科技领域包括文献、科学数据、专家学者、科技报告、政策法规、科研项目、音视频等数十种数据资源，涵盖制造业、信息技术、化工、材料、能源、农业、医药卫生、环境等二十多个工程科技领域，资源规模逐年攀升。截至 2019 年，数据资源建设总量约 70 亿条，体量达 100TB，实现了工程科技领域各类数据汇聚的重大突破，为持续推动跨领域数据打通融合与知识服务奠定了坚实的基础。

为促进工程科技数据资源向全社会开放共享，中国工程科技知识中心项目整理了截至 2019 年底已经上线提供服务及正在建设还未上线的数据资源目录。同时，按照《中国工程科技知识中心元数据规范（Ⅱ）》，完善了资源的元数据信息，筛选出工程科技领域核心资源元数据近 800 条，按照知识中心工程科技领域学科分类体系及专业分中心进行组织，每条目录包括元数据基本信息和网页链接，形成《工程科技核心资源元数据》，向全社会公布。

《工程科技核心资源元数据》的出版得到了知识中心近四十家协建单位的鼎力支持，在此谨致诚挚的谢意。由于时间紧、任务重、缺乏经验，本书难免存在疏漏之处，衷心希望广大科技工作者和社会公众提出宝贵意见。

中国工程院副院长

陈左宁

2020 年 4 月

▌目 录

机械运输 ◆◇

制造业

◆ "一带一路"特色产业数据库

语　　种：中文简体

学科领域："一带一路"

关 键 词："一带一路"；特色产业；产业政策

摘　　要：收录"一带一路"沿线国家（地区）的重点特色产业政策、发展规划、项目信息、行业数据和新闻资讯等。

资源类型：其他

数据格式：文本

更新频率：不定期更新

用户权限：公开

起 始 年：2017 年

责任单位：中国工程机械学会

联系电话：010-68430825

电子邮箱：jinsh@cmes.org

链接地址：http://mkc.ckcest.cn/channel-list.html?subId=199918

◆ 美国制造业计划中心分析文章

语　　种：中文简体

学科领域：人工智能理论

关 键 词：美国制造业计划中心计划；战略；报告

摘　　要：国内专家对美国制造业计划中心相关报告的深度解析。

资源类型：科技（咨询、行业）报告

数据格式：文本

更新频率：不定期更新

用户权限：公开

起 始 年：2016 年

责任单位：中国工程机械学会

联系电话：010-68430825

电子邮箱：jinsh@cmes.org

链接地址：http://mkc.ckcest.cn:8023/MKSS/Details?type=strategicMacro&id=279

◆ 制造业领域研究报告

语　　种：中文简体

学科领域：制造业

关 键 词：自动化与机器人；汽车行业；先进制造；人工智能；航空航天；机械工程；智能制造及其他领域

摘　　要：收录制造业机器人、人工智能等专业领域相关的技术前沿、研究报告、国家战略策略等。

资源类型：科技（咨询、行业）报告

数据格式：文本

更新频率：不定期更新

用户权限：公开
起 始 年：2014 年
责任单位：中国工程机械学会
联系电话：010-68430825
电子邮箱：jinsh@cmes.org
链接地址：http://mkc.ckcest.cn/channel-list.html?channelId=119566

◆ 制造业领域机构库

语　　种：中文简体
学科领域：制造业
关 键 词：机构；科研院所；企业
摘　　要：收录智能制造、工业互联网、人工智能、新材料等领域的国内外知名机构信息。
资源类型：科技机构
数据格式：文本
更新频率：不定期更新
用户权限：公开
起 始 年：2017 年
责任单位：中国工程机械学会
联系电话：010-68430825
电子邮箱：jinsh@cmes.org
链接地址：http://mkc.ckcest.cn/channel-list.html?subId=89669

◆ 创新设计发展战略研究

语　　种：中文简体
学科领域：创新设计
关 键 词：创新设计案例；创新设计方法
摘　　要：收录"2012'河姆渡'杯小家电创新设计大赛"中的优秀作品案例展示，包括作者信息、作品信息及创新点，国内外制造创新设计大赛中对应作品的设计方法，以及理论体系、详细说明等。
资源类型：数据集
数据格式：文本
更新频率：不定期更新
用户权限：公开
起 始 年：2012 年
责任单位：中国工程机械学会
联系电话：010-68430825
电子邮箱：jinsh@cmes.org
链接地址：http://mkc.ckcest.cn:8023/MKSS/Details?type=strategicMacro&id=21

◆ 刀具工艺数据库

语　　种：中文简体
学科领域：刀具工艺
关 键 词：刀具；加工；工艺参数
摘　　要：收录用于孔加工的刀具工艺参数，包括牌号、材料、孔径、加工硬度、加工状态等。
资源类型：数据集
数据格式：文本
更新频率：不定期更新
用户权限：公开
起 始 年：2017 年
责任单位：中国工程机械学会
联系电话：010-68430825
电子邮箱：jinsh@cmes.org
链接地址：http://mkc.ckcest.cn:8023/MKSS/Details?type=technology&id=25

◆ 工程机械生产与贸易数据集

语　　种：中文简体
学科领域：工程机械
关 键 词：工程机械；进出口；贸易
摘　　要：按国别（地区）收录 60 多个国家（地区）涵盖压路机等 12 种工程机械的进出口、销量、保有量

等，按省份收录中国涵盖压路机等 12 种工程机械的进出口、销量、保有量等。
资源类型：数据集
数据格式：数值
更新频率：不定期更新
用户权限：公开
起 始 年：2014 年
责任单位：中国工程机械学会
联系电话：010-68430825
电子邮箱：jinsh@cmes.org
链接地址：http://mkc.ckcest.cn/dataSet/machinery.html

◆ 机器人生产与贸易数据集

语　　种：中文简体
学科领域：工业机器生产与贸易
关 键 词：工业机器人；自动化；贸易
摘　　要：收录世界上产业机器人每月的产量和出货量数据，按国别（地区）收录 30 多个国家（地区）产业机器人进出口台数和交易额，按省份收录中国产业机器人进出口台数和交易额。
资源类型：数据集
数据格式：数值
更新频率：不定期更新
用户权限：公开

起 始 年：2014 年

责任单位：中国工程机械学会

联系电话：010-68430825

电子邮箱：jinsh@cmes.org

链接地址：http://mkc.ckcest.cn/dataSet/robot.html

◆ 工业自动化与机器人技术

语　　种：中文简体

学科领域：工业自动化与机器人技术

关 键 词：工业自动化；机器人技术；前沿技术

摘　　要：收录工业自动化与机器人技术相关的前沿资料、热点资讯、先进产品、产业链数据和专家信息，并做集中展示，提供特色专题服务。

资源类型：数据集

数据格式：文本

更新频率：不定期更新

用户权限：公开

起 始 年：2011 年

责任单位：中国工程机械学会

联系电话：010-68430825

电子邮箱：jinsh@cmes.org

链接地址：http://sj.mkc.ckcest.cn:8081/special/index.html?parentId=136196

◆ 制造业关键技术标准数据集

语　　种：中文简体

学科领域：关键技术标准

关 键 词：飞机制造；高铁

摘　　要：收录飞机制造领域包含中国、美国和德国等 8 个国家（组织）的关键技术标准，收录高铁制造领域包含美国等 4 个国家（组织）的关键技术标准。

资源类型：标准

数据格式：文本

更新频率：不定期更新

用户权限：公开

起 始 年：1987 年

责任单位：中国工程机械学会

联系电话：010-68430825

电子邮箱：jinsh@cmes.org

链接地址：http://mkc.ckcest.cn/dataSet/technical.html

◆ 焊接工艺与设备

语　　种：中文简体
学科领域：焊接工艺与设备数据集
关 键 词：焊接；设备；动态
摘　　要：收录焊接行业相关的发展态势、企业动态、热点技术、职业教育、重点文章等资源，并做集中展示，提供特色专题服务。
资源类型：数据集
数据格式：文本
更新频率：不定期更新
用户权限：公开
起 始 年：2016 年
责任单位：中国工程机械学会
联系电话：010-68430825
电子邮箱：jinsh@cmes.org
链接地址：http://sj.mkc.ckcest.cn:8081/special/index.html?parentId=136200

◆ 机床生产与贸易数据集

语　　种：中文简体
学科领域：机床生产与贸易
关 键 词：机床；产量；贸易
摘　　要：收录金属切削机床和金属成型机床全球产量和中国产量、全球消费量和全球订单量，按国别（地区）收录 30 多个国家（地区）8 种不同机床的进出口数据，按省份收录中国 8 种不同机床的进出口数据。
资源类型：数据集
数据格式：数值
更新频率：不定期更新
用户权限：公开
起 始 年：2016 年
责任单位：中国工程机械学会
联系电话：010-68430825
电子邮箱：jinsh@cmes.org
链接地址：http://mkc.ckcest.cn/dataSet/machine.html

◆ 制造业科技发展史

语　　种：中文简体
学科领域：科技发展
关 键 词：机械发展史；古代机械史；近代机械史；现代机械史
摘　　要：收录机械简史、机械百科等，并做集中展示。
资源类型：数据集
数据格式：文本
更新频率：不定期更新
用户权限：公开
起 始 年：2018 年
责任单位：中国工程机械学会

联系电话：010-68430825

电子邮箱：jinsh@cmes.org

链接地址：http://mkc.ckcest.cn/channel-list.html?subId=51916

◆ 汽车生产与贸易数据库

语　　种：中文简体

学科领域：汽车生产与贸易

关 键 词：汽车；产量；贸易

摘　　要：收录全球与中国汽车产量和销量、分领域产量和销量，以及中国汽车进出口、分领域进出口等数据。

资源类型：数据集

数据格式：数值

更新频率：不定期更新

用户权限：公开

起 始 年：2014 年

责任单位：中国工程机械学会

联系电话：010-68430825

电子邮箱：jinsh@cmes.org

链接地址：http://mkc.ckcest.cn/dataSet/automobile.html

◆ 制造业强国指标体系

语　　种：中文简体

学科领域：高端制造业

关 键 词：制造业；强国发展路线；强国指标体系库

摘　　要：收录 18 个高端制造业的强国发展路线，强化战略目标及重点，明确相关重大工程。

资源类型：其他

数据格式：文本

更新频率：不定期更新

用户权限：公开

起 始 年：2017 年

责任单位：中国工程机械学会

联系电话：010-68430825

电子邮箱：jinsh@cmes.org

链接地址：http://mkc.ckcest.cn:8023/MKSS/Details?type=strategicMacro&id=241

◆ 制造业行业宏观数据集

语　　种：中文简体

学科领域：制造业宏观

关 键 词：制造业宏观；经济数据；机械进出口

摘　　要：收录中国制造业行业八大类机械的进出口、主营业务收入等宏观经济数据，并进行可视化展示、查询等。

资源类型：数据集

数据格式：数值

更新频率：不定期更新

用户权限：公开

起 始 年：2014 年

责任单位：中国工程机械学会

联系电话：010-68430825

电子邮箱：jinsh@cmes.org

链接地址：http://mkc.ckcest.cn/dataSet/manufacturing.html

◆ 制造业产业与经济

语　　种：中文简体

学科领域：产业与经济

关 键 词：产业动态；宏观经济；投资环境

摘　　要：跟踪制造业领域相关动态，关注影响制造业的宏观经贸趋势、指标数据，制造业领域的投资政策、趋势，以及大企业格局等。

资源类型：数据集

数据格式：文本

更新频率：不定期更新

用户权限：公开

起 始 年：2008 年

责任单位：中国工程机械学会

联系电话：010-68430825

电子邮箱：jinsh@cmes.org

链接地址：http://mkc.ckcest.cn/channel-list.html?channelId=51863

◆ 制造业产业政策

语　　种：中文简体

学科领域：产业政策

关 键 词：产业政策；制造业；主要国家

摘　　要：收录中国、美国、日本及主要贸易伙伴的制造业细分领域的相关产业政策。

资源类型：产业政策

数据格式：文本

更新频率：不定期更新

用户权限：公开

起 始 年：2013 年

责任单位：中国工程机械学会

联系电话：010-68430825

电子邮箱：jinsh@cmes.org

链接地址：http://mkc.ckcest.cn/channel-list.html?channelId=51862

◆ 智能制造案例集

语　　种：中文简体
学科领域：制造业
关 键 词：智能制造；案例；应用场景
摘　　要：收录智能制造及智能工厂相关的经典案例，并通过案例详解、案例视频、应用场景和应用点评深入剖析相应案例。
资源类型：数据集
数据格式：文本
更新频率：不定期更新
用户权限：公开
起 始 年：2018 年
责任单位：中国工程机械学会
联系电话：010-68430825
电子邮箱：jinsh@cmes.org
链接地址：http://sj.mkc.ckcest.cn:8081/special/index.html?parentId=136199

◆ 制造业关键领域数据集

语　　种：中文简体

学科领域：智能制造
关 键 词：智能制造；服务型制造；绿色制造；材料创新
摘　　要：收录智能制造、绿色制造、服务型制造等领域的资讯信息、发展趋势、研究报告等。
资源类型：数据集
数据格式：文本
更新频率：不定期更新
用户权限：公开
起 始 年：2013 年
责任单位：中国工程机械学会
联系电话：010-68430825
电子邮箱：jinsh@cmes.org
链接地址：http://mkc.ckcest.cn/channel-list.html?channelId=51860

◆ 制造业全球战略

语　　种：中文简体
学科领域：制造业
关 键 词：全球战略；宏观经贸；产业政策
摘　　要：收录主要贸易伙伴、主要国际组织、各国主要行业协会和学会、知名智库发布的，关于全球宏观经贸、产业发展、科技趋势的各类战略、规划和报告等。
资源类型：产业政策

数据格式：文本

更新频率：不定期更新

用户权限：公开

起 始 年：2015 年

责任单位：中国工程机械学会

联系电话：010-68430825

电子邮箱：jinsh@cmes.org

链接地址：http://mkc.ckcest.cn/channel-list.html?channelId=51856

◆ **制造业专家库**

语　　种：中文简体

学科领域：制造业

关 键 词：制造业领域专家；专家著作；学者信息

摘　　要：收录制造业领域的专家信息，包括姓名、工作单位、职称、个人简介等。

资源类型：专家学者

数据格式：文本

更新频率：不定期更新

用户权限：公开

起 始 年：2017 年

责任单位：中国工程机械学会

联系电话：010-68430825

电子邮箱：jinsh@cmes.org

链接地址：http://mkc.ckcest.cn/expert-list.html?subId=52119

◆ **制造业项目库**

语　　种：中文简体

学科领域：制造业

关 键 词：机器人、汽车行业、机床、航空制造、纺织技术等重点制造细分行业发展热点

摘　　要：收录制造业领域相关的科研项目信息，包括项目名称、项目编号、项目依托单位、项目类别等。

资源类型：科研项目

数据格式：文本

更新频率：不定期更新

用户权限：公开

起 始 年：2016 年

责任单位：中国工程机械学会

联系电话：010-68430825

电子邮箱：jinsh@cmes.org

链接地址：http://mkc.ckcest.cn/channel-list.html?channelId=51861

◆ 世界制造前沿报告

语　　种： 中文简体

学科领域： 制造业

关 键 词： 前沿聚焦；投资报告；网络安全

摘　　要： 收录先进制造领域相关的科技趋势、产业经济、投资报告、网络安全等，并做集中展示，提供特色专题服务。

资源类型： 科技（咨询、行业）报告

数据格式： 文本

更新频率： 不定期更新

用户权限： 公开

起 始 年： 2016 年

责任单位： 中国工程机械学会

联系电话： 010-68430825

电子邮箱： jinsh@cmes.org

链接地址： http://sj.mkc.ckcest.cn:8080/

◆ 制造业行业宏观发展状况

语　　种： 中文简体

学科领域： 制造业宏观

关 键 词： 综合宏观；原材料工业；装备工业；通信业

摘　　要： 收录制造业领域原材料工业、装备工业、消费品工业、通信业、电子信息和软件业等细分领域的综合宏观数据，并做集中展示，提供特色专题服务。

资源类型： 数据集

数据格式： 文本

更新频率： 不定期更新

用户权限： 公开

起 始 年： 2008 年

责任单位： 中国工程机械学会

联系电话： 010-68430825

电子邮箱： jinsh@cmes.org

链接地址： http://sj.mkc.ckcest.cn:8081/special/index.html?parentId=136202

◆ 制造业信息参考

语　　种： 中文简体

学科领域： 制造业、"一带一路"

关 键 词： "一带一路"；先进制造；简报

摘　　要： 原创《中国制造与一带一路倡议信息参考》专刊，对"一带一路"沿线国家（地区）的特色产业、经济动态、政策法规、经贸数据及重点合作项目进行汇聚展示；原创《先进制造信息参考》专刊，将国内外先进制造领域的期刊论文、会议论文和前沿报道收集、整理、翻译后编辑成

册，提供制造业各细分领域国际最前沿的科技信息；原创《制造业简报》专刊，将国际大型公司企业动态和先进技术精选入册，同时收录产业相关的战略与规划、重点报告摘要等。

资源类型：期刊

数据格式：文本

更新频率：月度更新

用户权限：公开

起 始 年：2017 年

责任单位：中国工程机械学会

联系电话：010-68430825

电子邮箱：jinsh@cmes.org

链接地址：http://mkc.ckcest.cn/channel-list.html?channelId=119567

轨道交通

◆ 川藏铁路专题数据

语　　种：中文简体
学科领域：铁路运输
关 键 词：高寒铁路；川藏；青藏铁路
摘　　要：收录川藏铁路沿线动态、工程相关信息、技术资料等。
资源类型：数据集
数据格式：文本
更新频率：月度更新
用户权限：授权
责任单位：中国铁道科学研究院集团有限公司科学技术信息研究所
联系电话：010-51849732
电子邮箱：rail@ckcest.cn
链接地址：http://rail.ckcest.cn/（2021年5月上线）

◆ 磁悬浮专题

语　　种：中文简体
学科领域：铁路运输
关 键 词：磁悬浮；超级高铁；磁浮
摘　　要：收录磁悬浮相关热点资讯、科技文献等。
资源类型：数据集
数据格式：文本

更新频率：月度更新
用户权限：授权
责任单位：中国铁道科学研究院集团有限公司科学技术信息研究所
联系电话：010-51849732
电子邮箱：rail@ckcest.cn
链接地址：http://rail.ckcest.cn/（2021年5月上线）

◆ 世界铁路动态数据库

语　　种：其他
学科领域：铁路运输
关 键 词：世界铁路；行业动态；铁路综合信息
摘　　要：收集整理世界铁路科技、改革、建设、经营、管理等领域最新发展动态和重大事件进展情况，包括英国、日本、俄罗斯、德国、法国等国家轨道交通技术、市场、经营管理、政策等的动态，以及铁路发展动态、发展战略、研发方向、技术热点等。
资源类型：数据集
数据格式：文本
更新频率：月度更新
用户权限：授权
责任单位：中国铁道科学研究院集团有限公司科学技术信息研究所
联系电话：010-51849732

电子邮箱：rail@ckcest.cn

链接地址：http://rail.ckcest.cn/（2021年 5 月上线）

◆ **铁路施工工法数据集**

语　　种：中文简体

学科领域：铁路运输

关 键 词：铁路工法；施工工法；工法

摘　　要：收录国家部委级别（1991～2017 年）铁路施工工法数据，涵盖桥、隧、车站等铁路工务工程类施工工法。

资源类型：数据集

数据格式：文本

更新频率：不定期更新

用户权限：授权

责任单位：中国铁道科学研究院集团有限公司科学技术信息研究所

联系电话：010-51849732

电子邮箱：rail@ckcest.cn

链接地址：http://rail.ckcest.cn/（2021年 5 月上线）

◆ **国外轨道交通学术会议全文数据集**

语　　种：其他

学科领域：铁路运输

关 键 词：铁路会议；学术会议；会议论文

摘　　要：收录国外轨道交通运输会议论文，含 10 个主要轨道交通学会会议出版物。

资源类型：会议论文

数据格式：文本

更新频率：年度更新

用户权限：授权

责任单位：中国铁道科学研究院集团有限公司科学技术信息研究所

联系电话：010-51849732

电子邮箱：rail@ckcest.cn

链接地址：http://rail.ckcest.cn/（2021年 5 月上线）

◆ **国外铁路科技文献文摘**

语　　种：其他

学科领域：铁路运输

关 键 词：国外铁路；国外期刊

摘　　要：在纸质文献数字化加工的

基础上，对刊名、文章标题、关键词、摘要等字段进行中文翻译。邀请铁路行业资深专家对重点文章或文章的精华部分进行翻译，形成短小（800～1000 字）、内容充实的优质文章，为用户通览全文、查找线索提供方便。

资源类型：期刊论文
数据格式：文本
更新频率：月度更新
用户权限：授权
责任单位：中国铁道科学研究院集团有限公司科学技术信息研究所
联系电话：010-51849732
电子邮箱：rail@ckcest.cn
链接地址：http://rail.ckcest.cn/（2021年 5 月上线）

◆ 国外铁路科技文献全文

语　　种：其他
学科领域：铁路运输
关 键 词：国外铁路；国外期刊
摘　　要：收录涵盖英、日、俄、德、法等多语种，共 100 多种国外轨道交通相关期刊。
资源类型：期刊论文
数据格式：文本
更新频率：月度更新

用户权限：授权
责任单位：中国铁道科学研究院集团有限公司科学技术信息研究所
联系电话：010-51849732
电子邮箱：rail@ckcest.cn
链接地址：http://rail.ckcest.cn/（2021年 5 月上线）

◆ 铁路运输统计数据

语　　种：中文简体
学科领域：铁路运输
关 键 词：铁路运输统计；国内铁路运输；国外铁路运输；欧盟铁路运输
摘　　要：收录铁路运输基础设施、轨道长度、线路长度、电气化里程、机车数量、按车辆类型分铁路车辆、载客量、座席量、货车数量、旅客列车速度、高速动车组数量、客运量、货运量、分类型货运量、多式联运运输量、危险货物运输量、铁路企业、投资、收益、分类型铁路事故数量、受害者人数、涉及危险品运输的事故数量等。
资源类型：统计数据
数据格式：数值
更新频率：年度更新
用户权限：授权
责任单位：中国铁道科学研究院集团

有限公司科学技术信息研究所

联系电话：010-51849732

电子邮箱：rail@ckcest.cn

链接地址：http://rail.ckcest.cn/（2021年5月上线）

◆ 铁路科技成果

语　　种：中文简体

学科领域：铁路运输

关 键 词：铁路科技成果；铁路科技评价；铁路科技鉴定

摘　　要：收录铁路行业机车车辆、线路、桥梁、隧道、建筑工程、通信信号、材料工艺、运输组织管理等相关铁路专业技术领域的科技成果评价及鉴定数据。

资源类型：科技成果

数据格式：文本

更新频率：不定期更新

用户权限：授权

起 始 年：2000 年

责任单位：中国铁道科学研究院集团有限公司科学技术信息研究所

联系电话：010-51849732

电子邮箱：rail@ckcest.cn

链接地址：http://rail.ckcest.cn/（2021年5月上线）

◆ 铁路科技奖励

语　　种：中文简体

学科领域：铁路运输

关 键 词：铁路科技奖励；铁路奖励；铁道学会奖

摘　　要：收录中国铁道学会科学技术奖以及中国国家铁路集团有限公司推荐国家奖励的奖励数据。

资源类型：科技成果

数据格式：文本

更新频率：不定期更新

用户权限：授权

起 始 年：1980 年

责任单位：中国铁道科学研究院集团有限公司科学技术信息研究所

联系电话：010-51849732

电子邮箱：rail@ckcest.cn

链接地址：http://rail.ckcest.cn/（2021年5月上线）

◆ 铁路行业科技专家

语　　种：中文简体
学科领域：铁路运输
关 键 词：科技专家；行业专家；专家信息
摘　　要：收录铁路行业科技专家信息，包括专家姓名、联系方式、工作单位、地址、所学专业、从事专业、参加铁路科研项目等，涵盖铁路相关科研、建设、运营、制造、管理等领域。
资源类型：专家学者
数据格式：文本
更新频率：不定期更新
用户权限：授权
责任单位：中国铁道科学研究院集团有限公司科学技术信息研究所
联系电话：010-51849732
电子邮箱：rail@ckcest.cn
链接地址：http://rail.ckcest.cn/（2021年5月上线）

◆ 铁路大型仪器及科学试验仪器信息数据集

语　　种：中文简体

学科领域：铁路运输
关 键 词：大型仪器；试验仪器；实验室
摘　　要：收录铁路行业科技专家信息，包括专家姓名、联系方式、工作单位、地址、所学专业、从事专业、参加铁路科研项目等，涵盖铁路相关科研、建设、运营、制造、管理等领域。
资源类型：其他
数据格式：文本
更新频率：不定期更新
用户权限：授权
责任单位：中国铁道科学研究院集团有限公司科学技术信息研究所
联系电话：010-51849732
电子邮箱：rail@ckcest.cn
链接地址：http://rail.ckcest.cn/（2021年5月上线）

◆ 世界轨道交通厂商及产品数据

语　　种：其他
学科领域：铁路运输
关 键 词：铁路厂商；铁路产品；铁路商情
摘　　要：收录国内外铁路和相关企业的厂商基本信息和技术、产品信息，主要包括厂商名称、联系方式、主要产品、参数介绍等。

资源类型：其他

数据格式：文本

更新频率：月度更新

用户权限：授权

责任单位：中国铁道科学研究院集团有限公司科学技术信息研究所

联系电话：010-51849732

电子邮箱：rail@ckcest.cn

链接地址：http://rail.ckcest.cn/（2021年5月上线）

◆ 轨道交通运输行业报告集

语　　种：其他

学科领域：铁路运输

关 键 词：市场信息；发展报告；行业报告；白皮书

摘　　要：收录国内外轨道交通行业发展报告、市场信息、行业预测报告、白皮书等。

资源类型：科技（咨询、行业）报告

数据格式：文本

更新频率：年度更新

用户权限：授权

责任单位：中国铁道科学研究院集团有限公司科学技术信息研究所

联系电话：010-51849732

电子邮箱：rail@ckcest.cn

链接地址：http://rail.ckcest.cn/（2021年5月上线）

◆ 世界轨道交通事故数据集

语　　种：其他

学科领域：铁路运输

关 键 词：事故新闻；事故调查报告；铁路事故

摘　　要：收录国外60多个国家（地区）的轨道交通行业事故新闻、事故调查报告，包括事故名称、事故地点、事故描述、事故类别、事故原因、事故等级、事故调查报告等。

资源类型：数据集

数据格式：文本

更新频率：不定期更新

用户权限：授权

责任单位：中国铁道科学研究院集团有限公司科学技术信息研究所

联系电话：010-51849732

电子邮箱：rail@ckcest.cn

链接地址：http://rail.ckcest.cn/（2021年5月上线）

◆ 铁路视频资源数据集

语　　种：中文简体
学科领域：铁路运输
关 键 词：铁路科普；铁路学术报告；铁路视频
摘　　要：收录铁路建设、铁路专业访谈、铁路学术报告、铁路科普知识等相关视频。
资源类型：数据集
数据格式：视频
更新频率：不定期更新
用户权限：授权
责任单位：中国铁道科学研究院集团有限公司科学技术信息研究所
联系电话：010-51849732
电子邮箱：rail@ckcest.cn
链接地址：http://rail.ckcest.cn/（2021年5月上线）

◆ 国外铁路基础设施数据集

语　　种：其他

学科领域：铁路运输
关 键 词：铁路基础设施；铁路装备；国外铁路设施
摘　　要：收录国外主要国家（地区）铁路运输企业的基础设施数据。
资源类型：数据集
数据格式：文本
更新频率：不定期更新
用户权限：授权
责任单位：中国铁道科学研究院集团有限公司科学技术信息研究所
联系电话：010-51849732
电子邮箱：rail@ckcest.cn
链接地址：http://rail.ckcest.cn/（2021年5月上线）

◆ 机车车辆数据集

语　　种：中文简体
学科领域：铁路运输
关 键 词：铁路装备；机车车辆；热点资讯
摘　　要：收录机车车辆相关热点资讯、科技文献资源、标准、工法、统计资料、基础设施等。
资源类型：数据集
数据格式：文本
更新频率：月度更新
用户权限：授权

责任单位：中国铁道科学研究院集团有限公司科学技术信息研究所
联系电话：010-51849732
电子邮箱：rail@ckcest.cn
链接地址：http://rail.ckcest.cn/（2021年5月上线）

◆ 轨道交通政策法规

语　　种：中文简体
学科领域：铁路运输
关 键 词：发展规划；纲要；制度
摘　　要：收集整理轨道交通相关政策法规，包括发展规划、纲要、规章制度等。
资源类型：产业政策
数据格式：文本
更新频率：不定期更新
用户权限：授权
责任单位：中国铁道科学研究院集团有限公司科学技术信息研究所
联系电话：010-51849732
电子邮箱：rail@ckcest.cn
链接地址：http://rail.ckcest.cn/（2021年5月上线）

◆ 轨道交通行业标准

语　　种：中文简体
学科领域：铁路运输
关 键 词：行业标准；铁路标准；标准规范
摘　　要：收集整理行业标准规范，包括铁道、交通、建工、建筑材料等行业。
资源类型：标准
数据格式：文本
更新频率：不定期更新
用户权限：授权
责任单位：中国铁道科学研究院集团有限公司科学技术信息研究所
联系电话：010-51849732
电子邮箱：rail@ckcest.cn
链接地址：http://rail.ckcest.cn/（2021年5月上线）

交通

◆ "一带一路"交通基础设施

语　　种：英文
学科领域：公路运输
关 键 词："一带一路"；公路；水路；基础设施；交通
摘　　要：收录"一带一路"沿线国家（地区）交通国别报告，以及公路和水路交通基础设施建设规划、工程建设标准、工程建设项目等。
资源类型：数据集
数据格式：数值
更新频率：年度更新
用户权限：授权
起 始 年：1996 年
责任单位：交通运输部科学研究院
联系电话：010-58278313
电子邮箱：zhanghan@motcats.ac.cn
链接地址：http://transport.ckcest.cn/（2020 年 5 月上线）

◆ 城市客运统计数据

语　　种：中文简体
学科领域：城市和乡村交通运输
关 键 词：城市客运；统计数据；交通
摘　　要：收录全国及分省份每年的公共汽车数、无轨电车数和运营线路情况，包括运营车数、运营车数-公共汽车、运营车数-天然气车、运营车数-液化石油气车、运营车数-无轨电车、标准运营车数、运营线路总长度、公交专用车道长度、客运量；每年的全国轨道交通车辆数和运营线路情况，包括运营车辆数、运营车辆数-地铁、运营车辆数-轻轨、运营车辆数-有轨电车、标准运营车数、运营线路总长度、运营线路总长度-地铁、运营线路总长度-轻轨、运营线路总长度-有轨电车、客运总量；每年的全国出租车数、客运轮渡数和运量情况，包括出租汽车运营车数、出租汽车客运量、客运轮渡运营船数、客运轮渡客运量等。
资源类型：数据集
数据格式：数值
更新频率：年度更新
用户权限：授权
起 始 年：2012 年
责任单位：交通运输部科学研究院
联系电话：010-58278313
电子邮箱：zhanghan@motcats.ac.cn
链接地址：http://transport.ckcest.cn/（2020 年 5 月上线）

◆ 道路交通安全专题数据

语　　种：中文简体
学科领域：公路运输
关 键 词：道路交通；交通安全；统计数据
摘　　要：收录全国道路交通事故数据，包括事故总体统计，公路里程、机动车和驾驶人员统计，事故分省份统计，事故分时段统计，事故伤亡人员统计，事故原因统计，事故形态统计，事故现场统计，死亡事故分类统计，事故道路通行条件统计，特大交通事故案例，特大交通事故统计，事故责任统计，高速公路事故统计，简易事故统计等。
资源类型：数据集
数据格式：数值
更新频率：年度更新
用户权限：授权
起 始 年：2004 年
责任单位：交通运输部科学研究院
联系电话：010-58278313
电子邮箱：zhanghan@motcats.ac.cn
链接地址：http://transport.ckcest.cn/（2020 年 5 月上线）

◆ 地方交通统计数据

语　　种：中文简体
学科领域：公路运输
关 键 词：交通；统计数据；省份；地方
摘　　要：收录分省份公布的交通运输统计数据，主要包括公路里程、公路桥梁、公路运输量、管理机构、从业企业和人员、客运班线、客货运站、城市客运等。
资源类型：数据集
数据格式：数值
更新频率：年度更新
用户权限：授权
起 始 年：2015 年
责任单位：交通运输部科学研究院
联系电话：010-58278313
电子邮箱：zhanghan@motcats.ac.cn
链接地址：http://transport.ckcest.cn/（2020 年 5 月上线）

◆ 港口靠泊船型比例数据

语　　种：中文简体
学科领域：港湾与港口

关 键 词：港口；统计数据；水路交通；船型

摘　　要：收录中国 20 个主要港口靠泊集装箱船型比例、散货船比例等。

资源类型：数据集

数据格式：数值

更新频率：年度更新

用户权限：授权

起 始 年：2012 年

责任单位：交通运输部科学研究院

联系电话：010-58278313

电子邮箱：zhanghan@motcats.ac.cn

链接地址：http://transport.ckcest.cn/（2020 年 5 月上线）

量、集装箱吞吐量-箱量、集装箱吞吐量-重量等。

资源类型：数据集

数据格式：数值

更新频率：年度更新

用户权限：授权

起 始 年：2012 年

责任单位：交通运输部科学研究院

联系电话：010-58278313

电子邮箱：zhanghan@motcats.ac.cn

链接地址：http://transport.ckcest.cn/（2020 年 5 月上线）

◆ 港口统计数据

语　　种：中文简体

学科领域：港湾与港口

关 键 词：港口；统计数据；水路交通

摘　　要：收录全国及分省份每年的全国港口生产用码头泊位拥有量情况，包括生产用码头泊位长度、公用生产码头泊位长度、生产用码头泊位数量、公用生产码头泊位数量、万吨级泊位数量、公用万吨级泊位数量；每年的全国港口吞吐量，包括旅客吞吐量、货物吞吐量、外贸货物吞吐

◆ 公路建设投资统计数据

语　　种：中文简体

学科领域：公路运输

关 键 词：公路；统计数据；交通；投资

摘　　要：收录全国及分省份每年的公路建设投资额，包括投资完成额、国家投资额、国内贷款额、利用外资额、自筹及其他。

资源类型：统计数据

数据格式：数值

更新频率：年度更新

用户权限：授权

起 始 年：2012 年

责任单位：交通运输部科学研究院

联系电话：010-58278313

电子邮箱：zhanghan@motcats.ac.cn

链接地址：http://transport.ckcest.cn/

（2020 年 5 月上线）

◆ 公路运输统计数据

语　　种：中文简体

学科领域：公路运输

关 键 词：公路运输；统计数据；交通

摘　　要：收录全国及分省份每年的全国公路里程（按行政等级分）、全国公路里程（按技术等级分）、全国公路里程（按路面类型分），全国公路桥梁和隧道、全国民用汽车拥有量、全国公路营运车辆拥有量、公路客货运输量、公路集装箱运输量、国道交通量、国家高速公路交通量等。

资源类型：统计数据

数据格式：数值

更新频率：年度更新

用户权限：授权

起 始 年：2012 年

责任单位：交通运输部科学研究院

联系电话：010-58278313

电子邮箱：zhanghan@motcats.ac.cn

链接地址：http://transport.ckcest.cn/

（2020 年 5 月上线）

◆ 国内外主要港口吞吐量数据

语　　种：中文简体

学科领域：港湾与港口

关 键 词：港口；统计数据；水路交通；吞吐量

摘　　要：收录 2001 年以来中国规模以上港口吞吐量数据以及 2007 年以来全球主要港口吞吐量数据。

资源类型：数据集

数据格式：数值

更新频率：年度更新

用户权限：授权

起 始 年：2001 年

责任单位：交通运输部科学研究院

联系电话：010-58278313

电子邮箱：zhanghan@motcats.ac.cn

链接地址：http://transport.ckcest.cn/

（2020 年 5 月上线）

◆ 国外交通技术资料

语　　种：英文

学科领域：公路运输

关 键 词：交通；技术；科技报告

摘　　要：收录世界道路协会、美国交通运输研究委员会、美国各州公路与运输工作者协会、兰德公司、英国交通运输研究实验室、世界银行等公开发布的出版物、技术报告、论文、手册等摘要或全文信息。

资源类型：其他

数据格式：文本

更新频率：月度更新

用户权限：授权

起 始 年：2018 年

责任单位：交通运输部科学研究院

联系电话：010-58278313

电子邮箱：zhanghan@motcats.ac.cn

链接地址：http://transport.ckcest.cn/（2020 年 5 月上线）

◆ 国外交通科技报告

语　　种：英文

学科领域：公路运输、水路运输

关 键 词：交通；技术；科技报告；

美国交通运输研究委员会

摘　　要：收录 Transport 数据库、美国交通运输研究委员会发布的国外交通运输（含道路运输、海运和水路运输、城市轨道运输、运输安全等）科技报告题录信息及全文。

资源类型：科技（咨询、行业）报告

数据格式：文本

更新频率：年度更新

用户权限：授权

起 始 年：1968 年

责任单位：交通运输部科学研究院

联系电话：010-58278313

电子邮箱：zhanghan@motcats.ac.cn

链接地址：http://transport.ckcest.cn/（2020 年 5 月上线）

◆ 国外交通信息

语　　种：中文简体

学科领域：公路运输、水路运输

关 键 词：交通；新闻资讯；技术；世界

摘　　要：收录由交通运输部科学研究院编译出版的内部资料《世界交通快讯》题录及全文信息，包括国外最新交通政策、科技发展资讯等。

资源类型：新闻资讯

数据格式：文本

更新频率：季度更新
用户权限：授权
起 始 年：2005 年
责任单位：交通运输部科学研究院
联系电话：010-58278313
电子邮箱：zhanghan@motcats.ac.cn
链接地址：http://transport.ckcest.cn/
（2020 年 5 月上线）

◆ 国外交通运输期刊文献

语　　种：英文
学科领域：公路运输、水路运输
关 键 词：交通；科技期刊；国外
摘　　要：收集整理 2013～2017 年
72 种国外交通运输期刊题录信息及
全文。
资源类型：期刊论文
数据格式：文本
更新频率：季度更新
用户权限：授权
起 始 年：2013 年
责任单位：交通运输部科学研究院
联系电话：010-58278313
电子邮箱：zhanghan@motcats.ac.cn
链接地址：http://transport.ckcest.cn/
（2020 年 5 月上线）

◆ 航运景气指数数据

语　　种：中文简体
学科领域：水路运输
关 键 词：交通；水路运输；景气指
数；航运
摘　　要：收录航运景气指数数据，
包括中国航运景气指数、中国航运信
心指数、中国航运景气动向指数、船
舶运输企业指数、干散货运输企业指
数、集装箱运输企业指数、港口企业
指数、航运服务企业指数等。
资源类型：数据集
数据格式：数值
更新频率：年度更新
用户权限：授权
起 始 年：2010 年
责任单位：交通运输部科学研究院
联系电话：010-58278313
电子邮箱：zhanghan@motcats.ac.cn
链接地址：http://transport.ckcest.cn/
（2020 年 5 月上线）

◆ 交通基础设施建设知识

语　　种：中文简体

学科领域：公路运输、水路运输

关 键 词：交通；基础设施；术语；知识；公路；隧道；桥梁

摘　　要：根据最新的设计施工规范整理形成的道路、桥梁、隧道设计与施工中的关键知识点。

资源类型：其他

数据格式：文本

更新频率：年度更新

用户权限：授权

起 始 年：2017 年

责任单位：交通运输部科学研究院

联系电话：010-58278313

电子邮箱：zhanghan@motcats.ac.cn

链接地址：http://transport.ckcest.cn/（2020 年 5 月上线）

◆ 交通基础设施数据

语　　种：中文简体

学科领域：公路运输、水路运输

关 键 词：交通；基础设施；高速公路；隧道；桥梁；港口

摘　　要：收录我国高速公路路段、

（特）大桥、（特）长隧道、中短隧道的属性数据，国内对外开放港口、国外主要港口属性数据，以及全国历次公路、港口、内河航道普查数据等。

资源类型：其他

数据格式：文本

更新频率：不定期更新

用户权限：授权

起 始 年：2009 年

责任单位：交通运输部科学研究院

联系电话：010-58278313

电子邮箱：zhanghan@motcats.ac.cn

链接地址：http://transport.ckcest.cn/（2020 年 5 月上线）

◆ 交通科技成果

语　　种：中文简体

学科领域：公路运输、水路运输

关 键 词：交通；科技成果；公路；水路

摘　　要：收录各级交通主管部门立项项目取得的成果信息。

资源类型：科技成果

数据格式：文本

更新频率：年度更新

用户权限：授权

起 始 年：2001 年

责任单位：交通运输部科学研究院

联系电话：010-58278313

电子邮箱：zhanghan@motcats.ac.cn

链接地址：http://transport.ckcest.cn/

（2020 年 5 月上线）

◆ 交通科技项目

语　　种：中文简体

学科领域：公路运输、水路运输

关 键 词：交通；科技项目；公路；水路

摘　　要：收录交通运输部及部分省厅立项的科技项目信息。

资源类型：科研项目

数据格式：文本

更新频率：年度更新

用户权限：授权

起 始 年：2001 年

责任单位：交通运输部科学研究院

联系电话：010-58278313

电子邮箱：zhanghan@motcats.ac.cn

链接地址：http://transport.ckcest.cn/

（2020 年 5 月上线）

◆ 交通运输标准

语　　种：中文简体

学科领域：公路运输、水路运输

关 键 词：交通；国家标准；行业标准

摘　　要：收录公路、水路交通运输领域国家及行业标准。

资源类型：标准

数据格式：文本

更新频率：季度更新

用户权限：授权

起 始 年：1980 年

责任单位：交通运输部科学研究院

联系电话：010-58278313

电子邮箱：zhanghan@motcats.ac.cn

链接地址：http://transport.ckcest.cn/

（2020 年 5 月上线）

◆ 交通运输部科技计划项目研究报告

语　　种：中文简体

学科领域：公路运输、水路运输

关 键 词：交通；科技项目；研究报告

摘　　要：收录交通运输部科技计划项目（含交通运输建设、应用基础研究、信息化技术研究、计量质量研究、科技成果推广、标准研究六类）研究报告。

资源类型：科技（咨询、行业）报告

数据格式：文本

更新频率：年度更新

用户权限：授权

起 始 年：2001 年

责任单位：交通运输部科学研究院

联系电话：010-58278313

电子邮箱：zhanghan@motcats.ac.cn

链接地址：http://transport.ckcest.cn/（2020 年 5 月上线）

◆ 交通运输工法

语　　种：中文简体

学科领域：公路运输、水路运输

关 键 词：交通；工法；公路工程；水运工程

摘　　要：收录国家级和省部级公路、水运工程工法。

资源类型：标准

数据格式：文本

更新频率：年度更新

用户权限：授权

起 始 年：2008 年

责任单位：交通运输部科学研究院

联系电话：010-58278313

电子邮箱：zhanghan@motcats.ac.cn

链接地址：http://transport.ckcest.cn/（2020 年 5 月上线）

◆ 交通运输行业发展报告

语　　种：中文简体

学科领域：公路运输、水路运输

关 键 词：公路运输；水路运输；发展报告

摘　　要：收录包括公路运输、城市公共交通、城市轨道交通、城市客运、内河航运、交通信息化、绿色交通、经济运行分析等领域在内的交通运输行业年度发展报告。

资源类型：科技（咨询、行业）报告

数据格式：文本

更新频率：年度更新

用户权限：授权

起 始 年：2010 年

责任单位：交通运输部科学研究院

联系电话：010-58278313

电子邮箱：zhanghan@motcats.ac.cn

链接地址：http://transport.ckcest.cn/（2020 年 5 月上线）

◆ 交通运输行业重点科研平台及科研仪器/基础设施

语　　种：中文简体

学科领域：公路运输、水路运输

关 键 词：交通；科研仪器；科研基础设施；科研平台

摘　　要：收录 137 个交通运输行业重点科研平台（包括行业重点实验室、行业研发中心、行业协同创新平台、国家工程实验室、国家工程研究中心、国家重点实验室、国家工程技术研究中心）基本信息，以及其保有的 50 万元以上科研仪器、科研设施信息等。

资源类型：其他

数据格式：文本

更新频率：不定期更新

用户权限：授权

起 始 年：2016 年

责任单位：交通运输部科学研究院

联系电话：010-58278313

电子邮箱：zhanghan@motcats.ac.cn

链接地址：http://transport.ckcest.cn/（2020 年 5 月上线）

◆ 交通运输行业专家

语　　种：中文简体

学科领域：公路运输、水路运输

关 键 词：交通；科技人才；行业专家

摘　　要：收录政府部门、科研机构、大专院校、企业等科技管理人员、科研人员的基本信息。

资源类型：专家学者

数据格式：文本

更新频率：不定期更新

用户权限：授权

起 始 年：2015 年

责任单位：交通运输部科学研究院

联系电话：010-58278313

电子邮箱：zhanghan@motcats.ac.cn

链接地址：http://transport.ckcest.cn/（2020 年 5 月上线）

◆ 欧洲和北美运输统计数据

语　　种：英文

学科领域：公路运输、水路运输

关 键 词：欧洲；北美；交通运输；统计数据

摘　　要：收录联合国欧洲经济委员会发布的欧洲和北美运输统计数据，包括道路基础设施、道路车辆、道路交通标志、铁路企业、铁路网、铁路货运与客运、牵引机车、通航内河航道、内河船舶、内河货运、国际货运、石油管道基础设施与运输量等。

资源类型：统计数据

数据格式：数值

更新频率：年度更新

用户权限：授权

起 始 年：2001 年

责任单位：交通运输部科学研究院

联系电话：010-58278313

电子邮箱：zhanghan@motcats.ac.cn

链接地址：http://transport.ckcest.cn/
（2020 年 5 月上线）

◆ 全球航运专题数据

语　　种：中文简体

学科领域：水路运输

关 键 词：水路运输；航运；统计数据；船舶；港口

摘　　要：收录德国不来梅航运经济与物流研究所发布的船舶制造（世界造船业、船型调查、造船国家/机构/厂）、港口与海上运河（世界港口交通、港口货物运输、港口集装箱运输、海上运河）、航运市场航运服务供给［航运成本、价格、（商/特殊）船队］、航运服务需求（海运贸易、世界经济贸易、原材料）、货运与租船市场、国家/国际组织航运市场情况等。

资源类型：数据集

数据格式：数值

更新频率：年度更新

用户权限：授权

起 始 年：2013 年

责任单位：交通运输部科学研究院

联系电话：010-58278313

电子邮箱：zhanghan@motcats.ac.cn

链接地址：http://transport.ckcest.cn/
（2020 年 5 月上线）

◆ 日本钢桥数据

语　　种：其他

学科领域：桥梁结构设计及勘测计算

关 键 词：日本；桥梁；基础设施

摘　　要：收录日本桥梁建设协会发布的日本钢结构道路桥、铁道桥属性数据，包括桥长、设计荷重、斜角、曲率、床版、架设工法、施工会社、侧面图、断面图等。

资源类型：其他
数据格式：文本
更新频率：年度更新
用户权限：授权
起 始 年：2010 年
责任单位：交通运输部科学研究院
联系电话：010-58278313
电子邮箱：zhanghan@motcats.ac.cn
链接地址：http://transport.ckcest.cn/
（2020 年 5 月上线）

◆ 世界道路统计数据

语　　种：英文
学科领域：公路运输
关 键 词：道路运输；统计数据；世界
摘　　要：收录国际道路联盟发布的世界道路统计数据，包括路网概况、路网密度、路网里程、铺面道路比例、机动车通行道路比例、各国年度交通量、各类车辆年度交通量汇总、公共汽车交通量、客车交通量、卡车和货车交通量、摩托车交通量、陆上货物运输量汇总、国内货物运输量汇总、公路货物运输量、陆上旅客运输量汇总、公路旅客运输量、铁路旅客运输量、各国车辆比率汇总、各国各

类在用车辆数汇总、在用车辆总数、每公里公路车辆数、每千人车辆数、每千人客车数、道路交通事故汇总、道路交通事故数、道路交通事故受伤人数、道路交通事故死亡人数、每 10 万人道路交通事故数、每 10 万人道路交通事故死亡人数、每亿公里车程道路交通事故数等。

资源类型：统计数据
数据格式：数值
更新频率：年度更新
用户权限：授权
起 始 年：1996 年
责任单位：交通运输部科学研究院
联系电话：010-58278313
电子邮箱：zhanghan@motcats.ac.cn
链接地址：http://transport.ckcest.cn/
（2020 年 5 月上线）

◆ 水路运输统计数据

语　　种：中文简体
学科领域：水路运输
关 键 词：水路运输；统计数据；交通
摘　　要：收录全国及分省份每年的内河航道通航里程、营业性民用运输轮驳船拥有量、水路客货运输量、水路集装箱运输量等。

资源类型：统计数据
数据格式：数值
更新频率：年度更新
用户权限：授权
起 始 年：2012 年
责任单位：交通运输部科学研究院
联系电话：010-58278313
电子邮箱：zhanghan@motcats.ac.cn
链接地址：http://transport.ckcest.cn/
（2020 年 5 月上线）

◆ **交通专业图书**

语　　种：中文简体
学科领域：公路运输、水路运输
关 键 词：公路运输；水路运输；图书

摘　　要：收录交通运输部科学研究院馆藏公路、水路领域精选专著、手册、指南、科普读本等图书题录数据。
资源类型：图书
数据格式：文本
更新频率：年度更新
用户权限：授权
起 始 年：1960 年
责任单位：交通运输部科学研究院
联系电话：010-58278313
电子邮箱：zhanghan@motcats.ac.cn
链接地址：http://transport.ckcest.cn/
（2020 年 5 月上线）

航天

◆ UCS 在轨卫星

语　　种：英文
学科领域：机械运输
关 键 词：航天；在轨卫星；美国忧思科学家联盟；通信；导航；遥感
摘　　要：收录由美国忧思科学家联盟（The Union of Concerned Scientists，UCS）权威发布的全球在轨军用和民用卫星的相关信息，包括卫星名称、卫星所属国、卫星用途、卫星轨道类型、发射周期等。
资源类型：其他
数据格式：数值
更新频率：年度更新
用户权限：公开
起 始 年：2017 年
责任单位：中国航天系统科学与工程研究院
联系电话：010-68373574
电子邮箱：caest@ckcest.cn
链接地址：http://aerospace.ckcest.cn/#/resourceNavigation/frame/161&379/

◆ 发射场

语　　种：中文简体
学科领域：机械运输
关 键 词：航天；全球；发射场；发射基地
摘　　要：收录国内外用于火箭卫星发射的场地基本信息，包括名称、位置、所属国家、建成年份、主要发射任务等。
资源类型：其他
数据格式：文本
更新频率：不定期更新
用户权限：公开
起 始 年：1933 年
责任单位：中国航天系统科学与工程研究院
联系电话：010-68373574
电子邮箱：caest@ckcest.cn
链接地址：http://aerospace.ckcest.cn/#/resourceNavigation/frame/172&625/

◆ 航天发射记录

语　　种：中文简体
学科领域：机械运输
关 键 词：航天；全球；发射记录；发射日历；运载器
摘　　要：收录国外主流运载火箭的发射记录，包括国家、发射时间、运载火箭、航天器、发射场、结果等。
资源类型：其他

数据格式：文本
更新频率：年度更新
用户权限：公开
起 始 年：1957 年
责任单位：中国航天系统科学与工程研究院
联系电话：010-68373574
电子邮箱：caest@ckcest.cn
链接地址：http://aerospace.ckcest.cn/#/resourceNavigation/frame/142&586/

◆ 航天故障记录

语　　种：中文简体
学科领域：机械运输
关 键 词：航天；故障；卫星；运载器；故障记录
摘　　要：收录国内外航天领域卫星发射及导弹试验的故障信息，包括卫星及导弹的发射时间、型号信息、故障原因等。
资源类型：其他
数据格式：文本
更新频率：年度更新
用户权限：公开
起 始 年：1957 年
责任单位：中国航天系统科学与工程研究院
联系电话：010-68373574

电子邮箱：caest@ckcest.cn
链接地址：http://aerospace.ckcest.cn/#/resourceNavigation/frame/152&647/

◆ 国防科技名词大典（航天卷）

语　　种：中文简体
学科领域：机械运输
关 键 词：国防；航天；词表；百科
摘　　要：300 多位专家对航天所有专业的国防科技专业技术名词术语进行搜集、筛选、分析、编写、审定，形成国防科技名词大典。
资源类型：其他
数据格式：文本
更新频率：不定期更新
用户权限：公开
起 始 年：2002 年
责任单位：中国航天系统科学与工程研究院
联系电话：010-68373574
电子邮箱：caest@ckcest.cn
链接地址：http://aerospace.ckcest.cn/#/resourceNavigation/frame/584/

◆ 国防科技情报分析

语　　种：中文简体
学科领域：机械运输
关 键 词：国防；情报；新闻资讯
摘　　要：以"半月一刊"的形式向国家管理部门、军队和各大军工企业提供国际国防科技情报信息，以综述、评述分析为主，包括国际重大国防事件的报道、国际突发事件的快速评论分析、国际国防科技发展方向与重点、国际重要武器装备的研发和实验情况。
资源类型：新闻资讯
数据格式：文本
更新频率：月度更新
用户权限：公开
起 始 年：2017 年
责任单位：中国航天系统科学与工程研究院
联系电话：010-68373574
电子邮箱：caest@ckcest.cn
链接地址：http://aerospace.ckcest.cn/#/resourceNavigation/frame/616/

◆ 国防科技快报

语　　种：中文简体

学科领域：机械运输
关 键 词：国防；情报；新闻资讯
摘　　要：为国家综合管理部门、国防科技工业的政府主管机关、军队装备管理机构及各大军工集团决策层提供国际国防科技领域的最新动态、国防科技情报数据，主要包括：世界各国国防科技相关战略规划、政策；各国国防科技领域技术、装备的研发与格局体系。
资源类型：新闻资讯
数据格式：文本
更新频率：月度更新
用户权限：公开
起 始 年：2017 年
责任单位：中国航天系统科学与工程研究院
联系电话：010-68373574
电子邮箱：caest@ckcest.cn
链接地址：http://aerospace.ckcest.cn/#/resourceNavigation/frame/613/

◆ 国防科技要情

语　　种：中文简体
学科领域：机械运输
关 键 词：国防；情报；新闻资讯
摘　　要：由国家国防科技工业局主办，对国际航天相关的重大事件和重要问题进行梳理和分析，并经深入解读后形成的报告。主要包括航天、核、船舶、兵器、电子、航空等军工行业。

资源类型：新闻资讯
数据格式：文本
更新频率：月度更新
用户权限：公开
起 始 年：2017 年
责任单位：中国航天系统科学与工程研究院
联系电话：010-68373574
电子邮箱：caest@ckcest.cn
链接地址：http://aerospace.ckcest.cn/#/resourceNavigation/frame/619/

◆ 国际防务快讯

语　　种：中文简体
学科领域：机械运输
关 键 词：国防；情报；新闻资讯
摘　　要：依托互联网，每日采集与航天及国防相关的最新动态信息，主要包括：国外国防战略规划、政策体系；国防军工企业、军民融合、国防科研能力；国外先进技术、武器装备研制试验、国防相关重大热点问题报道等。

资源类型：新闻资讯

数据格式：文本
更新频率：月度更新
用户权限：公开
起 始 年：2003 年
责任单位：中国航天系统科学与工程研究院
联系电话：010-68373574
电子邮箱：caest@ckcest.cn
链接地址：http://aerospace.ckcest.cn/#/resourceNavigation/frame/612/

◆ 航天参考

语　　种：其他
学科领域：机械运输
关 键 词：航天；情报
摘　　要：收录航天与国防前沿科技、战略动态跟踪研究数据，主要包括世界国防政策、各国政府发布的航天政策、各国智库研究报告、高新武器战略军备资讯、太空对抗、导弹型号、深空探测等文献通报。

资源类型：新闻资讯
数据格式：文本
更新频率：月度更新
用户权限：公开
起 始 年：2002 年
责任单位：中国航天系统科学与工程研究院

联系电话：010-68373574

电子邮箱：caest@ckcest.cn

链接地址：http://aerospace.ckcest.cn/#/resourceNavigation/frame/611/

◆ **航天产业经济研究专题**

语　　种：中文简体

学科领域：机械运输

关 键 词：航天；产业经济；统计数据

摘　　要：包括航天领域的产业数据、竞争力数据、财经信息、分析案例、研究成果等，通过开展"中国航天技术应用产业发展指数"研究，反映并评价中国航天技术应用产业的年度经营形势；整理并提供国际、国内航天产业发展及其细分行业的财经动态信息以及年度概况；整理并提供相关案例，反映航天科学技术和航天产业发展对经济社会的影响；构建航天产业经济知识库框架，交流航天领域相关课题研究成果，促进学术研讨与知识的传播与分享。

资源类型：其他

数据格式：其他

更新频率：不定期更新

用户权限：公开

起 始 年：2011 年

责任单位：中国航天系统科学与工程研究院

联系电话：010-68373574

电子邮箱：caest@ckcest.cn

链接地址：http://aerospace.ckcest.cn/thematic1.jsp#/home

◆ **航天成熟度评价案例**

语　　种：中文简体

学科领域：机械运输

关 键 词：航天；工程成熟度；技术成熟度；集成成熟度；案例

摘　　要：收录行业的技术研发程度、关键制造能力等相关内容，主要为企业技术成熟度和制造成熟度提供评价方法、案例分析、工具支撑，同时行业间还可以进行方法交流和培训。

资源类型：其他

数据格式：其他

更新频率：不定期更新

用户权限：公开

起 始 年：2016 年

责任单位：中国航天系统科学与工程研究院

联系电话：010-68373574

电子邮箱：caest@ckcest.cn

链接地址：http://aerospace.ckcest.cn/

thematic2.jsp#/home

◈ 航天工程文献最新通报

语　　种：其他
学科领域：机械运输
关　键　词：航天；情报；新闻资讯
摘　　要：收录国内外数十家机构和企业网站，跟踪和收集国外知名咨询机构、研究中心等的最新研究成果和国外政府报告，包括国内外国防与航天工业相关政策、战略规划、工业能力、核心关键技术的研究进展。
资源类型：新闻资讯
数据格式：文本
更新频率：月度更新
用户权限：公开
起　始　年：2016 年
责任单位：中国航天系统科学与工程研究院
联系电话：010-68373574
电子邮箱：caest@ckcest.cn
链接地址：http://aerospace.ckcest.cn/#/resourceNavigation/frame/614/

◈ 航天会议

语　　种：中文简体
学科领域：机械运输
关　键　词：航天；学术活动；航天会议；航天论坛
摘　　要：收录国内外航天领域相关的会议、论坛、展览信息，包括名称、举办方、国家、举办周期、活动地址、联系方式、所属专业领域等。
资源类型：学术活动
数据格式：文本
更新频率：年度更新
用户权限：公开
起　始　年：2009 年
责任单位：中国航天系统科学与工程研究院
联系电话：010-68373574
电子邮箱：caest@ckcest.cn
链接地址：http://aerospace.ckcest.cn/#/resourceNavigation/frame/206&597/

◈ 航天机构

语　　种：中文简体
学科领域：机械运输

关　键　词：航天；科研机构；研究院所；航天机构

摘　　　要：收录国内外航天领域的政府管理机构、研究院所、专业公司的相关信息，包括机构名称、组织结构、专业领域介绍、联系方式等。

资源类型：科技机构

数据格式：文本

更新频率：年度更新

用户权限：公开

起　始　年：2018 年

责任单位：中国航天系统科学与工程研究院

联系电话：010-68373574

电子邮箱：caest@ckcest.cn

链接地址：http://aerospace.ckcest.cn/#/resourceNavigation/frame/182&634/

◆ 航天科普

语　　　种：中文简体

学科领域：机械运输

关　键　词：航天；百科知识；科普

摘　　　要：收录专业研究机构科普资源、互联网资源等相关航天科普信息资源，包括航天基础知识、航天历史事件、航天任务、载人航天、太空探索、航天运输、卫星应用等方面的科学技术知识。

资源类型：其他

数据格式：文本

更新频率：年度更新

用户权限：公开

起　始　年：2017 年

责任单位：中国航天系统科学与工程研究院

联系电话：010-68373574

电子邮箱：caest@ckcest.cn

链接地址：http://aerospace.ckcest.cn/#/resourceNavigation/frame/326/

◆ 航天历史上的今天数据

语　　　种：中文简体

学科领域：机械运输

关　键　词：航天；日历；发射记录；航天历史

摘　　　要：以时间轴的形式，按日期系统整理世界航天历史上每天发生的大事件。

资源类型：其他

数据格式：文本

更新频率：年度更新

用户权限：公开

起　始　年：1957 年

责任单位：中国航天系统科学与工程研究院

联系电话：010-68373574

电子邮箱：caest@ckcest.cn

链接地址：http://aerospace.ckcest.cn/#/todayInHistory

◆ 航天期刊

语　　种：中文简体

学科领域：机械运输

关 键 词：航天；期刊

摘　　要：收录国内外航天及国防领域相关期刊信息，包括名称、关键词、出版国家、联系方式、影响因子等。

资源类型：期刊

数据格式：文本

更新频率：年度更新

用户权限：公开

起 始 年：1821 年

责任单位：中国航天系统科学与工程研究院

联系电话：010-68373574

电子邮箱：caest@ckcest.cn

链接地址：http://aerospace.ckcest.cn/#/resourceNavigation/frame/217/

◆ 航天情报研究信息简报

语　　种：中文简体

学科领域：机械运输

关 键 词：航天；情报；新闻资讯

摘　　要：对已开展的航天项目进行梳理与汇总，精简出研究成果，以信息简报的形式进行展示。

资源类型：新闻资讯

数据格式：文本

更新频率：月度更新

用户权限：公开

起 始 年：2018 年

责任单位：中国航天系统科学与工程研究院

联系电话：010-68373574

电子邮箱：caest@ckcest.cn

链接地址：http://aerospace.ckcest.cn/#/resourceNavigation/frame/617/

◆ 航天视频

语　　种：中文简体

学科领域：机械运输

关 键 词：航天；视频；航天多媒体

摘　　要：收录国内外宇航机构网站发布的视频，用于直观展示导弹发射、宇航试验场景等，还包括部分钱学森相关的视频资料。

语　种：视频

数据格式：视频

更新频率：年度更新

用户权限：公开

起 始 年：2016 年

责任单位：中国航天系统科学与工程研究院

联系电话：010-68373574

电子邮箱：caest@ckcest.cn

链接地址：http://aerospace.ckcest.cn/#/resourceNavigation/frame/146&529&530/

◆ **航天图片**

语　　种：英文

学科领域：机械运输

关 键 词：航天；图片；航天多媒体

摘　　要：依托中国航天系统科学与工程研究院的情报研究成果，收录国内外宇航试验、航天器发射、钱学森等相关专题的图片。

资源类型：图片

数据格式：图形图像

更新频率：年度更新

用户权限：公开

起 始 年：2016 年

责任单位：中国航天系统科学与工程研究院

联系电话：010-68373574

电子邮箱：caest@ckcest.cn

链接地址：http://aerospace.ckcest.cn/#/resourceNavigation/frame/140&525&526&527/

◆ **航天文摘英文数据**

语　　种：英文

学科领域：机械运输

关 键 词：航天；英文文献；期刊论文；会议论文；学位论文

摘　　要：收录国外研究机构和高校发布的航天领域相关的英文会议论文、期刊论文、学位论文等。

资源类型：期刊论文

数据格式：文本

更新频率：年度更新

用户权限：公开

起 始 年：1902 年

责任单位：中国航天系统科学与工程研究院

联系电话：010-68373574

电子邮箱：caest@ckcest.cn

链接地址：http://aerospace.ckcest.cn/#/resourceNavigation/frame/577/

◆ 航天运载器数据

语　　种：中文简体
学科领域：机械运输
关 键 词：航天运载器；运载火箭；
火箭；航天飞机
摘　　要：收录国内外主流运载火箭
的技术参数及发射情况、运载器相关
动态及研究进展。
资源类型：其他
数据格式：文本
更新频率：年度更新
用户权限：公开
起 始 年：1957 年
责任单位：中国航天系统科学与工程
研究院
联系电话：010-68373574
电子邮箱：caest@ckcest.cn
链接地址：http://aerospace.ckcest.cn/#/
resourceNavigation/frame/156&631&
632/

◆ 航天政策

语　　种：中文简体
学科领域：机械运输
关 键 词：航天政策；航天规划；纲
要；指导文件；航天
摘　　要：收录国内外政府或国际组
织发布的与航天相关的法律法规、发
展战略、规划、行动指南、行为准
则、政策分析等。
资源类型：产业政策
数据格式：文本
更新频率：年度更新
用户权限：公开
起 始 年：2010 年
责任单位：中国航天系统科学与工程
研究院
联系电话：010-68373574
电子邮箱：caest@ckcest.cn
链接地址：http://aerospace.ckcest.cn/#/
resourceNavigation/frame/211&637/

◆ 航天专家

语　　种：中文简体
学科领域：机械运输
关 键 词：航天专家；专家学者

摘　　要：收录国内外航天领域专家信息，主要包括姓名、国别、工作单位、研究方向等。

资源类型：专家学者

数据格式：文本

更新频率：年度更新

用户权限：公开

起 始 年：1920 年

责任单位：中国航天系统科学与工程研究院

联系电话：010-68373574

电子邮箱：caest@ckcest.cn

链接地址：http://aerospace.ckcest.cn/#/resourceNavigation/frame/160&628/

◆ 国外航天科技报告

语　　种：中文简体

学科领域：机械运输

关 键 词：航天报告；科技报告；航天；行业报告

摘　　要：收录国外重要航天机构的相关科技报告全文。

资源类型：科技（咨询、行业）报告

数据格式：文本

更新频率：年度更新

用户权限：公开

起 始 年：1900 年

责任单位：中国航天系统科学与工程

研究院

联系电话：010-68373574

电子邮箱：caest@ckcest.cn

链接地址：http://aerospace.ckcest.cn/#/resourceNavigation/frame/419

◆ 空间环境观测专题

语　　种：中文简体

学科领域：机械运输

关 键 词：航天；空间环境；观测数据

摘　　要：基于中国科学院空间环境研究预报中心和中国科学院空间科学与应用研究中心提供的空间环境月报、空间事件通报，整理发布空间环境相关信息、我国空间环境监测现状、未来空间环境形势预测等。

资源类型：其他

数据格式：数值

更新频率：年度更新

用户权限：公开

起 始 年：1986 年

责任单位：中国航天系统科学与工程研究院

联系电话：010-68373574

电子邮箱：caest@ckcest.cn

链接地址：http://aerospace.ckcest.cn/thematic4.jsp#/home

◆ 钱学森专题

语　　种：中文简体
学科领域：机械运输
关 键 词：钱学森；论坛；系统工程
摘　　要：依托口述钱学森工程、钱学森生平事迹，以及采访回忆记录等，以文档、录音、录像、图片等媒介为载体，将收集到的钱学森相关史料及信息展示出来，用于介绍"航天之父"的一生。
资源类型：其他
数据格式：文本
更新频率：不定期更新
用户权限：公开
起 始 年：1917 年
责任单位：中国航天系统科学与工程研究院
联系电话：010-68373574
电子邮箱：caest@ckcest.cn
链接地址：http://aerospace.ckcest.cn/thematic5.jsp#/home

◆ 商业航天专题

语　　种：中文简体
学科领域：机械运输
关 键 词：航天；商业航天；民营企业
摘　　要：研究国内外与航天相关的商业活动，搜集商业航天相关政策、法规、企业信息、行业数据、航天报告、未来规划，整合研究商业航天发展历程、产品、服务类型、最新动态。
资源类型：其他
数据格式：文本
更新频率：年度更新
用户权限：公开
起 始 年：1960 年
责任单位：中国航天系统科学与工程研究院
联系电话：010-68373574
电子邮箱：caest@ckcest.cn
链接地址：http://aerospace.ckcest.cn/thematic6.jsp#/home

◆ 深空探测专题

语　　种：中文简体
学科领域：机械运输

关 键 词：航天；深空探测；月球；火星

摘　　要：收录我国及其他主要航天国家在深空探测方面的发展现状、研究成果、未来规划等，并采用图片、视频、科学数据等多种形式进行全方位多角度的剖析。

资源类型：其他

数据格式：文本

更新频率：年度更新

用户权限：公开

起 始 年：2018 年

责任单位：中国航天系统科学与工程研究院

联系电话：010-68373574

电子邮箱：caest@ckcest.cn

链接地址：http://aerospace.ckcest.cn/thematic8.jsp#/home

◆ 卫星遥感应用专题

语　　种：中文简体

学科领域：机械运输

关 键 词：航天；卫星遥感；遥感影像；雄安；京津冀

摘　　要：提供卫星遥感应用领域的信息支撑和知识服务，包括遥感知识、遥感案例以及京津冀、雄安新区的各类遥感影像数据。

资源类型：其他

数据格式：文本

更新频率：不定期更新

用户权限：公开

起 始 年：2016 年

责任单位：中国航天系统科学与工程研究院

联系电话：010-68373574

电子邮箱：caest@ckcest.cn

链接地址：http://aerospace.ckcest.cn/thematic7.jsp#/home

◆ 载人航天专题

语　　种：中文简体

学科领域：机械运输

关 键 词：航天；载人航天；航天员；航天器；航天飞机；飞船

摘　　要：收录主要航天国家/组织（中国、美国、俄罗斯、日本、欧盟、印度）在载人航天领域的发展现状与发展历程分析，详细介绍载人航天中航天员系统的组成，系统梳理历次飞行任务，并对未来发展方向进行预测等。

资源类型：其他

数据格式：文本

更新频率：年度更新

用户权限：公开

起 始 年：2018 年

责任单位：中国航天系统科学与工程研究院

联系电话：010-68373574

电子邮箱：caest@ckcest.cn

链接地址：http://aerospace.ckcest.cn/thematic9.jsp#/home

◆ 时说航天

语　　种：中文简体

学科领域：机械运输

关 键 词：航天；历史事件；航天历史；新闻资讯

摘　　要：系统梳理航天领域每天发生的大事件，用于支撑"时说航天"特色系列应用建设，按领域分类、国家、人物、机构、装备产品等维度进行跟踪，抽取各维度内实体、关联关系并不断进行模型训练与优化、可视化展示，每年定期新增事件分类维度并对前期建设的维度系列进行更新，数据主要来源为《人民日报》等权威国内外媒体。

资源类型：其他

数据格式：文本

更新频率：年度更新

用户权限：公开

起 始 年：1957 年

责任单位：中国航天系统科学与工程研究院

联系电话：010-68373574

电子邮箱：caest@ckcest.cn

链接地址：http://aerospace.ckcest.cn/thematic10.jsp#/home

信息电子 ◆◇

信息技术

◆ 电子信息技术领域科技百科

语　　种：中文简体
学科领域：信息技术
关 键 词：百科；术语；信息技术
摘　　要：收录电子信息技术领域相关概念、名词解释，包括英文翻译、发展历程、相关技术等。
资源类型：百科
数据格式：文本
更新频率：月度更新
用户权限：公开
起 始 年：2015 年
责任单位：国家工业信息安全发展研究中心
联系电话：010-88686258
电子邮箱：it@ckcest.cn
链接地址：http://it.ckcest.cn/plugin.php?id=search:baikesearch

◆ 电子信息技术领域热点聚焦

语　　种：中文简体
学科领域：电子、信息技术
关 键 词：信息技术；热点
摘　　要：收录信息技术重要领域（如物联网、信息安全、大数据等）重大技术动态、重大事件的综述性描

述，由人工编审。
资源类型：其他
数据格式：文本
更新频率：月度更新
用户权限：公开
起 始 年：2015 年
责任单位：国家工业信息安全发展研究中心
联系电话：010-88686258
电子邮箱：it@ckcest.cn
链接地址：http://it.ckcest.cn/portal.php?mod=list&catid=308&hotw=%E4%BA%91%E8%AE%A1%E7%AE%97

◆ 电子信息技术领域研究报告

语　　种：中文简体
学科领域：信息技术
关 键 词：报告；信息技术；行业研究
摘　　要：收录国内外电子信息技术领域权威机构发布的市场、技术趋势、分析报告。
资源类型：科技（咨询、行业）报告
数据格式：文本
更新频率：月度更新
用户权限：公开
起 始 年：2015 年
责任单位：国家工业信息安全发展研究中心

联系电话：010-88686258
电子邮箱：it@ckcest.cn
链接地址：http://it.ckcest.cn/yanjiubaogao/

◈ 互联网全球分布数据

语　　种：中文简体
学科领域：信息技术
关 键 词：互联网；地域分布
摘　　要：收录世界 50 余个国家（地区）的互联网人数、普及率、互联网用户在本地区的占比、全球占比等。
资源类型：数据集
数据格式：数值
更新频率：年度更新
用户权限：公开
起 始 年：2016 年
责任单位：国家工业信息安全发展研究中心
联系电话：010-88686258
电子邮箱：it@ckcest.cn
链接地址：http://it.ckcest.cn/plugin.php?id=search:globalinternet

◈ 工控系统行业漏洞库

语　　种：中文简体
学科领域：工业控制
关 键 词：工控；安全漏洞
摘　　要：基于国家工业信息安全发展研究中心业务，收录国内外最新工业控制信息安全漏洞库信息，包含漏洞基本信息、补丁信息、影响产品等。
资源类型：其他
数据格式：文本
更新频率：月度更新
用户权限：公开
起 始 年：2019 年
责任单位：国家工业信息安全发展研究中心
联系电话：010-88686258
电子邮箱：it@ckcest.cn
链接地址：https://www.cics-vd.org.cn/list/leakInfoList.html

◆ 集成电路本体

语　　种：中文简体
学科领域：电子、信息技术
关 键 词：领域本体
摘　　要：汇聚集成电路领域的本体资源，用于集成电路领域资源关联组织及资源发现。
资源类型：其他
数据格式：其他
更新频率：年度更新
用户权限：公开
起 始 年：2018 年
责任单位：国家工业信息安全发展研究中心
联系电话：010-88686258
电子邮箱：it@ckcest.cn
链接地址：http://it.ckcest.cn/portal.php

◆ 集成电路产业地图企业数据

语　　种：中文简体
学科领域：电子、信息技术
关 键 词：企业数据；集成电路
摘　　要：收录集成线路领域全球知名企业，涵盖设计、封装、制造等多领域。

资源类型：科技机构
数据格式：文本
更新频率：季度更新
用户权限：公开
起 始 年：2018 年
责任单位：国家工业信息安全发展研究中心
联系电话：010-88686258
电子邮箱：it@ckcest.cn
链接地址：http://it.ckcest.cn/jimo/front/map_company.html

◆ 集成电路产业统计数据

语　　种：中文简体
学科领域：电子、信息技术
关 键 词：统计数据
摘　　要：收录集成线路产业相关数据，包括全球产能、产值、进出口数据等。
资源类型：统计数据
数据格式：数值
更新频率：季度更新
用户权限：公开
起 始 年：2018 年
责任单位：国家工业信息安全发展研究中心
联系电话：010-88686258
电子邮箱：it@ckcest.cn

链接地址：http://it.ckcest.cn/jimo/front/index.html

◆ 人工智能技术趋势数据

语　　种：中文简体
学科领域：信息技术
关 键 词：人工智能；技术动态；趋势
摘　　要：跟踪梳理国内外重点机构和技术方向的重点文献、重点动态、科研项目，加工整理成动态更新的技术趋势数据。
资源类型：新闻资讯
数据格式：其他
更新频率：月度更新
用户权限：公开
起 始 年：2018 年
责任单位：国家工业信息安全发展研究中心
联系电话：010-88686258
电子邮箱：it@ckcest.cn
链接地址：http://it.ckcest.cn/portal.php?mod=list&catid=321

◆ 信息技术产业政策库

语　　种：中文简体
学科领域：信息技术
关 键 词：政策
摘　　要：收录我国电子信息产业领域各年度发布的产业政策、法规、实施细则等。
资源类型：产业政策
数据格式：文本
更新频率：月度更新
用户权限：公开
起 始 年：2000 年
责任单位：国家工业信息安全发展研究中心
联系电话：010-88686258
电子邮箱：it@ckcest.cn
链接地址：http://it.ckcest.cn/portal.php?mod=list&catid=312

◆ 信息技术成果数据库

语　　种：中文简体
学科领域：信息技术
关 键 词：信息技术；科技成果
摘　　要：收录电子信息领域科技成果数据，包括成果名称、成果编号、完成人、完成年份、完成单位等。

资源类型：科技成果

数据格式：文本

更新频率：年度更新

用户权限：公开

起 始 年：1980 年

责任单位：国家工业信息安全发展研究中心

联系电话：010-88686258

电子邮箱：it@ckcest.cn

链接地址：http://it.ckcest.cn/kejichengguo/

◆ **信息技术全球产业统计数据**

语 种：中文简体

学科领域：信息技术

关 键 词：信息技术；产业统计

摘 要：收录全球电子信息产业数据，包括世界主要国家（地区）的电子信息产业产值、市场和进出口数据、重点国家（地区）主要电子信息产品产值、市场数据。

资源类型：统计数据

数据格式：数值

更新频率：年度更新

用户权限：公开

起 始 年：2008 年

责任单位：国家工业信息安全发展研

究中心

联系电话：010-88686258

电子邮箱：it@ckcest.cn

链接地址：http://it.ckcest.cn/plugin.php?id=search:globalproduct1

◆ **信息技术专业标准**

语 种：英文

学科领域：电子、信息技术

关 键 词：信息技术；标准

摘 要：收录国内外电子信息技术领域的各类技术标准，如基础技术标准、产品标准、工艺标准、检测试验方法标准等，提供标准原文获取服务。

资源类型：标准

数据格式：其他

更新频率：年度更新

用户权限：公开

起 始 年：2000 年

责任单位：国家工业信息安全发展研究中心

联系电话：010-88686258

电子邮箱：it@ckcest.cn

链接地址：http://it.ckcest.cn/portal.php?mod=list&catid=318

◆ 信息技术专业分类体系

语　　种：中文简体
学科领域：电子、信息技术
关 键 词：电子；信息技术
摘　　要：包括 5 级分类体系，共计 352 个类目。
资源类型：其他
数据格式：其他
更新频率：年度更新
用户权限：公开
起 始 年：2014 年
责任单位：国家工业信息安全发展研究中心
联系电话：010-88686258
电子邮箱：it@ckcest.cn
链接地址：http://it.ckcest.cn/qikanwenxian/

◆ 信息技术专业期刊论文

语　　种：英文

学科领域：电子、信息技术
关 键 词：电子信息；期刊；文献
摘　　要：收录在国内外各类电子信息技术领域科技期刊、文献中公开发表文章的摘要信息，包括中、英、日文期刊信息，提供原文传递服务。
资源类型：期刊论文
数据格式：文本
更新频率：季度更新
用户权限：公开
起 始 年：1990 年
责任单位：国家工业信息安全发展研究中心
联系电话：010-88686258
电子邮箱：it@ckcest.cn
链接地址：http://it.ckcest.cn/qikanwenxian/

◆ 信息技术专业专家数据

语　　种：中文简体
学科领域：电子、信息技术
关 键 词：专家
摘　　要：基于国家工业信息安全发展研究中心多年积累的专家数据资源，辅以自动采集共享，形成电子信息技术领域专家基本信息。
资源类型：专家学者
数据格式：其他

更新频率：季度更新

用户权限：公开

起 始 年：2014 年

责任单位：国家工业信息安全发展研究中心

联系电话：010-88686258

电子邮箱：it@ckcest.cn

链接地址：http://it.ckcest.cn/zhuanjiaxuezhe/

◆ 元器件识别数据库

语　　种：中文简体

学科领域：电子、信息技术

关 键 词：元器件；产品图片

摘　　要：汇聚电子元器件图片，可用于识别制造商商标、命名规则，提供芯片类型识别的训练配套图片等。

资源类型：其他

数据格式：其他

更新频率：年度更新

用户权限：公开

起 始 年：2017 年

责任单位：国家工业信息安全发展研究中心

联系电话：010-88686258

电子邮箱：it@ckcest.cn

链接地址：http://dsgn.ckcest.cn/index.php?m=content&c=index&a=show&cati

d=203&id=1679

◆ 智能传感器产品

语　　种：中文简体

学科领域：电子、半导体

关 键 词：传感器

摘　　要：梳理国内外智能手机、机器人、无人机领域最新智能传感器产品，包括产品名称、产品型号、制造商、图片、应用领域等。

资源类型：其他

数据格式：其他

更新频率：季度更新

用户权限：公开

起 始 年：2018 年

责任单位：国家工业信息安全发展研究中心

联系电话：010-88686258

电子邮箱：it@ckcest.cn

链接地址：http://it.ckcest.cn/portal.php?mod=list&catid=322

◆ 中国电子信息产业企事业单位数据

语　　种：中文简体
学科领域：电子信息
关 键 词：企业
摘　　要：收录电子信息领域企事业单位数据，并基于企业填报数据，逐年核查更新。
资源类型：科技机构
数据格式：文本
更新频率：年度更新
用户权限：公开
起 始 年：2015 年
责任单位：国家工业信息安全发展研究中心
联系电话：010-88686258
电子邮箱：it@ckcest.cn
链接地址：http://it.ckcest.cn/plugin.php?id=product_data_analysis:showManuf

◆ 中国电子信息产业统计数据

语　　种：中文简体
学科领域：电子信息
关 键 词：电子信息；统计数据
摘　　要：收录中国电子信息产业的总体统计数据，分行业、分省份统计数据，以及主要产品产销量、生产能力数据等，由人工摘录加工形成。
资源类型：统计数据
数据格式：数值
更新频率：年度更新
用户权限：公开
起 始 年：1986 年
责任单位：国家工业信息安全发展研究中心
联系电话：010-88686258
电子邮箱：it@ckcest.cn
链接地址：http://it.ckcest.cn/plugin.php?id=search:listreport1

◆ 中国电子元器件产品

语　　种：中文简体
学科领域：电子信息
关 键 词：元器件；产品
摘　　要：收录国内骨干企业生产制造的电子元器件产品信息，并由人工著录建库，主要包括产品名称、产品型号、封装标准、工作温度、制造商、产品简介、详细参数等信息，以及配套的样本说明书。
资源类型：其他
数据格式：其他
更新频率：月度更新

用户权限：公开

起 始 年：2016 年

责任单位：国家工业信息安全发展研究中心

联系电话：010-88686258

电子邮箱：it@ckcest.cn

链接地址：http://yqj.it.ckcest.cn/search/

◆ 中国集成电路产业园区数据

语　　种：中文简体

学科领域：电子信息

关 键 词：产业园区

摘　　要：收录中国各地集成电路园区数据，包括园区概况、产值、企业入驻情况等。

资源类型：数据集

数据格式：数值

更新频率：年度更新

用户权限：公开

起 始 年：2018 年

责任单位：国家工业信息安全发展研究中心

联系电话：010-88686258

电子邮箱：it@ckcest.cn

链接地址：http://it.ckcest.cn/jimo/front/index.html

◆ 中国集成电路产业政策数据

语　　种：中文简体

学科领域：电子信息

关 键 词：产业政策

摘　　要：收录中国各地集成电路行业的各级政策，包括国家政策、地方政策、园区政策等。

资源类型：产业政策

数据格式：文本

更新频率：年度更新

用户权限：公开

起 始 年：2018 年

责任单位：国家工业信息安全发展研究中心

联系电话：010-88686258

电子邮箱：it@ckcest.cn

链接地址：http://it.ckcest.cn/jimo/front/policy.html

◆ 中国集成电路行业协会数据

语　　种：中文简体
学科领域：电子信息
关 键 词：产业协会
摘　　要：收录中国各地集成电路行业协会、学会、基金信息。
资源类型：科技机构
数据格式：其他
更新频率：年度更新
用户权限：公开
起 始 年：2018 年
责任单位：国家工业信息安全发展研究中心
联系电话：010-88686258
电子邮箱：it@ckcest.cn
链接地址：http://it.ckcest.cn/jimo/front/map_industry.html

◆ 中国信息产业经济运行统计分析数据库

语　　种：中文简体
学科领域：电子信息
关 键 词：信息产业；经济运行
摘　　要：收录中国信息产业领域经济运行情况权威统计数据，包括电子信息制造业、通信业、软件与信息服务业的发展变化情况等。
资源类型：统计数据
数据格式：数值
更新频率：月度更新
用户权限：公开
起 始 年：2012 年
责任单位：国家工业信息安全发展研究中心
联系电话：010-88686258
电子邮箱：it@ckcest.cn
链接地址：http://it.ckcest.cn/plugin.php?id=search:globalitindustry

◆ 中小企业政策法规库

语　　种：中文简体
学科领域：电子信息
关 键 词：中小企业
摘　　要：基于国家工业信息安全发展研究中心相关专家的分析研究，针对中小企业政策法规的政策文件，关联政策解读数据，并人工提取政策信息。
资源类型：产业政策
数据格式：其他
更新频率：月度更新
用户权限：公开
起 始 年：2019 年

责任单位: 国家工业信息安全发展研究中心

联系电话: 010-88686258

电子邮箱: it@ckcest.cn

链接地址: http://it.ckcest.cn/plugin.php?id=search:policy

◆ **资质数据**

语　　种: 中文简体

学科领域: 信息技术

关 键 词: 企业;个人;设备资质

摘　　要: 收录工业和信息化部权威资质信息,包括企业资质、个人信息系统集成资质、设备资质等。

资源类型: 其他

数据格式: 其他

更新频率: 年度更新

用户权限: 公开

起 始 年: 2015 年

责任单位: 国家工业信息安全发展研究中心

联系电话: 010-88686258

电子邮箱: it@ckcest.cn

链接地址: http://it.ckcest.cn/plugin.php?id=product_data_analysis:qualification

化学与化学工程 ◆◇

化工

◆ 无机热点专题

语　　种：中文简体

学科领域：化学与化学工程

关 键 词：化工；资讯；行业；无机

摘　　要：人工对无机领域的文献进行阅读、筛选，加工成该领域高质量的文献库。

资源类型：新闻资讯

数据格式：文本

更新频率：月度更新

用户权限：公开

起 始 年：1995 年

责任单位：中国化工信息中心有限公司

联系电话：010-64444187

电子邮箱：sunws@cncic.cn

链接地址：http://chem.ckcest.cn/channel/details/redianzhuanti-wuji

◆ 有机热点专题

语　　种：中文简体

学科领域：化学与化学工程

关 键 词：化工；资讯；行业；有机

摘　　要：人工对有机领域的文献进行阅读、筛选，加工成该领域高质量的文献库。

资源类型：新闻资讯

数据格式：文本

更新频率：月度更新

用户权限：公开

起 始 年：1995 年

责任单位：中国化工信息中心有限公司

联系电话：010-64444187

电子邮箱：sunws@cncic.cn

链接地址：http://chem.ckcest.cn/channel/details/redianzhuanti-youji

◆ 塑料热点专题

语　　种：中文简体

学科领域：化学与化学工程

关 键 词：化工；资讯；行业；塑料

摘　　要：人工对塑料领域的文献进行阅读、筛选，加工成该领域高质量的文献库。

资源类型：新闻资讯

数据格式：文本

更新频率：月度更新

用户权限：公开

起 始 年：1995 年

责任单位：中国化工信息中心有限公司

联系电话：010-64444187

电子邮箱：sunws@cncic.cn

链接地址：http://chem.ckcest.cn/channel/details/redianzhuanti-suliao

◆ 橡胶热点专题

语　　种：中文简体
学科领域：化学与化学工程
关 键 词：化工；资讯；行业；橡胶
摘　　要：人工对橡胶领域的文献进行阅读、筛选，加工成该领域高质量的文献库。
资源类型：新闻资讯
数据格式：文本
更新频率：月度更新
用户权限：公开
起 始 年：1995 年
责任单位：中国化工信息中心有限公司
联系电话：010-64444187
电子邮箱：sunws@cncic.cn
链接地址：http://chem.ckcest.cn/channel/details/redianzhuanti-xiangjiao

◆ 精细热点专题

语　　种：中文简体

学科领域：化学与化学工程
关 键 词：化工；资讯；行业；精细
摘　　要：人工对精细领域的文献进行阅读、筛选，加工成该领域高质量的文献库。
资源类型：新闻资讯
数据格式：文本
更新频率：月度更新
用户权限：公开
起 始 年：1995 年
责任单位：中国化工信息中心有限公司
联系电话：010-64444187
电子邮箱：sunws@cncic.cn
链接地址：http://chem.ckcest.cn/channel/details/redianzhuanti-jingxi

◆ 农用热点专题

语　　种：中文简体
学科领域：化学与化学工程
关 键 词：化工；资讯；行业；农用
摘　　要：人工对农用领域的文献进行阅读、筛选，加工成该领域高质量的文献库。
资源类型：新闻资讯
数据格式：文本
更新频率：月度更新
用户权限：公开
起 始 年：1995 年

责任单位：中国化工信息中心有限公司

联系电话：010-64444187

电子邮箱：sunws@cncic.cn

链接地址：http://chem.ckcest.cn/channel/details/redianzhuanti-nongyong

◆ 医药热点专题

语　　种：中文简体

学科领域：化学与化学工程

关 键 词：化工；资讯；行业；医药

摘　　要：人工对医药领域的文献进行阅读、筛选，加工成该领域高质量的文献库。

资源类型：新闻资讯

数据格式：文本

更新频率：月度更新

用户权限：公开

起 始 年：2002 年

责任单位：中国化工信息中心有限公司

联系电话：010-64444187

电子邮箱：sunws@cncic.cn

链接地址：http://chem.ckcest.cn/channel/details/redianzhuanti-yiyao

◆ 能源热点专题

语　　种：中文简体

学科领域：化学与化学工程

关 键 词：化工；资讯；行业；能源

摘　　要：人工对能源领域的文献进行阅读、筛选，加工成该领域高质量的文献库。

资源类型：新闻资讯

数据格式：文本

更新频率：月度更新

用户权限：公开

起 始 年：1995 年

责任单位：中国化工信息中心有限公司

联系电话：010-64444187

电子邮箱：sunws@cncic.cn

链接地址：http://chem.ckcest.cn/channel/details/redianzhuanti-nengyuan

◆ 涂料热点专题

语　　种：中文简体

学科领域：化学与化学工程

关 键 词：化工；资讯；行业；涂料

摘　　要：人工对涂料领域的文献进行阅读、筛选，加工成该领域高质量的文献库。

资源类型：新闻资讯

数据格式：文本

更新频率：月度更新

用户权限：公开

起 始 年：1995 年

责任单位：中国化工信息中心有限公司

联系电话：010-64444187

电子邮箱：sunws@cncic.cn

链接地址：http://chem.ckcest.cn/channel/details/redianzhuanti-tuliao

◆ 新材料热点专题

语　　种：中文简体

学科领域：化学与化学工程

关 键 词：化工；资讯；行业；新材料

摘　　要：人工对新材料领域的文献进行阅读、筛选，加工成该领域高质量的文献库。

资源类型：新闻资讯

数据格式：文本

更新频率：月度更新

用户权限：公开

起 始 年：1995 年

责任单位：中国化工信息中心有限公司

联系电话：010-64444187

电子邮箱：sunws@cncic.cn

链接地址：http://chem.ckcest.cn/channel/details/redainzhuanti-xincailiao

◆ 化学化工领域会议

语　　种：中文简体

学科领域：化学与化学工程

关 键 词：化工；资讯；行业；会议

摘　　要：收录全球化工及其相关领域各种会议通知，为用户提供及时的会议资讯通知。

资源类型：学术活动

数据格式：文本

更新频率：月度更新

用户权限：公开

起 始 年：2017 年

责任单位：中国化工信息中心有限公司

联系电话：010-64444187

电子邮箱：sunws@cncic.cn

链接地址：http://chem.ckcest.cn/channel/details/shouye-huizhanxinxi

◆ 化工行业精选信息

语　　种：中文简体
学科领域：化学与化学工程
关 键 词：化工；精选；信息
摘　　要：基于互联网和全球专业权威数据库，由人工精选石油/化工行业国内外热点资讯。
资源类型：新闻资讯
数据格式：文本
更新频率：月度更新
用户权限：公开
起 始 年：1992 年
责任单位：中国化工信息中心有限公司
联系电话：010-64444187
电子邮箱：sunws@cncic.cn
链接地址：http://chem.ckcest.cn/channel/details/daily%20information

◆ 化学化工行业速报

语　　种：中文简体
学科领域：化学与化学工程
关 键 词：化工；行业；速报
摘　　要：每日监测行业动态，由人工挑选出行业内的重大事件，并编写成固定格式的简报。

资源类型：新闻资讯
数据格式：文本
更新频率：月度更新
用户权限：公开
起 始 年：2016 年
责任单位：中国化工信息中心有限公司
联系电话：010-64444187
电子邮箱：sunws@cncic.cn
链接地址：http://chem.ckcest.cn/article/qikan?ID=每日化工行业重要信息

◆ 化工领域图书

语　　种：中文简体
学科领域：化学与化学工程
关 键 词：化工；图书
摘　　要：收录化工及其相关领域的图书全文，以 PDF 文件形式向用户开放。
资源类型：图书
数据格式：文本
更新频率：不定期更新
用户权限：公开
责任单位：中国化工信息中心有限公司
联系电话：010-64444187
电子邮箱：sunws@cncic.cn
链接地址：http://chem.ckcest.cn/channel/details/3-4-tushu

◆ 化工行业标准法规

语　　种：中文简体
学科领域：化学与化学工程
关 键 词：化工；标准；法规
摘　　要：收录化工及其相关领域的行业标准、国家标准等。
资源类型：标准
数据格式：文本
更新频率：年度更新
用户权限：公开
起 始 年：1959 年
责任单位：中国化工信息中心有限公司
联系电话：010-64444187
电子邮箱：sunws@cncic.cn
链接地址：http://chem.ckcest.cn/channel/details/4-biaozhun

◆ 试验方法

语　　种：中文简体
学科领域：化学与化学工程

关 键 词：化工；试验
摘　　要：收录化工及其相关领域产品等的测试方法，附 PDF 文件全文。
资源类型：图书
数据格式：文本
更新频率：不定期更新
用户权限：公开
起 始 年：2019 年
责任单位：中国化工信息中心有限公司
联系电话：010-64444187
电子邮箱：sunws@cncic.cn
链接地址：http://chem.ckcest.cn/channel/details/4-4-syff

◆ 化工科技成果

语　　种：中文简体
学科领域：化学与化学工程
关 键 词：中文；科技；成果
摘　　要：提供正式登记的中国科技成果，按行业、成果级别、学科领域分类。每条成果信息包括成果概括、立项情况、评价情况、知识产权状况、成果应用情况、成果完成单位情况、成果完成人情况、单位信息等。
资源类型：科技成果
数据格式：文本
更新频率：不定期更新
用户权限：公开

起　始　年：2000 年

责任单位：中国化工信息中心有限公司

联系电话：010-64444187

电子邮箱：sunws@cncic.cn

链接地址：http://chem.ckcest.cn/channel/details/6-kejichengguo

◆ 行业洞察报告

语　　种：中文简体

学科领域：化学与化学工程

关　键　词：化工；洞察；报告

摘　　要：收录中国工程科技知识中心资深咨询师撰写的研究分析报告类新增数据。聚焦石油化工行业热点产品及领域，提供化工行业分析、战略规划及建议。

资源类型：科技（咨询、行业）报告

数据格式：文本

更新频率：季度更新

用户权限：公开

责任单位：中国化工信息中心有限公司

联系电话：010-64444187

电子邮箱：sunws@cncic.cn

链接地址：http://chem.ckcest.cn/channel/details/hangyedongchabaogao

◆ 化工行业投资分析报告

语　　种：英文

学科领域：化学与化学工程

关　键　词：化工行业；投资分析；报告

摘　　要：基于全球顶级银行、证券公司、投资分析机构等，对全球化工行业的市场战略、行业趋势、新产品计划等进行分析，给出专家意见和建议。

资源类型：科技（咨询、行业）报告

数据格式：文本

更新频率：月度更新

用户权限：授权

起　始　年：2000 年

责任单位：中国化工信息中心有限公司

联系电话：010-64444187

电子邮箱：sunws@cncic.cn

链接地址：http://chem.ckcest.cn/channel/details/5-1-hangyebaogao

◆ 全球技术领先化工企业分析报告

语　　种：英文
学科领域：化学与化学工程
关 键 词：化工企业；分析报告；全球
摘　　要：收录全世界超过 1000 家投资银行、证券分析所、咨询公司撰写的深度投资分析报告，详细介绍全球超过 6 万家上市公司的现今经营状况，并对今后的走势进行预测。侧重税收预测、管理观点、市场战略、竞争展望、新产品计划、行业趋势、常规问题、产品生命周期、商务计划实施的专家意见和建议等。
资源类型：科技（咨询、行业）报告
数据格式：文本
更新频率：月度更新
用户权限：授权
起 始 年：2000 年
责任单位：中国化工信息中心有限公司
联系电话：010-64444187
电子邮箱：sunws@cncic.cn
链接地址：http://chem.ckcest.cn/channel/details/5-2-qiyebaogao

◆ 科技报告

语　　种：英文
学科领域：化学与化学工程
关 键 词：科技；分析报告
摘　　要：收录美国、西欧、日本等国家（地区）的政府报告文摘题录数据，包括项目进展过程中所做的一些初期报告、中期报告、最终报告等。
资源类型：科技（咨询、行业）报告
数据格式：文本
更新频率：季度更新
用户权限：授权
起 始 年：1995 年
责任单位：中国化工信息中心有限公司
联系电话：010-64444187
电子邮箱：sunws@cncic.cn
链接地址：http://chem.ckcest.cn/channel/details/5-3-zhengfubaogao

◆ 国家环境分析报告

语　　种：英文
学科领域：化学与化学工程
关 键 词：国家；环境；投资；报告
摘　　要：收录全球上百个国家的政治、经济等因素分析报告，给国际投资提供有意义的参考。

资源类型：科技（咨询、行业）报告
数据格式：文本
更新频率：季度更新
用户权限：授权
起 始 年：2018 年
责任单位：中国化工信息中心有限公司
联系电话：010-64444187
电子邮箱：sunws@cncic.cn
链接地址：http://chem.ckcest.cn/channel/details/shouye-touzihuanjingfenxibaogao

◆ 化工领域专家

语 种：中文简体
学科领域：化学与化学工程
关 键 词：化工；专家
摘 要：收录化工领域各专业的专家，包括单位、科研成果等。
资源类型：专家学者
数据格式：文本
更新频率：不定期更新
用户权限：公开
责任单位：中国化工信息中心有限公司
联系电话：010-64444187
电子邮箱：sunws@cncic.cn
链接地址：http://chem.ckcest.cn/channel/details/4-3-zhuanjia

◆ 化工领域机构

语 种：中文简体
学科领域：化学与化学工程
关 键 词：化工；机构
摘 要：收录化工领域的研究单位，以及带有研究性质的企业，包括简介、电话等。
资源类型：科技机构
数据格式：文本
更新频率：不定期更新
用户权限：公开
责任单位：中国化工信息中心有限公司
联系电话：010-64444187
电子邮箱：sunws@cncic.cn
链接地址：http://chem.ckcest.cn/channel/details/4-2-jigou

◆ 全球重点化工产品贸易统计数据

语 种：中文简体

学科领域：化学与化学工程
关 键 词：全球；贸易；化工；进出口
摘　　要：提供不少于 50 种重点化工产品最近 5 年的全球贸易统计数据，涵盖亚洲、北美、欧洲等重点市场。
资源类型：统计数据
数据格式：数值
更新频率：年度更新
用户权限：公开
起 始 年：2014 年
责任单位：中国化工信息中心有限公司
联系电话：010-64444187
电子邮箱：sunws@cncic.cn
链接地址：http://chem.ckcest.cn/GlobalTrading

中国重点化工产品进出口统计数据

语　　种：中文简体
学科领域：化学与化学工程
关 键 词：化工；进出口；统计
摘　　要：收录 2000 多种产品的月度进出口贸易统计数据，包括海关关区、数量、金额、贸易国、产销国、贸易方式、运输方式等。
资源类型：统计数据
数据格式：数值

更新频率：月度更新
用户权限：授权
起 始 年：2007 年
责任单位：中国化工信息中心有限公司
联系电话：010-64444187
电子邮箱：sunws@cncic.cn
链接地址：http://chem.ckcest.cn/Trading/Enterprice

化工产品进出口商

语　　种：中文简体
学科领域：化学与化学工程
关 键 词：化工；产品；进出口商
摘　　要：持续更新特色数据，提供重点化工产品的进出口商数据信息。
资源类型：数据集
数据格式：数值
更新频率：月度更新
用户权限：授权
起 始 年：2001 年
责任单位：中国化工信息中心有限公司
联系电话：010-64444187
电子邮箱：sunws@cncic.cn
链接地址：http://chem.ckcest.cn/Trading/Enterprice

◆ 化工行业产品价格

语　　种：中文简体
学科领域：化学与化学工程
关 键 词：化工；产品；价格
摘　　要：收录中国市场 100 余种化工产品的每日价格，包括出厂价格和地区价格。
资源类型：数据集
数据格式：文本
更新频率：月度更新
用户权限：公开
起 始 年：2008 年
责任单位：中国化工信息中心有限公司
联系电话：010-64444187
电子邮箱：sunws@cncic.cn
链接地址：http://chem.ckcest.cn/price

◆ 中国主要化工产品生产企业产能产量统计数据

语　　种：中文简体
学科领域：化学与化学工程
关 键 词：化工；产品产量；数据；企业
摘　　要：基于中国主要化工产品生产企业信息，汇总其年度产能产量统计数据，形成特色数据集。
资源类型：数据集
数据格式：数值
更新频率：年度更新
用户权限：公开
起 始 年：2016 年
责任单位：中国化工信息中心有限公司
联系电话：010-64444187
电子邮箱：sunws@cncic.cn
链接地址：http://chem.ckcest.cn/EnterpriseCapacity

◆ 中国重点化工产品产量统计数据

语　　种：中文简体
学科领域：化学与化学工程
关 键 词：化工；产品产量；数据
摘　　要：收录化工行业能源及加工、化学矿及农用化工、无机化学、有机化学、合成材料等领域，近年来几十种产品的产量数据包括全国总产量和各省份产量。

资源类型：统计数据

数据格式：数值

更新频率：年度更新

用户权限：公开

起 始 年：1995 年

责任单位：中国化工信息中心有限公司

联系电话：010-64444187

电子邮箱：sunws@cncic.cn

链接地址：http://chem.ckcest.cn/Output

◆ 农药残留数据

语　　种：中文简体

学科领域：化学与化学工程

关 键 词：农药残留；数据；化工

摘　　要：收录 7000 多条各种农药残留信息，涉及奶粉、水果、蔬菜、茶叶、蜂蜜、粮谷、动物肌肉等大类的残留农药名称、限量、检测方法、溶剂等。

资源类型：数据集

数据格式：数值

更新频率：年度更新

用户权限：公开

责任单位：中国化工信息中心有限公司

联系电话：010-64444187

电子邮箱：sunws@cncic.cn

链接地址：http://chem.ckcest.cn/Pesticides

◆ 石化产品简报

语　　种：中文简体

学科领域：化学与化学工程

关 键 词：化工；石化；产品；简报

摘　　要：收录石化行业研究与市场监测、石化经济分析、石化经济数据快报、主要经济指标等，人工对相关信息进行整理、加工、分析。

资源类型：其他

数据格式：文本

更新频率：月度更新

用户权限：授权

起 始 年：2017 年

责任单位：中国化工信息中心有限公司

联系电话：010-64444187

电子邮箱：sunws@cncic.cn

链接地址：http://chem.ckcest.cn/channel/details/8-tongjishuju

◆ 化工产品生产厂家

语　　种：中文简体

学科领域：化学与化学工程

关　键　词：化工；产品；生产厂家

摘　　　要：收录中国化工行业1万多家生产厂家信息，包括厂家名称、厂家地址、联系方式、注册资本、统一社会信用代码等。2019年新增特色资源"生产企业产能"。

资源类型：科技机构

数据格式：文本

更新频率：不定期更新

用户权限：公开

责任单位：中国化工信息中心有限公司

联系电话：010-64444187

电子邮箱：sunws@cncic.cn

链接地址：http://chem.ckcest.cn/channel/details/changjia-youji

◆ 精细化工产品数据

语　　　种：中文简体

学科领域：化学与化学工程

关　键　词：化工；精细；产品

摘　　　要：收录20多万种精细产品的基本信息，包括产品中文名称、英文名称、分子量、分子式、CAS登记号码等。

资源类型：数据集

数据格式：数值

更新频率：年度更新

用户权限：公开

责任单位：中国化工信息中心有限公司

联系电话：010-64444187

电子邮箱：sunws@cncic.cn

链接地址：http://chem.ckcest.cn/FCI

◆ 化工产品库

语　　　种：中文简体

学科领域：化学与化学工程

关　键　词：化工；产品

摘　　　要：收录2万余种化工产品的信息，包括分子式、用途、CAS登记号码等。

资源类型：数据集

数据格式：文本

更新频率：不定期更新

用户权限：公开

责任单位：中国化工信息中心有限公司

联系电话：010-64444187

电子邮箱：sunws@cncic.cn

链接地址：http://chem.ckcest.cn/channel/details/chanpin-wuji

◆ 化工产业园区

语　　种：中文简体
学科领域：化学与化学工程
关 键 词：化工；园区
摘　　要：收录 100 家全国化工园区的信息。
资源类型：数据集
数据格式：文本
更新频率：不定期更新
用户权限：公开
责任单位：中国化工信息中心有限公司
联系电话：010-64444187
电子邮箱：sunws@cncic.cn
链接地址：http://chem.ckcest.cn/channel/details/zhongguohuagongchanyeyuanqu

◆ 全球化工企业投资交易数据

语　　种：英文
学科领域：化学与化学工程
关 键 词：化工企业；投资交易；数据
摘　　要：收录全球化工行业各企业的收并购数据，包括收购方、被收购方、交易方式、交易状态、收购方行业、业务说明、交易目的、交易意见等。

资源类型：数据集
数据格式：数值
更新频率：年度更新
用户权限：公开
起 始 年：2000 年
责任单位：中国化工信息中心有限公司
联系电话：010-64444187
电子邮箱：sunws@cncic.cn
链接地址：http://chem.ckcest.cn/EnterpriseInvestment

◆ 重点化工企业经营绩效数据

语　　种：英文
学科领域：化学与化学工程
关 键 词：化工企业；经济绩效；数据
摘　　要：收录全球化工企业的财务类数据，包括公司名称、总部地址、年营业额、员工数量、注册地址、总收入、市盈率、净资产回报率、主要运营活动、主要产品和服务等。
资源类型：数据集
数据格式：数值
更新频率：年度更新
用户权限：公开
起 始 年：1987 年
责任单位：中国化工信息中心有限公司
联系电话：010-64444187
电子邮箱：sunws@cncic.cn

链接地址：http://chem.ckcest.cn/EnterprisePerformance

◆ "一带一路"投资环境分析报告

语　　种：英文

学科领域：经济

关 键 词："一带一路"；投资环境；报告

摘　　要：收录"一带一路"国家（地区）分析，包括：主权风险分析，评估公共债券、国内债券、外债的违约风险；货币风险分析，评估货币大幅度贬值的风险；银行业风险分析，评估银行业系统性危机的风险；分析政治风险和经济结构风险；对未来五年的政治、经济、对外支付形势的预测。

资源类型：科技（咨询、行业）报告

数据格式：文本

更新频率：季度更新

用户权限：授权

起 始 年：2018 年

责任单位：中国化工信息中心有限公司

联系电话：010-64444187

电子邮箱：sunws@cncic.cn

链接地址：http://chem.ckcest.cn/channel/details/shouye-touzihuanjingfenxibaogao

◆ MSDS 化学品安全信息卡

语　　种：英文

学科领域：化学与化学工程

关 键 词：化学品安全技术说明书（material safety data sheet，MSDS，又译化学品安全说明书或化学品安全数据说明书）；数据

摘　　要：MSDS 是化学品生产商和进口商用来阐明化学品的理化特性（如 pH、闪点、易燃度、反应活性等）以及对使用者的健康（如致癌、致畸等）可能产生的危害的一份文件。

资源类型：数据集

数据格式：文本

更新频率：年度更新

用户权限：公开

责任单位：中国化工信息中心有限公司

联系电话：010-64444187

电子邮箱：sunws@cncic.cn

链接地址：http://chem.ckcest.cn/MSDS

◆ 中国化工行业规模以上工业企业主要经济指标

语　　种：中文简体

学科领域：化学与化学工程

关 键 词：化工；经济指标；数据；企业

摘　　要：用来反映中国化工行业各领域企业总体的经济运行状况，包括化工行业各领域的企业数、流动资产平均余额、资产总计、负债合计、主营业务收入、主营业务成本、利润总额等。

资源类型：数据集

数据格式：数值

更新频率：年度更新

用户权限：公开

起 始 年：2008 年

责任单位：中国化工信息中心有限公司

联系电话：010-64444187

电子邮箱：sunws@cncic.cn

链接地址：http://chem.ckcest.cn/EconomicIndicator

◆ 中国化工行业固定资产投资数据

语　　种：中文简体

学科领域：化学与化学工程

关 键 词：化工；投资；固定资产；数据

摘　　要：收录中国化工行业固定资产投资数据，累计加工不低于 400 条。

资源类型：数据集

数据格式：数值

更新频率：年度更新

用户权限：公开

起 始 年：2008 年

责任单位：中国化工信息中心有限公司

联系电话：010-64444187

电子邮箱：sunws@cncic.cn

链接地址：http://chem.ckcest.cn/InvestmentInFixedAssets

◆ 农药产品信息

语　　种：中文简体

学科领域：化学与化学工程

关 键 词：农药；中文；产品

摘　　要：综合加工农药产品信息数据，累计加工不低于 1000 种，包括农药产品名称、化学名称、CAS 登记号码等。

资源类型：数据集
数据格式：文本
更新频率：年度更新
用户权限：公开
起 始 年：2019 年
责任单位：中国化工信息中心有限公司
联系电话：010-64444187
电子邮箱：sunws@cncic.cn
链接地址：http://chem.ckcest.cn/PesticideProducts

◆ 国别统计数据

语　　种：中文简体
学科领域：化学与化学工程
关 键 词：国别；统计；数据
摘　　要：数据主要来源于国际货币基金组织、世界银行和各国统计局等较为权威的国际机构。主要包括各国经济与政治指标，可从经济、政治的不同维度，提供各国的基本情况。
资源类型：统计数据
数据格式：数值
更新频率：年度更新
用户权限：公开
起 始 年：2013 年
责任单位：中国化工信息中心有限公司

联系电话：010-64444187
电子邮箱：sunws@cncic.cn
链接地址：http://ydyl.ckcest.cn/country/index

◆ 行业统计数据

语　　种：中文简体
学科领域：农业、工业、交通运输业、信息通信业
关 键 词：行业；统计；数据
摘　　要：数据主要来源于各国统计局与世界银行等较为权威的国际机构。主要包括行业的目前发展状况（如产能和产量），以及行业内发展所需的其他数值指标。
资源类型：统计数据
数据格式：数值
更新频率：年度更新
用户权限：公开
起 始 年：2018 年
责任单位：中国化工信息中心有限公司
联系电话：010-64444187
电子邮箱：sunws@cncic.cn
链接地址：http://agri.ckcest.cn/expert/beltroad.html

◆ 工程投资指数数据

语　　种：中文简体
学科领域：工商管理
关 键 词：工程；指数；数据
摘　　要：收录工程投资便利度指数、工程投资潜力指数、工程投资法治指数等。现仅有 2018 年数据，后续将进行追溯补齐。
资源类型：数据集
数据格式：数值
更新频率：年度更新
用户权限：公开
起 始 年：2018 年
责任单位：中国化工信息中心有限公司
联系电话：010-64444187
电子邮箱：sunws@cncic.cn
链接地址：http://ydyl.ckcest.cn/analysis/index

◆ 化工产品工艺应用

语　　种：中文简体

学科领域：化学与化学工程
关 键 词：化工；应用；工艺
摘　　要：收录产品生产原料、生产参数、技术指标、最终产品及衍生物等相关数据、文献和资讯，通过大数据处理进行精确映射，提供化工产品整个生产工艺流程的应用服务。
资源类型：其他
数据格式：其他
更新频率：月度更新
用户权限：公开
责任单位：中国化工信息中心有限公司
联系电话：010-64444187
电子邮箱：sunws@cncic.cn
链接地址：http://chem.ckcest.cn/channel/details/liuchengtu3#

◆ 化工产品行情图

语　　种：中文简体
学科领域：化学与化学工程
关 键 词：化工；行情；产品
摘　　要：以化工产品价格为基础，采用折线图的形式展示中国市场 100 余种化工产品的月度价格变化趋势，以更直观的形式展示产品价格变化趋势，可为相关人员提供参考。
资源类型：其他
数据格式：其他

更新频率：月度更新

用户权限：公开

起 始 年：2001 年

责任单位：中国化工信息中心有限公司

联系电话：010-64444187

电子邮箱：sunws@cncic.cn

链接地址：http://chem.ckcest.cn/price

◆ 化工热点分析应用服务

语　　种：中文简体

学科领域：化学与化学工程

关 键 词：化工；热点；应用服务

摘　　要：聚焦政策热点、重点技术领域、产业前沿、产业共性问题等化工行业热点问题或领域共 16 个专题，通过知识专题形式，将相关的新闻资讯、期刊文献、专利、机构、测试数据、研究报告等各类信息资源自动汇聚和关联，并进行人工筛选和专业化分析，促进知识资源的综合利用。

资源类型：其他

数据格式：其他

更新频率：月度更新

用户权限：公开

起 始 年：1985 年

责任单位：中国化工信息中心有限公司

联系电话：010-64444187

电子邮箱：sunws@cncic.cn

链接地址：http://chem.ckcest.cn/channel/details/yingyongzhuanti

◆ 化工产品 e 点通

语　　种：中文简体

学科领域：化学与化学工程

关 键 词：化工；产品；e 点通

摘　　要：迭代升级 e 点通特色应用，丰富信息服务内容，在原有产品信息的基础上，构建化工产品与生产厂家、进出口商、科技文献等数据的映射，通过大数据融合的技术手段，将产品信息与其他信息相关联，构建基于化工产品的特色专题应用。

资源类型：其他

数据格式：其他

更新频率：月度更新

用户权限：公开

责任单位：中国化工信息中心有限公司

联系电话：010-64444187

电子邮箱：sunws@cncic.cn

链接地址：http://chem.ckcest.cn/Cooperative

◆ 农药知识服务系统专题应用

语　　种：中文简体

学科领域：化学与化学工程

关 键 词：农药；知识；服务

摘　　要：继续打造农药知识服务系统专题应用，提供涵盖行业资讯、产品价格、厂家信息、文献图书等多种数据融合的全方位农药知识服务。

资源类型：其他

数据格式：其他

更新频率：月度更新

用户权限：公开

起 始 年：1948 年

责任单位：中国化工信息中心有限公司

联系电话：010-64444187

电子邮箱：sunws@cncic.cn

链接地址：http://chem.ckcest.cn/channel/details/nongyaoshifanpingtai

◆ 芳烃产业链专题应用

语　　种：中文简体

学科领域：化学与化学工程

关 键 词：芳烃产业链；专题；应用

摘　　要：持续优化芳烃产业链专题应用，丰富芳烃产业信息资源，拓展芳烃产业链上下游产品信息，形成以乙苯、甲苯、二甲苯等芳烃为原料，生产化工聚合物、烷烃化合物、化肥、芳香化合物等产品的整个芳烃产业链信息服务平台。

资源类型：其他

数据格式：其他

更新频率：月度更新

用户权限：公开

责任单位：中国化工信息中心有限公司

联系电话：010-64444187

电子邮箱：sunws@cncic.cn

链接地址：http://chem.ckcest.cn/channel/details/fangting-juhewu

冶金材料 ◆◇

材料

◆ 材料标准

语　　种：中文简体
学科领域：材料科学（矿业、冶金、金属学与金属工艺、机械、仪表、武器、核反应堆、电工、无线电电子学、化学工业、建筑科学、水利工程、航空航天）
关 键 词：材料；国际标准；国家标准
摘　　要：收录产品标准、方法标准、技术标准、行业标准、产业标准。字段包括标准号、中文标题、实施日期、发布日期、起草单位、标准类型、标准状态、标准摘要等。
资源类型：标准
数据格式：文本
更新频率：年度更新
用户权限：公开
起 始 年：1963 年
责任单位：钢铁研究总院
联系电话：010-62184553
电子邮箱：yushui@cisri.com.cn
链接地址：http://metal.ckcest.cn/result?database=standard

◆ 材料科技报告

语　　种：英文
学科领域：材料科学（矿业、冶金、金属学与金属工艺、机械、仪表、武器、核反应堆、电工、无线电电子学、化学工业、建筑科学、水利工程、航空航天）
关 键 词：金属材料；无机非金属材料；高分子材料；复合材料
摘　　要：数据来源于美国能源部、美国国防部、美国国家航空航天局等机构。字段包括作者、摘要、研究机构、支持机构、发布时间等。
资源类型：科技（咨询、行业）报告
数据格式：文本
更新频率：年度更新
用户权限：公开
起 始 年：1900 年
责任单位：钢铁研究总院
联系电话：010-62184553
电子邮箱：yushui@cisri.com.cn
链接地址：http://metal.ckcest.cn/result?database=techreport

◆ 材料专家

语　　种：中文简体

学科领域：材料科学（矿业、冶金、金属学与金属工艺、机械、仪表、武器、核反应堆、电工、无线电电子学、化学工业、建筑科学、水利工程、航空航天）

关 键 词：院士；教授；正高；副高

摘　　要：收录材料领域有重大科研创新成果和学术影响力的两院院士、专家学者和创新人才等。字段包括专家名、性别、工作单位、学历、职级、研究领域、所在地区、单位地址、单位邮编、单位电话、个人简介。

资源类型：专家学者

数据格式：文本

更新频率：年度更新

用户权限：公开

责任单位：钢铁研究总院

联系电话：010-62184553

电子邮箱：yushui@cisri.com.cn

链接地址：http://metal.ckcest.cn/result?database=expert

◆ 材料行业统计数据

语　　种：中文简体

学科领域：材料科学（矿业、冶金、金属学与金属工艺、机械、仪表、武器、核反应堆、电工、无线电电子学、化学工业、建筑科学、水利工程、航空航天）

关 键 词：生产；贸易；国内外；金属材料；无机非金属材料；高分子材料；复合材料

摘　　要：收录中国国家统计局、世界钢铁协会、日本钢铁联盟、美国地质勘探局等机构的行业统计数据，包括生铁、铁合金、废钢、钢铁、铁矿石等生产和消费数据。

资源类型：统计数据

数据格式：数值

更新频率：年度更新

用户权限：授权

起 始 年：1949 年

责任单位：钢铁研究总院

联系电话：010-62184553

电子邮箱：yushui@cisri.com.cn

链接地址：http://metal.ckcest.cn/statistics/data?type=data&id=all

◆ 材料科技机构

语　　种：中文简体
学科领域：材料科学（矿业、冶金、金属学与金属工艺、机械、仪表、武器、核反应堆、电工、无线电电子学、化学工业、建筑科学、水利工程、航空航天）
关 键 词：材料；科研机构；企业
摘　　要：收录材料科技领域有较强科技创新能力的科研机构、高等院校、重点实验室、公司企业等。字段包括公司名、地址、电话、传真、网址、简介。
资源类型：科技机构
数据格式：文本
更新频率：年度更新
用户权限：公开
责任单位：钢铁研究总院
联系电话：010-62184553
电子邮箱：yushui@cisri.com.cn
链接地址：http://metal.ckcest.cn/result?database=organization

◆ 材料科技成果

语　　种：英文

学科领域：材料科学（矿业、冶金、金属学与金属工艺、机械、仪表、武器、核反应堆、电工、无线电电子学、化学工业、建筑科学、水利工程、航空航天）
关 键 词：材料；科研机构；高等院校；企业
摘　　要：收录材料科技领域科研机构、高等院校、企业等获奖的科技成果。字段包括名称、摘要、完成单位、成果类别、成果登记时间、研究起止时间、成果体现形式、成果所处阶段、成果属性、成果水平、研究形式、所属高新技术领域、成果主要应用行业、课题来源、课题立项名称、课题立项编号、评价方式、评价单位、评价日期、应用状态、转让范围、推广形式、联系人、联系人电话、联系人邮箱、联系人通信地址、邮政编码、单位电话、传真、完成人等。
资源类型：科技成果
数据格式：文本
更新频率：年度更新
用户权限：公开
起 始 年：1970 年
责任单位：钢铁研究总院
联系电话：010-62184553
电子邮箱：yushui@cisri.com.cn
链接地址：http://metal.ckcest.cn/result?database=techreport

◆ 牌号−性能数据库

语　　种：中文简体

学科领域：材料科学（矿业、冶金、金属学与金属工艺、机械、仪表、武器、核反应堆、电工、无线电电子学、化学工业、建筑科学、水利工程、航空航天）

关 键 词：牌号；性能；化学成分；物理性能

摘　　要：多国牌号−性能数据库，包括中国、韩国、日本、美国、欧盟等国家（组织），涵盖中国标准和国际标准。字段包括唯一标识编号、标准号名称、版本、中文标准名称、英文标准名称、标准状态、产品类型、关键词、行业或用途、交货状态、备注、化学成分元素、元素最大值、元素最小值、元素近似值、注释。

资源类型：其他

数据格式：文本

更新频率：年度更新

用户权限：授权

责任单位：钢铁研究总院

联系电话：010-62184553

电子邮箱：yushui@cisri.com.cn

链接地址：http://metal.ckcest.cn/specialData/list

◆ 材料图书

语　　种：中文简体

学科领域：材料科学（矿业、冶金、金属学与金属工艺、机械、仪表、武器、核反应堆、电工、无线电电子学、化学工业、建筑科学、水利工程、航空航天）

关 键 词：材料；数字化；金属材料；无机非金属材料；高分子材料；复合材料

摘　　要：收录材料科技领域数字化的图书。提供形式为在线 PDF 文件浏览。

资源类型：图书

数据格式：文本

更新频率：不定期更新

用户权限：公开

责任单位：钢铁研究总院

联系电话：010-62184553

电子邮箱：yushui@cisri.com.cn

链接地址：http://wenku.metal.ckcest.cn

◆ 新材料重点产品

语　　种：中文简体

学科领域：材料科学（矿业、冶金、

金属学与金属工艺、机械、仪表、武器、核反应堆、电工、无线电电子学、化学工业、建筑科学、水利工程、航空航天）

关 键 词：新材料；金属材料；无机非金属材料；高分子材料；复合材料；重点产品

摘 　 要：面向中国制造2025、国防军工、战略性新兴产业、国民经济重大工程和重大专项对新材料的需求，收录新材料产业重点产品数据。字段包括材料名称、应用领域、所处阶段、生产企业、应用器件等。

资源类型：其他

数据格式：文本

更新频率：不定期更新

用户权限：公开

责任单位：钢铁研究总院

联系电话：010-62184553

电子邮箱：yushui@cisri.com.cn

链接地址：http://metal.ckcest.cn/material-power/#/chart/mat

◆ 新材料重点聚集区

语 　 种：中文简体

学科领域：材料科学（矿业、冶金、金属学与金属工艺、机械、仪表、武器、核反应堆、电工、无线电电子

学、化学工业、建筑科学、水利工程、航空航天）

关 键 词：新材料；金属材料；无机非金属材料；高分子材料；复合材料；聚集区

摘 　 要：收录新材料产业聚集区、产业基地、国家级中心和实验室等，充分发挥新材料产业聚集区的科技创新载体作用。字段包括材料领域、所在地区、材料产品等。

资源类型：其他

数据格式：文本

更新频率：不定期更新

用户权限：公开

责任单位：钢铁研究总院

联系电话：010-62184553

电子邮箱：yushui@cisri.com.cn

链接地址：http://metal.ckcest.cn/material-power/#/chart/area

◆ 新材料重点企业

语 　 种：中文简体

学科领域：材料科学（矿业、冶金、金属学与金属工艺、机械、仪表、武器、核反应堆、电工、无线电电子学、化学工业、建筑科学、水利工程、航空航天）

关 键 词：新材料；金属材料；无机

非金属材料；高分子材料；复合材料；重点企业

摘　　要：结合历年国家支持新材料情况，收录新材料重点领域优势企业、潜力企业名录。字段包括企业名称、所在地区、所涉材料类型、材料产品等。

资源类型：其他

数据格式：文本

更新频率：不定期更新

用户权限：公开

责任单位：钢铁研究总院

联系电话：010-62184553

电子邮箱：yushui@cisri.com.cn

链接地址：http://metal.ckcest.cn/material-power/#/chart/company

冶金

◆ "一带一路"冶金专题数据

语　　种：其他
学科领域：冶金工程技术
关 键 词："一带一路"；冶金；专题
摘　　要：收录"一带一路"冶金相关期刊、会议等科技文献。
资源类型：其他
数据格式：文本
更新频率：不定期更新
用户权限：授权
起 始 年：2019 年
责任单位：冶金工业信息标准研究院
联系电话：010-85115162
电子邮箱：lichunmeng@cmisi.cn
链接地址：http://miobor.ckcest.cn/

◆ 薄板坯连铸连轧专题

语　　种：其他
学科领域：钢铁冶金
关 键 词：薄板坯；连铸连轧；专题
摘　　要：收录薄板坯连铸连轧相关期刊、会议等科技文献，涵盖当今薄板坯连铸连轧技术的最新研究情况。
资源类型：其他
数据格式：文本

更新频率：不定期更新
用户权限：授权
起 始 年：2019 年
责任单位：冶金工业信息标准研究院
联系电话：010-85115162
电子邮箱：lichunmeng@cmisi.cn
链接地址：http://mi.ckcest.cn/

◆ 不锈钢统计数据

语　　种：中文简体
学科领域：统计学
关 键 词：不锈钢；统计数据；数值
摘　　要：收录不锈钢领域数值型统计数据。
资源类型：统计数据
数据格式：数值
更新频率：季度更新
用户权限：授权
起 始 年：2018 年
责任单位：冶金工业信息标准研究院
联系电话：010-85115162
电子邮箱：lichunmeng@cmisi.cn
链接地址：http://mi.ckcest.cn/

◆ 钢坯统计数据

语　　种：中文简体
学科领域：统计学
关 键 词：钢坯；统计数据；数值
摘　　要：收录冶金领域钢坯数值型统计数据。
资源类型：统计数据
数据格式：数值
更新频率：季度更新
用户权限：授权
起 始 年：2018 年
责任单位：冶金工业信息标准研究院
联系电话：010-85115162
电子邮箱：lichunmeng@cmisi.cn
链接地址：http://mi.ckcest.cn/

◆ 馆藏资源文摘

语　　种：其他
学科领域：冶金工程技术
关 键 词：馆藏文献；冶金；矿业；工程材料
摘　　要：收录冶金、矿业、工程材料领域科技文献，涵盖近 2000 种数据资源。
资源类型：其他

数据格式：文本
更新频率：季度更新
用户权限：授权
起 始 年：1977 年
责任单位：冶金工业信息标准研究院
联系电话：010-85115162
电子邮箱：lichunmeng@cmisi.cn
链接地址：http://mi.ckcest.cn/

◆ 冶金行业报告

语　　种：中文简体
学科领域：冶金工程技术
关 键 词：冶金；咨询报告；冶金原料；冶金设备；冶金产品；工艺流程
摘　　要：收录冶金原料、设备、产品以及各工艺流程分析报告，包括市场信息、财经信息、技术路线、专利分析、统计数据等。
资源类型：科技（咨询、行业）报告
数据格式：文本
更新频率：年度更新
用户权限：授权
起 始 年：2013 年
责任单位：冶金工业信息标准研究院
联系电话：010-85115162
电子邮箱：lichunmeng@cmisi.cn
链接地址：http://mi.ckcest.cn/

◆ 焦炭统计数据

语　　种：中文简体
学科领域：统计学
关 键 词：焦炭；统计数据；数值
摘　　要：收录焦炭领域数值型统计
数据。
资源类型：统计数据
数据格式：数值
更新频率：季度更新
用户权限：授权
起 始 年：2018 年
责任单位：冶金工业信息标准研究院
联系电话：010-85115162
电子邮箱：lichunmeng@cmisi.cn
链接地址：http://mi.ckcest.cn/

◆ 煤炭统计数据

语　　种：中文简体
学科领域：统计学
关 键 词：煤炭；统计数据；数值

摘　　要：收录煤炭领域数值型统计
数据。
资源类型：统计数据
数据格式：数值
更新频率：季度更新
用户权限：授权
起 始 年：2018 年
责任单位：冶金工业信息标准研究院
联系电话：010-85115162
电子邮箱：lichunmeng@cmisi.cn
链接地址：http://mi.ckcest.cn/

◆ 生铁统计数据

语　　种：中文简体
学科领域：统计学
关 键 词：生铁；统计数据；数值
摘　　要：收录生铁领域数值型统计
数据。
资源类型：统计数据
数据格式：数值
更新频率：季度更新
用户权限：授权
起 始 年：2018 年
责任单位：冶金工业信息标准研究院
联系电话：010-85115162
电子邮箱：lichunmeng@cmisi.cn
链接地址：http://mi.ckcest.cn/

◈ 铁合金统计数据

语　　种：中文简体
学科领域：统计学
关 键 词：铁合金；统计数据；数值
摘　　要：收录铁合金领域数值型统计数据。
资源类型：统计数据
数据格式：数值
更新频率：季度更新
用户权限：授权
起 始 年：2018 年
责任单位：冶金工业信息标准研究院
联系电话：010-85115162
电子邮箱：lichunmeng@cmisi.cn
链接地址：http://mi.ckcest.cn/

◈ 铁矿石统计数据

语　　种：中文简体
学科领域：统计学
关 键 词：铁矿石；统计数据；数值
摘　　要：收录铁矿石领域数值型统计数据。
资源类型：统计数据
数据格式：数值
更新频率：季度更新
用户权限：授权
起 始 年：2018 年
责任单位：冶金工业信息标准研究院
联系电话：010-85115162
电子邮箱：lichunmeng@cmisi.cn
链接地址：http://mi.ckcest.cn/

◈ 冶金统计数据

语　　种：中文简体
学科领域：统计学
关 键 词：冶金；统计数据；数值
摘　　要：收录冶金领域数值型统计数据。
资源类型：统计数据
数据格式：数值
更新频率：季度更新
用户权限：授权
起 始 年：2000 年
责任单位：冶金工业信息标准研究院
联系电话：010-85115162
电子邮箱：lichunmeng@cmisi.cn
链接地址：http://mi.ckcest.cn/

◆ 冶金百科

语　　种：中文简体
学科领域：冶金工程技术
关 键 词：冶金；百科；钢铁
摘　　要：收录冶金领域百科词条。
资源类型：百科
数据格式：文本
更新频率：不定期更新
用户权限：授权
起 始 年：2017 年
责任单位：冶金工业信息标准研究院
联系电话：010-85115162
电子邮箱：lichunmeng@cmisi.cn
链接地址：http://mi.ckcest.cn/

◆ 冶金标准

语　　种：中文简体
学科领域：冶金工程技术
关 键 词：冶金；国家标准；行业标准
摘　　要：收录冶金行业标准数据，包括国家标准和行业标准。
资源类型：标准
数据格式：文本
更新频率：不定期更新
用户权限：授权
起 始 年：1963 年
责任单位：冶金工业信息标准研究院
联系电话：010-85115162
电子邮箱：lichunmeng@cmisi.cn
链接地址：http://mi.ckcest.cn/

◆ 冶金成果奖励

语　　种：中文简体
学科领域：冶金工程技术
关 键 词：冶金；成果；奖励
摘　　要：收录冶金成果奖励数据。
资源类型：科技成果
数据格式：文本
更新频率：不定期更新
用户权限：授权
起 始 年：2016 年
责任单位：冶金工业信息标准研究院
联系电话：010-85115162
电子邮箱：lichunmeng@cmisi.cn
链接地址：http://mi.ckcest.cn/

◆ 冶金会议报告

语　　种：中文简体
学科领域：冶金工程技术
关 键 词：冶金；会议报告；钢铁
摘　　要：收录冶金会议报告演示文档。
资源类型：科技（咨询、行业）报告
数据格式：文本
更新频率：不定期更新
用户权限：授权
起 始 年：2015 年
责任单位：冶金工业信息标准研究院
联系电话：010-85115162
电子邮箱：lichunmeng@cmisi.cn
链接地址：http://mi.ckcest.cn/

◆ 冶金机构

语　　种：英文
学科领域：冶金工程技术
关 键 词：冶金；机构信息；钢铁

摘　　要：收录冶金领域机构信息。
资源类型：科技机构
数据格式：文本
更新频率：停止发布、更新
用户权限：授权
起 始 年：2015 年
责任单位：冶金工业信息标准研究院
联系电话：010-85115162
电子邮箱：lichunmeng@cmisi.cn
链接地址：http://mi.ckcest.cn/

◆ 冶金技术信息

语　　种：中文简体
学科领域：冶金工程技术
关 键 词：冶金；技术信息；资讯
摘　　要：收录冶金行业技术信息资讯。
资源类型：新闻资讯
数据格式：文本
更新频率：每天更新
用户权限：授权
起 始 年：2015 年
责任单位：冶金工业信息标准研究院
联系电话：010-85115162
电子邮箱：lichunmeng@cmisi.cn
链接地址：http://mi.ckcest.cn/

◆ 冶金节能减排专题

语　　种：其他
学科领域：冶金工程技术
关 键 词：冶金；节能减排；专题
摘　　要：收录冶金节能减排相关期刊、会议等科技文献，提供冶金节能相关的专利、政策、技术、标准和科技文献。
资源类型：其他
数据格式：文本
更新频率：不定期更新
用户权限：授权
起 始 年：2019 年
责任单位：冶金工业信息标准研究院
联系电话：010-85115162
电子邮箱：lichunmeng@cmisi.cn
链接地址：http://mi.ckcest.cn/

◆ 冶金领域专家

语　　种：中文简体

学科领域：冶金工程技术
关 键 词：冶金；专家；钢铁
摘　　要：收录冶金领域专家数据。
资源类型：专家学者
数据格式：文本
更新频率：停止发布、更新
用户权限：授权
起 始 年：2015 年
责任单位：冶金工业信息标准研究院
联系电话：010-85115162
电子邮箱：lichunmeng@cmisi.cn
链接地址：http://mi.ckcest.cn/

◆ 冶金绿色制造专题

语　　种：其他
学科领域：冶金工程技术
关 键 词：冶金；绿色制造；专题
摘　　要：收录冶金绿色制造相关期刊、会议等科技文献，提供绿色产品、绿色工厂、绿色企业、绿色园区、绿色供应链、绿色评价与服务等数据。
资源类型：其他
数据格式：文本
更新频率：不定期更新
用户权限：授权
起 始 年：2019 年
责任单位：冶金工业信息标准研究院

联系电话：010-85115162
电子邮箱：lichunmeng@cmisi.cn
链接地址：http://mi.ckcest.cn/

◆ 冶金市场财经

语　　种：中文简体
学科领域：经济学
关 键 词：冶金；市场财经；钢铁
摘　　要：收录冶金行业市场信息、财经信息资讯。
资源类型：新闻资讯
数据格式：文本
更新频率：每天更新
用户权限：授权
起 始 年：2015 年
责任单位：冶金工业信息标准研究院
联系电话：010-85115162
电子邮箱：lichunmeng@cmisi.cn
链接地址：http://mi.ckcest.cn/

◆ 冶金外文会议录

语　　种：其他
学科领域：冶金工程技术
关 键 词：冶金；外文会议；钢铁
摘　　要：收录冶金行业外文会议近5000 个会议文集。
资源类型：会议论文
数据格式：文本
更新频率：年度更新
用户权限：授权
起 始 年：2011 年
责任单位：冶金工业信息标准研究院
联系电话：010-85115162
电子邮箱：lichunmeng@cmisi.cn
链接地址：http://mi.ckcest.cn/

◆ 冶金外文期刊

语　　种：其他
学科领域：冶金工程技术
关 键 词：冶金；外文期刊；钢铁
摘　　要：收录冶金行业外文期刊数据，包括近 400 种外文期刊数据，涉及数十种语言。
资源类型：期刊论文
数据格式：文本

更新频率：年度更新

用户权限：授权

起 始 年：2013 年

责任单位：冶金工业信息标准研究院

联系电话：010-85115162

电子邮箱：lichunmeng@cmisi.cn

链接地址：http://mi.ckcest.cn/

◆ 冶金学位论文

语　　种：中文简体

学科领域：冶金工程技术

关 键 词：冶金；学位论文；钢铁

摘　　要：收录冶金行业硕士、博士、博士后学位论文。

资源类型：学位论文

数据格式：文本

更新频率：年度更新

用户权限：授权

起 始 年：1984 年

责任单位：冶金工业信息标准研究院

联系电话：010-85115162

电子邮箱：lichunmeng@cmisi.cn

链接地址：http://mi.ckcest.cn/

◆ 冶金中文会议录

语　　种：中文简体

学科领域：冶金工程技术

关 键 词：冶金；会议；钢铁

摘　　要：收录冶金行业中文会议文集（超过 1500 个）。

资源类型：会议论文

数据格式：文本

更新频率：年度更新

用户权限：授权

起 始 年：1985 年

责任单位：冶金工业信息标准研究院

联系电话：010-85115162

电子邮箱：lichunmeng@cmisi.cn

链接地址：http://mi.ckcest.cn/

◆ 有色金属统计数据

语　　种：中文简体

学科领域：有色金属冶金

关 键 词：有色金属；统计数据；数值

摘　　要：收录有色金属领域数值型统计数据。

资源类型：统计数据

数据格式：数值

更新频率：季度更新
用户权限：授权
起 始 年：2018 年
责任单位：冶金工业信息标准研究院
联系电话：010-85115162
电子邮箱：lichunmeng@cmisi.cn
链接地址：http://mi.ckcest.cn/

◆ 冶金领域院士服务专题

语　　种：其他
学科领域：冶金工程技术
关 键 词：院士服务；专题；科技文
献；资讯
摘　　要：收录为院士主动推送的数

据，涉及有色金属冶金、冶金分析测试、3D 打印、不锈钢等科技文献和资讯等。
资源类型：其他
数据格式：文本
更新频率：每周更新
用户权限：授权
起 始 年：2017 年
责任单位：冶金工业信息标准研究院
联系电话：010-85115162
电子邮箱：lichunmeng@cmisi.cn
链接地址：http://mi.ckcest.cn/

矿业、石油与天然气 ◆◇

地质

◆ 地质领域标准

语　　种：中文简体
学科领域：地质学
关 键 词：地质；标准
摘　　要：收录国标及地质领域相关行标，涵盖地质、土地、海洋、环境、石油、石油化工等行业。主要字段包括标准名、标准号、标准代码号、起草单位、标准状态、执行日期、全文链接等。当前数据记录条数为 2 万余条。
资源类型：标准
数据格式：文本
更新频率：不定期更新
用户权限：授权
起 始 年：1986 年
责任单位：中国地质图书馆
联系电话：010-66554933
电子邮箱：zhoufeng@cgl.org.cn
链接地址：http://geol.ckcest.cn/document_list.jsp?type=standard

◆ 地质领域机构

语　　种：中文简体
学科领域：地质学
关 键 词：地质机构信息
摘　　要：收录政府机构、科研院所、学术组织、企业等。字段包括机构名称、所在地区、研究领域、机构简介等。
资源类型：科技机构
数据格式：文本
更新频率：不定期更新
用户权限：公开
起 始 年：2016 年
责任单位：中国地质图书馆
联系电话：010-66554933
电子邮箱：zhoufeng@cgl.org.cn
链接地址：http://geol.ckcest.cn/organisation_list.jsp

◆ 实物地质资料

语　　种：中文简体
学科领域：地质学
关 键 词：岩心；标本；薄片；实物资料
摘　　要：收录地质调查工作产出的岩心、标本和薄片数据。岩心是用地质钻机从钻孔中取出的柱状岩石标本，可查看岩心的钻孔信息、柱状图及分层岩性描述信息。标本是地质工作中采集的具有典型性、代表性和特殊性的岩石或者矿石标本，为地质工作的科学研究发挥重要作用，可获取标本的描述信息和图像。薄片是指用以在偏光显微镜下进行观察研究的岩石或透明矿物的标本制品，通过显微镜观察并拍照，记录薄片的鉴定名称、显微镜描述以及不同镜域下的描述，可获取薄片的描述信息和各方位薄片图像，具有很高的科学价值。

资源类型：数据集
数据格式：文本
更新频率：不定期更新
用户权限：公开
起 始 年：2017 年
责任单位：中国地质调查局自然资源实物地质资料中心
联系电话：010-66554933
电子邮箱：geol@cgl.org.cn
链接地址：http://geol.ckcest.cn/document_list.jsp?type=materialdata

◆ **地下水资源图件数据**

语　　种：中文简体
学科领域：地质学
关 键 词：地下水资源；地质图件；地质调查
摘　　要：收录全国性、区域性地下水资源与环境相关地质调查成果图件数据，范围覆盖我国北方主要地下水

盆地。主要包括成果图件名称、图件形成时间、图件比例尺、生产单位等。当前图件记录为 1000 余幅。

资源类型：数据集
数据格式：文本
更新频率：不定期更新
用户权限：公开
起 始 年：1979 年
责任单位：中国地质科学院水文地质环境地质研究所
联系电话：010-66554933
电子邮箱：geol@cgl.org.cn
链接地址：http://geol.ckcest.cn/document_list.jsp?type=groundWater

◆ **标准物质数据**

语　　种：中文简体
学科领域：地质学
关 键 词：标准物质；地质
摘　　要：收录地质标准物质数据，主要包括标准物质样品采集、加工制备、样品成分、样品均匀性、稳定性、合作定值单位、定值数据等。

资源类型：数据集
数据格式：文本
更新频率：不定期更新
用户权限：公开
起 始 年：2017 年

责任单位：国家地质实验测试中心

联系电话：010-66554933

电子邮箱：geol@cgl.org.cn

链接地址：http://geol.ckcest.cn/document_list.jsp?type=experimentTest

◆ 地质资料目录数据

语　　种：中文简体

学科领域：地质学

关 键 词：地质资料

摘　　要：收录地质领域项目产生的资料数据，包括地质资料名称、档号、形成单位、题名、工作程度、数据类型、形成时间、主题词、摘要等。

资源类型：数据集

数据格式：文本

更新频率：不定期更新

用户权限：公开

起 始 年：2016 年

责任单位：中国地质图书馆

联系电话：010-66554933

电子邮箱：zhoufeng@cgl.org.cn

链接地址：http://geol.ckcest.cn/document_list.jsp?type=outcomeData

◆ 国家地质公园数据集

语　　种：中文简体

学科领域：地质学

关 键 词：地质公园

摘　　要：收录经过国家地质公园主管部门审批后的国家地质公园数据，包括公园中英文名称、批文、地质遗迹特征、地理位置、描述等。

资源类型：数据集

数据格式：文本

更新频率：不定期更新

用户权限：公开

起 始 年：2016 年

责任单位：中国地质图书馆

联系电话：010-66554933

电子邮箱：zhoufeng@cgl.org.cn

链接地址：http://geol.ckcest.cn/document_list.jsp?type=geopark

◆ 国内地质调查图件数据

语　　种：中文简体
学科领域：地质学
关 键 词：地质调查；图件
摘　　要：收录地质调查项目工作产生的国内地质图件数据，包括图件名称、图件提供单位、比例尺、生产日期等。
资源类型：数据集
数据格式：文本
更新频率：不定期更新
用户权限：公开
起 始 年：2016 年
责任单位：中国地质图书馆
联系电话：010-66554933
电子邮箱：zhoufeng@cgl.org.cn
链接地址：http://geol.ckcest.cn/document_list.jsp?type=maps&area=国内

◆ 国外地质图件数据集

语　　种：中文简体
学科领域：地质学
关 键 词：地质图件
摘　　要：收录国外地质图件数据，包括图件名称、图件类型、所属国家、比例尺、出版时间、缩略图等。
资源类型：数据集
数据格式：文本
更新频率：不定期更新
用户权限：公开
起 始 年：2016 年
责任单位：中国地质图书馆
联系电话：010-66554933
电子邮箱：zhoufeng@cgl.org.cn
链接地址：http://geol.ckcest.cn/document_list.jsp?type=maps&area=国外

◆ 矿床模型数据

语　　种：中文简体
学科领域：地质学
关 键 词：矿床模型；地质
摘　　要：收录矿床模型数据，包括模型名称、编号、建模作者及单位、成矿构造背景等。
资源类型：数据集
数据格式：文本
更新频率：不定期更新
用户权限：公开
起 始 年：2017 年
责任单位：中国地质图书馆
联系电话：010-66554933
电子邮箱：zhoufeng@cgl.org.cn
链接地址：http://geol.ckcest.cn/docum

ent_list.jsp?type=depositModel

◆ 全国地质灾害灾情险情事实数据集

语　　种：中文简体
学科领域：地质学
关　键　词：地学；术语
摘　　要：收录全国地质灾害灾情险情事实数据，包括地质灾害发生时间、位置、规模、造成伤亡及财产损失、应对措施等。

资源类型：数据集
数据格式：文本
更新频率：不定期更新
用户权限：公开
起　始　年：2016 年
责任单位：中国地质图书馆
联系电话：010-66554933
电子邮箱：zhoufeng@cgl.org.cn
链接地址：http://geohazard.geol.ckcest.cn/

能源动力 ◆〉

能源

◆ 全球能源统计

语　　种：英文

学科领域：能源

关 键 词：能源需求；天然气消费；煤炭消费；可再生能源

摘　　要：突出在应对气候变化的行动要求与减少碳排放的实际脚步之间日益扩大的分歧。2018 年，全球能源需求增长 2.9%，碳排放量增长 2.0%。天然气消费和生产增长 5% 以上。可再生能源增长 14.5%，接近 2017 年创纪录的增长，但仍仅占总发电量增长的 1/3 左右。在连续三年下降之后（2014～2016 年），2018 年煤炭消费（+1.4%）和产量（+4.3%）连续第二年增长。美国的石油和天然气年产量增幅是有史以来最大的，其中绝大部分来自陆上页岩气。

资源类型：统计数据

数据格式：数值

更新频率：年度更新

用户权限：公开

起 始 年：1970 年

责任单位：北京低碳清洁能源研究院

联系电话：010-57339679

电子邮箱：yajun.tian.d@chnenergy.com.cn

链接地址：http://energy.ckcest.cn/datapaper.html?dataSetIdName=BP%E4%B8%96%E7%95%8C%E8%83%BD%E6%BA%90%E7%BB%9F%E8%AE%A1%EF%BC%88%E8%8B%B1%E6%96%87%E7%89%88%EF%BC%89

◆ 中国能源进出口数据

语　　种：中文简体

学科领域：能源

关 键 词：煤炭；石油；天然气；进出口

摘　　要：收录中国海关总署提供的中国煤炭类、石油类、天然气类等能源在世界范围的月度进出口量。

资源类型：统计数据

数据格式：数值

更新频率：月度更新

用户权限：授权

起 始 年：1995 年

责任单位：北京低碳清洁能源研究院

联系电话：010-57339679

电子邮箱：yajun.tian.d@chnenergy.com.cn

链接地址：http://energy.ckcest.cn/datapaper.html?dataSetIdName=%E4%B8%AD%E5%9B%BD%E8%83%BD%E6%BA%90%E8%BF%9B%E5%87%BA%E5%8F%A3%E6%95%B0%E6%8D%AE

◈ 石油液化气价格数据库

语　　种： 中文简体
学科领域： 能源
关 键 词： 石油液化气；价格
摘　　要： 收录中国各地瓶装石油液化气价格、石油液化气的出厂价格、进口石油液化气的出厂价格。
资源类型： 统计数据
数据格式： 数值
更新频率： 月度更新
用户权限： 授权
起 始 年： 2007 年
责任单位： 北京低碳清洁能源研究院
联系电话： 010-57339679
电子邮箱： yajun.tian.d@chnenergy.com.cn
链接地址： http://energy.ckcest.cn/datapaper.html?dataSetIdName=%E7%9F%B3%E6%B2%B9%E6%B6%B2%E5%8C%96%E6%B0%94%E4%BB%B7%E6%A0%BC%E6%95%B0%E6%8D%AE%E5%BA%93

◈ 天然气价格数据库

语　　种： 中文简体

学科领域： 能源
关 键 词： 天然气；价格
摘　　要： 收录中国各地民用管道天然气市场价、工业管道天然气市场价、路上管道天然气门站价、压缩天然气车用气站价、液化天然气到货价、液化天然气车用零售价、生产天然气出厂价、液化煤层气出厂价，美国天然气进口价、出口价和市场价，以及纽约、得克萨斯州、亨利港等地的天然气现货价格数据。
资源类型： 统计数据
数据格式： 数值
更新频率： 月度更新
用户权限： 授权
起 始 年： 1981 年
责任单位： 北京低碳清洁能源研究院
联系电话： 010-57339679
电子邮箱： yajun.tian.d@chnenergy.com.cn
链接地址： http://energy.ckcest.cn/datapaper.html?dataSetIdName=%E5%A4%A9%E7%84%B6%E6%B0%94%E4%BB%B7%E6%A0%BC%E6%95%B0%E6%8D%AE%E5%BA%93

◈ 中国重点电厂供耗存数据

语　　种： 中文简体

学科领域：能源

关 键 词：电厂；煤炭；供给；消耗；库存

摘　　要：收录中国重点电厂的基本情况，如装机容量和最大日耗量，以及煤炭供应、消耗、库存情况。

资源类型：统计数据

数据格式：数值

更新频率：月度更新

用户权限：授权

起 始 年：2014 年

责任单位：北京低碳清洁能源研究院

联系电话：010-57339679

电子邮箱：yajun.tian.d@chnenergy.com.cn

链接地址：http://energy.ckcest.cn/datapaper.html?dataSetIdName=%E4%B8%AD%E5%9B%BD%E9%87%8D%E7%82%B9%E7%94%B5%E5%8E%82%E4%BE%9B%E8%80%97%E5%AD%98%E6%95%B0%E6%8D%AE

◆ 中国旬度日均发电量数据

语　　种：中文简体

学科领域：能源

关 键 词：日均发电量

摘　　要：收录中国旬度日均发电量，包括火电和水电数据。

资源类型：统计数据

数据格式：数值

更新频率：月度更新

用户权限：授权

起 始 年：2013 年

责任单位：北京低碳清洁能源研究院

联系电话：010-57339679

电子邮箱：yajun.tian.d@chnenergy.com.cn

链接地址：http://energy.ckcest.cn/datapaper.html?dataSetIdName=%E4%B8%AD%E5%9B%BD%E6%97%AC%E5%BA%A6%E6%97%A5%E5%9D%87%E5%8F%91%E7%94%B5%E9%87%8F%E6%95%B0%E6%8D%AE

◆ 中国国有重点煤矿产运销存数据

语　　种：中文简体

学科领域：能源

关 键 词：国有重点煤矿；煤炭产量

摘　　要：收录中国国有重点煤矿产量、运量、销量和库存月度数据。

资源类型：统计数据

数据格式：数值

更新频率：月度更新

用户权限：授权

起 始 年：2012 年

责任单位：北京低碳清洁能源研究院

联系电话：010-57339679

电子邮箱：yajun.tian.d@chnenergy.com.cn

链接地址：http://energy.ckcest.cn/dataper.html?dataSetIdName=%E4%B8%AD%E5%9B%BD%E5%9B%BD%E6%9C%89%E9%87%8D%E7%82%B9%E7%85%A4%E7%9F%BF%E4%BA%A7%E8%BF%90%E9%94%80%E5%AD%98%E6%95%B0%E6%8D%AE

链接地址：http://energy.ckcest.cn/dataper.html?dataSetIdName=%E4%B8%8D%AD%E5%9B%BD%E5%88%86%E7%9C%81%E7%85%A4%E7%82%AD%E4%BA%A7%E4%B8%9A%E9%93%BE%E6%95%B0%E6%8D%AE

◆ 中国分省煤炭产业链数据

语　　种：中文简体

学科领域：能源

关 键 词：煤炭；产运销存

摘　　要：收录中国分省煤炭产运销存数据、分行业煤炭消费数据和分煤种消费数据。

资源类型：数据集

数据格式：数值

更新频率：月度更新

用户权限：授权

起 始 年：2006 年

责任单位：北京低碳清洁能源研究院

联系电话：010-57339679

电子邮箱：yajun.tian.d@chnenergy.com.cn

◆ 石油价格数据库

语　　种：中文简体

学科领域：能源

关 键 词：石油；价格

摘　　要：收录中国和国际不同地区、不同石油产品的价格数据。

资源类型：统计数据

数据格式：数值

更新频率：月度更新

用户权限：授权

起 始 年：1999 年

责任单位：北京低碳清洁能源研究院

联系电话：010-57339679

电子邮箱：yajun.tian.d@chnenergy.com.cn

链接地址：http://energy.ckcest.cn/dataper.html?dataSetIdName=%E7%9F%B3%E6%B2%B9%E4%BB%B7%E6%A0%BC%E6%95%B0%E6%8D%AE%E5%BA%93

◆ 煤炭港口调度数据

语　　种：中文简体
学科领域：能源
关 键 词：煤炭；港口；吞吐量
摘　　要：收录中国主要港口的煤炭吞吐量、卸车量、铁路调入量等。
资源类型：统计数据
数据格式：数值
更新频率：月度更新
用户权限：授权
起 始 年：2008 年
责任单位：北京低碳清洁能源研究院
联系电话：010-57339679
电子邮箱：yajun.tian.d@chnenergy.com.cn
链接地址：http://energy.ckcest.cn/datapaper.html?dataSetIdName=%E4%B8%AD%E5%9B%BD%E7%85%A4%E7%82%AD%E6%B8%AF%E5%8F%A3%E8%B0%83%E5%BA%A6%E6%95%B0%E6%8D%AE

◆ 煤炭港口运价数据

语　　种：中文简体
学科领域：能源
关 键 词：煤炭；港口；运价
摘　　要：收录中国主要港口的煤炭运价数据。
资源类型：统计数据
数据格式：数值
更新频率：月度更新
用户权限：授权
起 始 年：2010 年
责任单位：北京低碳清洁能源研究院
联系电话：010-57339679
电子邮箱：yajun.tian.d@chnenergy.com.cn
链接地址：http://energy.ckcest.cn/datapaper.html?dataSetIdName=%E4%B8%AD%E5%9B%BD%E7%85%A4%E7%82%AD%E6%B8%AF%E5%8F%A3%E8%BF%90%E4%BB%B7%E6%95%B0%E6%8D%AE

◆ 能源输配数据

语　　种：中文简体
学科领域：能源

关　键　词：能源输配；铁路运输；水路运输；燃气管网；公路运输；电力输送

摘　　　要：收录中国主要能源输送方式相关数据，包括铁路运输、公路运输、水路运输的货运量和固定投资等，以及燃气管道长度、供气总量等。

资源类型：数据集

数据格式：数值

更新频率：年度更新

用户权限：授权

起　始　年：1949 年

责任单位：北京低碳清洁能源研究院

联系电话：010-57339679

电子邮箱：yajun.tian.d@chnenergy.com.cn

链接地址：http://energy.ckcest.cn/datapaper.html?dataSetIdName=%E8%83%BD%E6%BA%90%E8%BE%93%E9%85%8D%E6%95%B0%E6%8D%AE

◆ 全球煤炭价格指数

语　　　种：中文简体

学科领域：能源

关　键　词：全球；煤炭价格指数

摘　　　要：收录不同煤炭产品在国内和国际的价格指数数据。

资源类型：统计数据

数据格式：数值

更新频率：月度更新

用户权限：授权

起　始　年：1982 年

责任单位：北京低碳清洁能源研究院

联系电话：010-57339679

电子邮箱：yajun.tian.d@chnenergy.com.cn

链接地址：http://energy.ckcest.cn/datapaper.html?dataSetIdName=%E5%85%A8%E7%90%83%E7%85%A4%E7%82%AD%E4%BB%B7%E6%A0%BC%E6%8C%87%E6%95%B0

◆ 生物质价格数据库

语　　　种：中文简体

学科领域：能源

关　键　词：生物质价格；玉米价格；燃料乙醇价格；酒糟价格

摘　　　要：收录中国和美国多个州的相关生物质原料与主要生物质能源产品的现货价格数据。

资源类型：数据集

数据格式：数值

更新频率：月度更新

用户权限：授权

起　始　年：2008 年

责任单位：北京低碳清洁能源研究院

联系电话：010-57339679

电子邮箱：yajun.tian.d@chnenergy.com.cn

链接地址：http://energy.ckcest.cn/datapaper.html?dataSetIdName=%E7%94%9F%E7%89%A9%E8%B4%A8%E4%BB%B7%E6%A0%BC%E6%95%B0%E6%8D%AE%E5%BA%93

联系电话：010-57339679

电子邮箱：yajun.tian.d@chnenergy.com.cn

链接地址：http://energy.ckcest.cn/datapaper.html?dataSetIdName=%E5%A4%AA%E9%98%B3%E8%83%BD%E4%BA%A7%E4%B8%9A%E4%BB%B7%E6%A0%BC%E6%95%B0%E6%8D%AE%E5%BA%93

◆ 太阳能产业价格数据库

语　　种：中文简体

学科领域：能源

关 键 词：太阳能；单晶硅价格；多晶硅价格；光伏板价格；逆变器价格；集成电路级硅；电池组件；抛光片；硅片；硅电池

摘　　要：收录中国多家太阳能产业相关企业关于单晶材料、多晶材料、集成电路级的出厂价格和经销价格数据，以及世界光伏板和逆变器等相关组件的市场价格数据。

资源类型：统计数据

数据格式：数值

更新频率：月度更新

用户权限：授权

起 始 年：2010 年

责任单位：北京低碳清洁能源研究院

◆ 风能产业数据

语　　种：中文简体

学科领域：能源

关 键 词：风力发电；装机容量

摘　　要：收录中国分省份和世界分地区的风力发电装机容量数据。

资源类型：统计数据

数据格式：数值

更新频率：月度更新

用户权限：授权

起 始 年：1995 年

责任单位：北京低碳清洁能源研究院

联系电话：010-57339679

电子邮箱：yajun.tian.d@chnenergy.com.cn

链接地址：http://energy.ckcest.cn/datapaper.html?dataSetIdName=%E9%A3%8E%E8%83%BD%E4%BA%A7%E4%B

8%9A%E6%95%B0%E6%8D%AE

◆ 生物质能产业数据

语　　种：中文简体
学科领域：能源
关 键 词：生物质发电；装机容量；
燃料乙醇；玉米
摘　　要：收录世界生物质供暖设备
装机容量和分国别的生物质能发电装
机容量、美国燃料乙醇产量、库存和
需求量数据。
资源类型：数据集
数据格式：数值
更新频率：月度更新
用户权限：授权
起 始 年：1980 年
责任单位：北京低碳清洁能源研究院
联系电话：010-57339679
电子邮箱：yajun.tian.d@chnenergy.
com.cn
链接地址：http://energy.ckcest.cn/datap
aper.html?dataSetIdName=%E7%94%9
F%E7%89%A9%E8%B4%A8%E8%8
3%BD%E4%BA%A7%E4%B8%9A%E
6%95%B0%E6%8D%AE

◆ 地热能产业数据

语　　种：中文简体
学科领域：能源
关 键 词：地热发电；地热能供暖
摘　　要：收录世界各国地热能发电
和供暖装机容量数据。
资源类型：数据集
数据格式：数值
更新频率：年度更新
用户权限：授权
起 始 年：2004 年
责任单位：北京低碳清洁能源研究院
联系电话：010-57339679
电子邮箱：yajun.tian.d@chnenergy.
com.cn
链接地址：http://energy.ckcest.cn/datap
aper.html?dataSetIdName=%E5%9C%B
0%E7%83%AD%E8%83%BD%E4%B
A%A7%E4%B8%9A%E6%95%B0%E
6%8D%AE

◆ 太阳能产业数据

语　　种：中文简体
学科领域：能源
关 键 词：光伏发电；光伏电站；光热发电；装机容量；并网容量
摘　　要：收录中国分省份和世界分国别光伏发电装机容量、分布式光伏并网容量等。
资源类型：数据集
数据格式：数值
更新频率：年度更新
用户权限：授权
起 始 年：1993 年
责任单位：北京低碳清洁能源研究院
联系电话：010-57339679
电子邮箱：yajun.tian.d@chnenergy.com.cn
链接地址：http://energy.ckcest.cn/datapaper.html?dataSetIdName=%E5%A4%AA%E9%98%B3%E8%83%BD%E4%BA%A7%E4%B8%9A%E6%95%B0%E6%8D%AE

◆ 核能产业数据

语　　种：中文简体

学科领域：能源
关 键 词：核电；核能发电；设备容量；装机容量
摘　　要：收录世界各国核电装机容量和并网容量数据。
资源类型：数据集
数据格式：数值
更新频率：月度更新
用户权限：授权
起 始 年：1954 年
责任单位：北京低碳清洁能源研究院
联系电话：010-57339679
电子邮箱：yajun.tian.d@chnenergy.com.cn
链接地址：http://energy.ckcest.cn/datapaper.html?dataSetIdName=%E6%A0%B8%E8%83%BD%E4%BA%A7%E4%B8%9A%E6%95%B0%E6%8D%AE

◆ 水能产业数据

语　　种：中文简体
学科领域：能源
关 键 词：水力发电；装机容量；利用小时数
摘　　要：收录中国分省份水电设备利用小时数、水电装机容量、世界水电装机容量数据。
资源类型：数据集

数据格式：数值

更新频率：月度更新

用户权限：授权

起 始 年：1975 年

责任单位：北京低碳清洁能源研究院

联系电话：010-57339679

电子邮箱：yajun.tian.d@chnenergy.
com.cn

链接地址：http://energy.ckcest.cn/datap
aper.html?dataSetIdName=%E6%B0%B
4%E8%83%BD%E4%BA%A7%E4%B
8%9A%E6%95%B0%E6%8D%AE

◆ **海洋能产业数据**

语　　种：中文简体

学科领域：能源

关 键 词：海洋能发电；装机容量

摘　　要：收录世界海洋能发电能源
设备装机容量数据。

资源类型：数据集

数据格式：数值

更新频率：年度更新

用户权限：授权

起 始 年：2005 年

责任单位：北京低碳清洁能源研究院

联系电话：010-57339679

电子邮箱：yajun.tian.d@chnenergy.
com.cn

链接地址：http://energy.ckcest.cn/datap
aper.html?dataSetIdName=%E6%B5%B
7%E6%B4%8B%E8%83%BD%E4%B
A%A7%E4%B8%9A%E6%95%B0%E
6%8D%AE

◆ **煤炭价格数据库**

语　　种：中文简体

学科领域：能源

关 键 词：煤炭；价格

摘　　要：收录国内和国际不同地
区、不同煤炭产品的价格数据。

资源类型：数据集

数据格式：数值

更新频率：月度更新

用户权限：授权

起 始 年：2002 年

责任单位：北京低碳清洁能源研究院

联系电话：010-57339679

电子邮箱：yajun.tian.d@chnenergy.
com.cn

链接地址：http://energy.ckcest.cn/datapap
er.html?dataSetIdName=煤炭价格数据库

◆ 能源政策数据库

语　　种：中文简体
学科领域：能源
关 键 词：能源；国家政策；地方政策
摘　　要：收录与能源相关的国家与地方政策数据，包括法律法规、标准等。
资源类型：数据集
数据格式：文本
更新频率：不定期更新
用户权限：公开
起 始 年：2011 年
责任单位：北京低碳清洁能源研究院
联系电话：010-57339679
电子邮箱：yajun.tian.d@chnenergy.com.cn
链接地址：http://energy.ckcest.cn/searchpolicy.html

◆ 能源行业报告

语　　种：中文简体
学科领域：能源
关 键 词：能源；行业报告
摘　　要：收录与能源相关的、国内外不同机构发布的报告数据，涉及能源统计与展望、技术发展报告和投资趋势等方面。
资源类型：科技（咨询、行业）报告
数据格式：文本
更新频率：不定期更新
用户权限：公开
起 始 年：1990 年
责任单位：北京低碳清洁能源研究院
联系电话：010-57339679
电子邮箱：yajun.tian.d@chnenergy.com.cn
链接地址：http://energy.ckcest.cn/searchreport.html

◆ 能源图书数据库

语　　种：英文
学科领域：能源
关 键 词：能源；图书
摘　　要：收录已经出版的与能源相关的图书数据，涉及多种能源如核能、煤炭、石油，内容涵盖技术介绍、社会影响讨论等方面。
资源类型：数据集
数据格式：文本
更新频率：不定期更新
用户权限：授权
起 始 年：1975 年

责任单位： 北京低碳清洁能源研究院
联系电话： 010-57339679
电子邮箱： yajun.tian.d@chnenergy.
com.cn
链接地址： http://energy.ckcest.cn/boo
k.html

环境与水利 ◆◇

水利

◆ 水利图片视频

语　　种：中文简体

学科领域：水利工程（基础科学、水资源、工程、材料、施工、水工建筑物、水能利用、防洪、农田水利、水环境、灾害及其防治、环境评价与监测）

关 键 词：多媒体；图片；视频

摘　　要：收录水利工程多媒体信息，包括图片和视频。数据集主要元素有文件编码、摄录时间、文件时长、文件来源、缩略图、作者、发布机构代码、拍摄时间、图像宽度、图像高度、分辨率、照片景别、文件来源。

资源类型：其他

数据格式：视频

更新频率：不定期更新

用户权限：公开

起 始 年：2018 年

责任单位：中国水利水电科学研究院

联系电话：010-68785515

电子邮箱：hank@iwhr.com

链接地址：http://mwr.ckcest.cn/wmeans/wrMeansB

◆ 水利期刊信息

语　　种：中文简体

学科领域：水利工程（基础科学、水资源、工程、材料、施工、水工建筑物、水能利用、防洪、农田水利、水环境、灾害及其防治、环境评价与监测）

关 键 词：期刊；水利；成果

摘　　要：收录期刊基本信息。数据集主要元素有期刊名称、期刊英文名称、曾用刊名、出版频次、简介、其他语种简介、出版商代码、出版地、创刊日期、停刊日期、期刊主页链接地址、期刊封面 URI、收录代码、主办单位代码、期刊编号、期刊开本、总页数、语种、出版日、状态、主管单位代码、主办单位名称、主管单位名称。

资源类型：期刊

数据格式：其他

更新频率：月度更新

用户权限：公开

起 始 年：2018 年

责任单位：中国水利水电科学研究院

联系电话：010-68785515

电子邮箱：hank@iwhr.com

链接地址：http://mwr.ckcest.cn/wbulletin/wrBulletinB/index_xsqk

◆ 水利标准规范

语　　种：中文简体

学科领域：水利工程（基础科学、水资源、工程、材料、施工、水工建筑物、水能利用、防洪、农田水利、水环境、灾害及其防治、环境评价与监测）

关 键 词：标准；水利；成果

摘　　要：收录标准基本信息。数据集主要元素有标准中文名称、标准英文名称、标准类型、摘要、英文摘要、标准编号、主持单位代码、行政区划代码、标准状态、总页数、发布日期、施行日期、学科专业、功能分类、链接地址、主题词、单位名称、完成人名称。

资源类型：标准

数据格式：文本

更新频率：不定期更新

用户权限：公开

起 始 年：2017 年

责任单位：中国水利水电科学研究院

联系电话：010-68785515

电子邮箱：hank@iwhr.com

链接地址：http://mwr.ckcest.cn/wstd/wrStdB

◆ 水利政策法规

语　　种：中文简体

学科领域：水利工程（基础科学、水资源、工程、材料、施工、水工建筑物、水能利用、防洪、农田水利、水环境、灾害及其防治、环境评价与监测）

关 键 词：法规；水利；成果

摘　　要：收录水利法规信息，包括国家法律、各地市法规等。数据集主要元素有法规代码、法规名称、英文名称、法规文号、法规类型、摘要、英文摘要、颁布日期、实施日期、链接地址、主题词、颁布单位名称、所解读法规编码。

资源类型：产业政策

数据格式：文本

更新频率：不定期更新

用户权限：公开

起 始 年：2017 年

责任单位：中国水利水电科学研究院

联系电话：010-68785515

电子邮箱：hank@iwhr.com

链接地址：http://mwr.ckcest.cn/wlaw/wrLawB

◆ 水利科研成果

语　　种：中文简体
学科领域：水利工程（基础科学、水资源、工程、材料、施工、水工建筑物、水能利用、防洪、农田水利、水环境、灾害及其防治、环境评价与监测）
关 键 词：报告；水利；成果
摘　　要：收录科研报告基本信息。数据集主要元素有报告名称、学科专业、摘要、主题词、完成人名称、作者单位、发布年份、起止页码、总页数、中图分类号、语种、主办机构、报告分类、报告类型、报告种类、团体作者。
资源类型：科技成果
数据格式：文本
更新频率：年度更新
用户权限：公开
起 始 年：2018 年
责任单位：中国水利水电科学研究院
联系电话：010-68785515
电子邮箱：hank@iwhr.com
链接地址：http://mwr.ckcest.cn/wprj/wrPrjB

◆ 水利院士专家

语　　种：中文简体
学科领域：水利工程（基础科学、水资源、工程、材料、施工、水工建筑物、水能利用、防洪、农田水利、水环境、灾害及其防治、环境评价与监测）
关 键 词：专家；水利；成果
摘　　要：收录专家基本信息。数据集主要元素有科研人员姓名、其他姓名（英文名称）、性别、国别、学位、单位代码、出生日期、职称、职务、学科专业、研究方向、通信地址、邮政代码、联系电话、电子邮箱、科研人员个人简介、科研人员个人主页链接地址、科研人员个人照片链接地址。
资源类型：专家学者
数据格式：文本
更新频率：年度更新
用户权限：公开
起 始 年：2017 年
责任单位：中国水利水电科学研究院
联系电话：010-68785515
电子邮箱：hank@iwhr.com
链接地址：http://mwr.ckcest.cn/wexp/wrExpB

◆ 水利科技前沿

语　　种：中文简体
学科领域：水利工程（基础科学、水资源、工程、材料、施工、水工建筑物、水能利用、防洪、农田水利、水环境、灾害及其防治、环境评价与监测）
关 键 词：水资源；科技前沿；知识推送
摘　　要：收录水资源科技前沿信息。依托线下为院士和国家课题项目组推送的知识服务内容，整理相关资源。主要包括"城市安全保障与自然灾害应对战略""我国水安全战略和相关重大政策研究"等相关课题的知识推送内容。
资源类型：新闻资讯
数据格式：文本
更新频率：月度更新
用户权限：公开
起 始 年：2019 年
责任单位：中国水利水电科学研究院
联系电话：010-68785515
电子邮箱：hank@iwhr.com
链接地址：http://mwr.ckcest.cn/scipre/index

◆ 全国水旱灾害统计

语　　种：中文简体
学科领域：水利工程（基础科学、水资源、水环境、灾害及其防治）
关 键 词：干旱；饮水；洪涝；农作物；水利设施
摘　　要：收录全国干旱信息和洪涝灾害信息，包括各省份农业、居民的受灾情况。干旱信息数据主要元素有省份编码、省份名称、年份、作物受灾面积、作物成灾面积、作物绝收面积、因旱饮水困难人口、因旱饮水困难大牲畜、创建时间、创建人、修改时间、修改人、删除标识。洪涝灾害信息数据主要元素有省份名称、年、受灾人口、死亡人数、失踪人口、直接经济损失、农作物受灾面积、农作物成灾面积、农作物绝收面积、经济作物损失、停产工矿企业、铁路中断条数、公路中断条数、损坏水库-大中型、损坏水库-小型、损坏堤防-处、损坏堤防-长度、损坏水闸、水利设施损失。
资源类型：统计数据
数据格式：数值
更新频率：年度更新
用户权限：公开
起 始 年：2017 年
责任单位：中国水利水电科学研究院
联系电话：010-68785515
电子邮箱：hank@iwhr.com
链接地址：http://mwr.ckcest.cn/resource/floodDrought

[QR code image]

◆ 全国水利工程

语　　种：中文简体

学科领域：水利工程（工程、水工建筑物）

关 键 词：水利工程；水库；水闸

摘　　要：收录水利工程分布信息，主要包括水库工程分布、引调水工程分布、水闸工程分布、泵站取水能力分布。数据集主要元素有水库名称、所在地、建成年月、工程规模、基面类型、集水面积、设计洪水位、总库容、调洪库容、正常蓄水位、校核洪水位、兴利库容、防洪限制水位、防洪限制水位库容、死水位、死库容、水库调节方式、最小下泄流量、发电引水口至尾水口河道长度、水库枢纽建筑物组成、运行状况、管理单位代码、供水范围。

资源类型：数据集

数据格式：其他

更新频率：年度更新

用户权限：公开

起 始 年：2018 年

责任单位：中国水利水电科学研究院

联系电话：010-68785515

电子邮箱：hank@iwhr.com

链接地址：http://mwr.ckcest.cn/dataAn

---

alysis/goNewDataAnalysis#

[QR code image]

◆ 全国水土保持状况

语　　种：中文简体

学科领域：水利工程（基础科学、水资源、水环境、灾害及其防治、环境评价与监测）

关 键 词：水土保持；水土流失；面积

摘　　要：收录水土保持信息。数据集主要元素有分区类型、区域名称、年份、水土流失面积-轻度、水土流失面积-中度、水土流失面积-强烈、水土流失面积-极强烈、水土流失面积-剧烈、合计、水土流失面积-轻度占比、水土流失面积-中度占比、水土流失面积-强烈占比、水土流失面积-极强烈占比、水土流失面积-剧烈占比、合计。

资源类型：数据集

数据格式：其他

更新频率：年度更新

用户权限：公开

起 始 年：2017 年

责任单位：中国水利水电科学研究院

联系电话：010-68785515

电子邮箱：hank@iwhr.com

链接地址：http://mwr.ckcest.cn/dataAnalysis/goNewDataAnalysis#

◆ **全国水雨情动态**

语　　种：中文简体
学科领域：水利工程（基础科学、水资源）
关 键 词：水文；水质；降水量
摘　　要：收录水文水质信息，主要包括各省份年降水量信息及全国降水量等值线。数据集主要元素有水资源公报代码、水资源计算分区代码、当年降水深、当年降水量、上年降水量、多年平均降水量、与上年比较、与多年平均比较。
资源类型：数据集
数据格式：数值
更新频率：月度更新
用户权限：公开
起 始 年：2018 年
责任单位：中国水利水电科学研究院
联系电话：010-68785515
电子邮箱：hank@iwhr.com
链接地址：http://mwr.ckcest.cn/resource/waterDynamic

◆ **全国水资源动态**

语　　种：中文简体
学科领域：水利工程（基础科学、水资源、水环境）
关 键 词：水资源开发；耗水量；水资源公报；水资源量；地表水；地下水；用水量；农业；工业；环境
摘　　要：收录水资源开发利用的取供用耗排水量信息、水资源量信息、河流湖泊水质信息。水资源开发利用数据主要元素有水资源公报代码、水资源计算分区代码、水田灌溉耗水量、水浇地灌溉耗水量、菜田灌溉耗水量、牲畜耗水量、非火（核）电工业耗水量、建筑业耗水量、服务业耗水量、城镇生活耗水量、农村生活耗水量、城镇生态耗水量、农村生态耗水量、总耗水量，以及农田灌溉年总取用地下水量、林果灌溉年取用水量、草场灌溉年取用水量、牲畜用水年取用水量、直流式火（核）电工业年取用水量、国有及规模以上工业年取用水量、规模以下工业年取用水量、工业年取用地下水量、城镇建筑业年取用水量、城镇服务业年取用水量、城镇公共年取用地下水量、城镇环境水用水量、生态环境年取用地下水量、总水量。水资源量信息主要包括水资源总量、地表水资源量、地下水资源量信息，主要元素有水资源公报代码、水资源计算分区代码、分区河川年径流量、山丘区地下水资源量、山丘区河川基流量、平原区降水入渗补给量、平原区降水入渗形成河道排泄量、地下水资源与地表水资源不重复量。河流湖泊水质信息主要包括水质与河流长度、湖泊水质及营养状况、河流水质状况。

资源类型： 数据集
数据格式： 数值
更新频率： 年度更新
用户权限： 公开
起 始 年： 2018 年
责任单位： 中国水利水电科学研究院
联系电话： 010-68785515
电子邮箱： hank@iwhr.com
链接地址： http://mwr.ckcest.cn/resource/waterChange

◆ **平原区地下水动态**

语 种： 中文简体
学科领域： 水利工程（水资源、地下水）
关 键 词： 地下水；地下水埋深；平原
摘 要： 提供平原地区逐月地下水埋深等值线图。包括松辽平原、黄淮海平原、呼包平原、关中平原、江汉平原、河西走廊平原。
资源类型： 数据集
数据格式： 图形图像

更新频率： 年度更新
用户权限： 公开
起 始 年： 2018 年
责任单位： 中国水利水电科学研究院
联系电话： 010-68785515
电子邮箱： hank@iwhr.com
链接地址： http://mwr.ckcest.cn/resource/groundWater

◆ **水利百科词条**

语 种： 中文简体
学科领域： 水利工程（基础科学、水资源、工程、材料、施工、水工建筑物、水能利用、防洪、农田水利、水环境、灾害及其防治、环境评价与监测）
关 键 词： 水利；词条；释义
摘 要： 收录水利百科词条的释义、专业分类、点击量、更新时间等。
资源类型： 数据集
数据格式： 文本
更新频率： 不定期更新
用户权限： 公开
起 始 年： 2018 年
责任单位： 中国水利水电科学研究院
联系电话： 010-68785515
电子邮箱： hank@iwhr.com

链接地址：http://mwr.ckcest.cn/wsub/wrSubB/getRecommendSub

◆ 全国测站分布统计

语　　种：中文简体

学科领域：水利工程（水资源、水环境、环境评价与监测）

关 键 词：监测站；水文；水质

摘　　要：收录全国重点水文站及水质站的分布统计信息。

资源类型：统计数据

数据格式：数值

更新频率：不定期更新

用户权限：公开

起 始 年：2018 年

责任单位：中国水利水电科学研究院

联系电话：010-68785515

电子邮箱：hank@iwhr.com

链接地址：http://mwr.ckcest.cn/wdataAnalysis/goNewDataAnalysis#

◆ 全国年降水量统计

语　　种：中文简体

学科领域：水利工程（水资源）

关 键 词：降水量；水资源分区；行政分区

摘　　要：收录全国不同分区的年降水量统计信息。

资源类型：统计数据

数据格式：数值

更新频率：不定期更新

用户权限：公开

起 始 年：2018 年

责任单位：中国水利水电科学研究院

联系电话：010-68785515

电子邮箱：hank@iwhr.com

链接地址：http://mwr.ckcest.cn/wdataAnalysis/goNewDataAnalysis#

◆ 全国降水量等值线

语　　种：中文简体

学科领域：水利工程（水资源）

关 键 词：降水量；等值线

摘　　要：提供全国年降水量等值线图。

资源类型：数据集

数据格式：图形图像
更新频率：不定期更新
用户权限：公开
起 始 年：2018 年
责任单位：中国水利水电科学研究院
联系电话：010-68785515
电子邮箱：hank@iwhr.com
链接地址：http://mwr.ckcest.cn/wdata
Analysis/goNewDataAnalysis#

◆ 全国降水量距平

语　　种：中文简体
学科领域：水利工程（水资源）
关 键 词：降水量；距平图
摘　　要：提供全国年降水量距平图。
资源类型：数据集
数据格式：图形图像
更新频率：不定期更新
用户权限：公开
起 始 年：2018 年
责任单位：中国水利水电科学研究院
联系电话：010-68785515
电子邮箱：hank@iwhr.com
链接地址：http://mwr.ckcest.cn/wdata
Analysis/goNewDataAnalysis#

◆ 水问－自然对象

语　　种：中文简体
学科领域：水利工程（基础科学、水资源）
关 键 词：自然对象；湖泊；河流；流域
摘　　要：提供全国自然对象中的湖泊、河流、流域的特征值表、关系图谱、工程图册、参考资料。
资源类型：数据集
数据格式：文本
更新频率：不定期更新
用户权限：公开
起 始 年：2018 年
责任单位：中国水利水电科学研究院
联系电话：010-68785515
电子邮箱：hank@iwhr.com
链接地址：http://mwr.ckcest.cn/shuiwen/list.html?searchText=&object_type=nature&type=1

◆ 水问–工程对象

语　　种：中文简体
学科领域：水利工程（工程、水工建筑物）
关 键 词：工程对象；水库；水电站；大坝
摘　　要：提供全国工程对象中的水库、水电站、大坝的特征值表、建设情况、关系图谱、工程图册、参考资料、地理位置。
资源类型：数据集
数据格式：文本
更新频率：不定期更新
用户权限：公开
起 始 年：2018 年
责任单位：中国水利水电科学研究院
联系电话：010-68785515
电子邮箱：hank@iwhr.com
链接地址：http://mwr.ckcest.cn/shuiwen/list.html?searchText=&object_type=project&type=1

◆ 水问–社会对象

语　　种：中文简体
学科领域：水利工程（基础科学）
关 键 词：社会对象；涉水组织机构；自然人
摘　　要：提供全国社会对象中的涉水组织机构、自然人的各种信息。
资源类型：数据集
数据格式：文本
更新频率：不定期更新
用户权限：公开
起 始 年：2018 年
责任单位：中国水利水电科学研究院
联系电话：010-68785515
电子邮箱：hank@iwhr.com
链接地址：http://mwr.ckcest.cn/shuiwen/list.html?searchText=&object_type=society&type=1

◆ 世界灌溉工程遗产

语　　种：中文简体
学科领域：水利工程（基础科学、水资源、工程、材料、施工、水工建筑物、水能利用、防洪、农田水利、水环境、灾害及其防治、环境评价与监测）
关 键 词：灌溉工程；遗产；水利灌溉
摘　　要：采集世界灌溉工程遗产数据，从工程描述和工程自建成以来取得的成效两方面对数据进行加工整理。对工程的描述包括工程的区域概况、历史演变、水利灌溉工程体系、管理及文化遗存等；在工程取得的成效方面，主要介绍工程对区域的灌溉、水产养殖、发电及航运带来的效益。

资源类型：数据集
数据格式：文本
更新频率：不定期更新
用户权限：公开
责任单位：中国水利水电科学研究院
联系电话：010-68785515
电子邮箱：hank@iwhr.com
链接地址：http://mwr.ckcest.cn/shuiwen/index.html

◆ 全球水资源管理案例

语　　种：中文简体
学科领域：水利工程（基础科学、水资源、工程、材料、施工、水工建筑物、水能利用、防洪、农田水利、水环境、灾害及其防治、环境评价与监测）
关　键　词：全球；水资源管理；案例

摘　　要：整合全球水资源管理案例数据，分享和总结水资源管理的典型案例，为水资源管理方向的学者提供借鉴。收录在水资源管理实践中，水资源管理机构的职责、水资源管理机构的组织方式、群众的参与程度、分水方案的决策、再生水生产、需水管理、政府支持情况、应对气候变化的措施、新水源开发、跨流域城市水资源综合管理等。

资源类型：数据集
数据格式：文本
更新频率：年度更新
用户权限：公开
责任单位：中国水利水电科学研究院
联系电话：010-68785515
电子邮箱：hank@iwhr.com
链接地址：http://mwr.ckcest.cn/shuiwen/index.html

环境

◆ 生态专题背景库

语　　种：中文简体

学科领域：资源调查与水利规划

关　键　词：环境生态背景；地理环境；空间数据

摘　　要：收录 1：400 万地理空间数据，包括全国草地、冰川、植被、沼泽、土壤、沙漠化、水系、滑坡、灾害地质、地质、雪线、积雪日、水文地质等数据类别。

资源类型：数据集

数据格式：其他

更新频率：不定期更新

用户权限：授权

起　始　年：1996 年

责任单位：中国环境科学研究院

联系电话：010-84913912

电子邮箱：envickcest@qq.com

链接地址：http://envi.ckcest.cn/environment/special/special_list.jsp?specialId=101

◆ 中国人群暴露参数数据库

语　　种：中文简体

学科领域：环境质量评价与环境监测

关　键　词：人群暴露；暴露参数；人群摄入；人群活动

摘　　要：数据来源于《中国人群暴露参数手册》。人群暴露参数包括环境暴露参数的四个方面，环境污染对健康的影响不仅与环境污染物的浓度和毒性相关，还与人的环境暴露行为模式密切相关。了解我国人群环境暴露行为模式特点，对于提高环境健康风险评价的准确性，引导社会各界关注、防范环境健康风险具有重要意义。

资源类型：数据集

数据格式：其他

更新频率：不定期更新

用户权限：授权

起　始　年：2014 年

责任单位：中国环境科学研究院

联系电话：010-84913912

电子邮箱：envickcest@qq.com

链接地址：http://envi.ckcest.cn/environment/special/special_list.jsp?specialId=114

◆ 污染源监测数据库

语　　种：中文简体

学科领域：环境质量评价与环境监测

关　键　词：污染源；在线监控；空气

污染；水污染

摘　　要： 收录京津冀地区重点污染源监控企业实时排放数据，包括企业名称、经纬度、行业、地区、排放污染物类别、排放浓度等。

资源类型： 数据集

数据格式： 数值

更新频率： 月度更新

用户权限： 授权

起 始 年： 2018 年

责任单位： 中国环境科学研究院

联系电话： 010-84913912

电子邮箱： envickcest@qq.com

链接地址： http://envi.ckcest.cn/environment/data_Integration/data_Integration.jsp?name=%E5%BA%9F%E6%B0%94%E7%9B%91%E6%B5%8B%E6%95%B0%E6%8D%AE

◆ 环境统计数据

语　　种： 中文简体

学科领域： 社会与环境

关 键 词： 环境统计；统计数据；环境年鉴；统计年鉴

摘　　要： 采集《中国环境统计年鉴》以及其他年鉴中的环境相关统计数据，包括城市环境、自然状况环境、水环境、大气环境、固体废物、林业环境、农村环境、土地利用环境、自然生态环境、自然灾害及突发事件、海洋环境、环境投资、世界污染物排放和国民经济 14 个大类，1000 多个数据集。

资源类型： 统计数据

数据格式： 数值

更新频率： 年度更新

用户权限： 授权

起 始 年： 2004 年

责任单位： 中国环境科学研究院

联系电话： 010-84913912

电子邮箱： envickcest@qq.com

链接地址： http://envi.ckcest.cn/environment/special/special_list.jsp?specialId=103

◆ 环境法律法规

语　　种： 中文简体

学科领域： 环境保护管理

关 键 词： 环境法律；环境法规

摘　　要： 收录环境及环境相关领域的法律、实施细则、条例、规划、规定、办法、通知、意见、方案及其他内容，并根据法律法规的创立和废止进行删除与新增维护。

资源类型： 产业政策

数据格式： 文本

更新频率：年度更新
用户权限：授权
起 始 年：1987 年
责任单位：中国环境科学研究院
联系电话：010-84913912
电子邮箱：envickcest@qq.com
链接地址：http://envi.ckcest.cn/environ
ment/special/special_list.jsp?specialId=
110

◆ 环境标准规范

语　　种：中文简体
学科领域：环境保护管理
关 键 词：环境标准；环境规范
摘　　要：收录环境保护领域各类规
范、标准、导则和指南文件，以生态
环境部发布的标准规范为主，其他部
门的环保相关内容作为补充。
资源类型：标准
数据格式：文本
更新频率：年度更新
用户权限：授权
起 始 年：2000 年
责任单位：中国环境科学研究院
联系电话：010-84913912
电子邮箱：envickcest@qq.com
链接地址：http://envi.ckcest.cn/environ
ment/special/special_list.jsp?specialId=110

◆ 环境研究报告

语　　种：其他
学科领域：环境保护管理
关 键 词：研究报告；环境报告；生
态环境研究；生态环境变化
摘　　要：收录环保领域行业调研与
发展报告、国内外环境管理及保护状
况研究、环境质量分析与评价等。主
要有以下三种渠道：①互联网采集公
开发表的环境领域相关研究报告，版
权为报告发布单位所属，使用权限为
完全公开使用；②各相关及合作单位
报告，版权归各单位所有，在中国工
程科技知识中心环境分中心网站可以
查看阅览页，获取全文需要中国工程
科技知识中心环境分中心与对应报告
提供单位联系；③中国工程科技知识
中心环境分中心采购报告，在中国工
程科技知识中心环境分中心网站可以
预览，获取全文需要进行线下申请和
审核。
资源类型：科技（咨询、行业）报告
数据格式：文本
更新频率：不定期更新
用户权限：授权
起 始 年：2017 年
责任单位：中国环境科学研究院

联系电话：010-84913912

电子邮箱：envickcest@qq.com

链接地址：http://envi.ckcest.cn/environment/special/researchPaper/index.action

◆ 环境学科前沿

语　　种：中文简体

学科领域：环境科学基础理论

关 键 词：环境研究；环境科学前沿；前沿论文

摘　　要：主要关注 ScienceDirect 数据库、ScienceDaily 等科学热点网站发布的环境领域国际最新研究成果及科技进展，重点跟进大气环境科学、水环境科学、生态学、清洁生产、环境监测技术、环境工程等方向，对相关领域的文章、资讯进行加工，并推送给相关院士、科研用户。提供摘要和全文下载。

资源类型：数据集

数据格式：文本

更新频率：月度更新

用户权限：授权

起 始 年：2016 年

责任单位：中国环境科学研究院

联系电话：010-84913912

电子邮箱：envickcest@qq.com

链接地址：http://envi.ckcest.cn/environ

ment/special/AcademicianService/

◆ 环境专家数据

语　　种：中文简体

学科领域：环境保护管理

关 键 词：环境专家；环保专家；专家咨询

摘　　要：收录大部分国内各高校、研究所环境领域副高级以上专业技术人员，包括个人简介、专业领域、研究成果、工作单位和发表论著等。

资源类型：专家学者

数据格式：文本

更新频率：年度更新

用户权限：授权

起 始 年：2016 年

责任单位：中国环境科学研究院

联系电话：010-84913912

电子邮箱：envickcest@qq.com

链接地址：http://envi.ckcest.cn/environment/special/special_list.jsp?specialId=105

◆ 城市空气质量小时监测数据

语　　种：中文简体

学科领域：环境质量评价与环境监测

关 键 词：城市空气质量；小时监测；空气污染；空气污染物

摘　　要：收录中国环境监测总站对外实时发布的城市空气质量小时数据，包括空气质量状况、$PM_{2.5}$、PM_{10}、CO、SO_2、O_3、NO_2 等主要指标及衍生指标，数据覆盖全国 300 余个地级城市。

资源类型：数据集

数据格式：数值

更新频率：年度更新

用户权限：授权

起 始 年：2013 年

责任单位：中国环境科学研究院

联系电话：010-84913912

电子邮箱：envickcest@qq.com

链接地址：http://envi.ckcest.cn/environment/data_Integration/data_Integration.jsp?name=%E5%9F%8E%E5%B8%82%E5%B0%8F%E6%97%B6%E7%9B%91%E6%B5%8B%E6%95%B0%E6%8D%AE

◆ 环境百科

语　　种：中文简体

学科领域：环境科学基础理论

关 键 词：环境百科；词条；解释

摘　　要：主要整理自《中国大百科全书·环境科学》，包含环境领域百科词条及释义 8000 余条，涵盖环境科学学科的各个分支体系。

资源类型：百科

数据格式：文本

更新频率：不定期更新

用户权限：授权

起 始 年：2002 年

责任单位：中国环境科学研究院

联系电话：010-84913912

电子邮箱：envickcest@qq.com

链接地址：http://envi.ckcest.cn/environment/special/special_list.jsp?specialId=106

◆ 环境污染治理技术库

语　　种：中文简体

学科领域：环境污染及其防治

关 键 词：污染治理；治理技术；认证技术

摘　　要：生态环境部公开发布的鼓励发展和优先发展的技术名录，包括环境污染治理技术、方法、装置等。主要涵盖大气环境、固体废物、环境监测和水环境四个大类的污染治理相关技术。

资源类型：数据集

数据格式：文本

更新频率：不定期更新

用户权限：授权

起　始　年：2013 年

责任单位：中国环境科学研究院

联系电话：010-84913912

电子邮箱：envickcest@qq.com

链接地址：http://envi.ckcest.cn/environment/Ecological_investigation/pollution_Analysis.jsp

生态调查评估数据集

语　　种：中文简体

学科领域：资源调查与水利规划

关 键 词：生态调查评估；长江流域；水资源；流域生态

摘　　要：主要通过图、文、表等多种方式，展示长江流域等地区的生态现状及其动态变化。主要包括自然地理概况、生态系统构成及格局变化、生态系统服务功能及变化评估、水资源调查及水灾害调查评估、草地生态系统退化、湿地生态系统退化、社会经济发展、生态环境压力等。

资源类型：数据集

数据格式：其他

更新频率：不定期更新

用户权限：授权

起　始　年：2016 年

责任单位：中国环境科学研究院

联系电话：010-84913912

电子邮箱：envickcest@qq.com

链接地址：http://envi.ckcest.cn/environment/special/special_list.jsp?specialId=102

环保机构

语　　种：中文简体

学科领域：环境保护管理

关 键 词：环保机构；科研机构；环保企业

摘　　要：收录环境保护相关领域的高校、研究所、企事业单位等，包括机构简介、主要研究成果、上级单位、建设时间等。

资源类型：科技机构

数据格式：文本

更新频率：年度更新

用户权限：授权

起 始 年：2016 年

责任单位：中国环境科学研究院

联系电话：010-84913912

电子邮箱：envickcest@qq.com

链接地址：http://envi.ckcest.cn/environ
ment/knowledgebody/knowledgeBody_
detail.action?id=99140

◆ 城市空气质量日监测数据

语　　种：中文简体

学科领域：环境质量评价与环境监测

关 键 词：城市空气质量；空气污染
物；日监测；环境监测

摘　　要：收录中国环境监测总站对
外实时发布的城市空气质量日均值数
据，包括空气质量状况、$PM_{2.5}$、
PM_{10}、CO、SO_2、O_3、NO_2、污染程
度等多项主要指标及衍生指标，数据
覆盖全国 300 余个地级城市。

资源类型：数据集

数据格式：数值

更新频率：月度更新

用户权限：授权

起 始 年：2013 年

责任单位：中国环境科学研究院

联系电话：010-84913912

电子邮箱：envickcest@qq.com

链接地址：http://envi.ckcest.cn/environ

ment/data_Integration/data_Integration.
jsp?name=%E5%9F%8E%E5%B8%8
2%E6%97%A5%E7%9B%91%E6%B
5%8B%E6%95%B0%E6%8D%AE

◆ 国控站点空气质量日监测数据

语　　种：中文简体

学科领域：环境质量评价与环境监测

关 键 词：监测站点；空气污染；空
气质量；日监测；环境监测

摘　　要：收录中国环境监测总站对
外实时发布的国控空气质量日数据，
包括空气质量状况、$PM_{2.5}$、PM_{10}、
CO、SO_2、O_3、NO_2、污染程度等多
项主要指标及衍生指标，数据覆盖全
国范围 1400 多个国控站点。

资源类型：数据集

数据格式：数值

更新频率：月度更新

用户权限：授权

起 始 年：2013 年

责任单位：中国环境科学研究院

联系电话：010-84913912

电子邮箱：envickcest@qq.com

链接地址：http://envi.ckcest.cn/environ
ment/data_Integration/data_Integration.
jsp?name=%E7%AB%99%E7%82%B

9%E6%97%A5%E7%9B%91%E6%B5%8B%E6%95%B0%E6%8D%AE

6%8D%AE

◆ 国控站点空气质量小时监测数据

语　　种：中文简体
学科领域：环境质量评价与环境监测
关 键 词：监测站点；小时监测；空气污染；空气质量；环境监测
摘　　要：收录中国环境监测总站对外实时发布的国控空气质量小时数据，包括空气质量状况、PM$_{2.5}$、PM$_{10}$、CO、SO$_2$、O$_3$、NO$_2$、污染程度等多项主要指标及衍生指标，数据覆盖全国范围1400多个国控站点。
资源类型：数据集
数据格式：数值
更新频率：月度更新
用户权限：授权
起 始 年：2013 年
责任单位：中国环境科学研究院
联系电话：010-84913912
电子邮箱：envickcest@qq.com
链接地址：http://envi.ckcest.cn/environment/data_Integration/data_Integration.jsp?name=%E7%AB%99%E7%82%B9%E5%B0%8F%E6%97%B6%E7%9B%91%E6%B5%8B%E6%95%B0%E

◆ 国控地表水水质监测数据

语　　种：中文简体
学科领域：环境质量评价与环境监测
关 键 词：地表水水质；水污染；水质监测；环境监测
摘　　要：收录中国环境监测总站公开发布数据，包括 pH、溶解氧、氨氮、高锰酸盐指数、总有机碳、水质类别等级等，断面数量为 140 个左右。
资源类型：数据集
数据格式：数值
更新频率：月度更新
用户权限：授权
起 始 年：2015 年
责任单位：中国环境科学研究院
联系电话：010-84913912
电子邮箱：envickcest@qq.com
链接地址：http://envi.ckcest.cn/environment/data_Integration/data_Integration.jsp?name=%E6%B0%B4%E8%B4%A8%E6%96%AD%E9%9D%A2%E5%B0%8F%E6%97%B6%E7%9B%91%E6%B5%8B%E6%95%B0%E6%8D%AE

◆ 环境科研项目

语　　种：中文简体
学科领域：环境保护管理
关 键 词：环境科研项目；空气污染物；数据集
摘　　要：收录生态环境部公开的科研项目信息，以及各类书籍汇编和其他渠道等采集整理得到的项目信息，包括项目名称、简介、项目承担单位、批准机构、时间等。
资源类型：科研项目
数据格式：文本
更新频率：不定期更新
用户权限：授权
起 始 年：2008 年
责任单位：中国环境科学研究院
联系电话：010-84913912
电子邮箱：envickcest@qq.com
链接地址：http://envi.ckcest.cn/environment/knowledgebody/knowledgeBody_detail.action?id=99139

◆ 地表水水质月报

语　　种：中文简体
学科领域：环境质量评价与环境监测
关 键 词：水质月报；地表水；环境监测
摘　　要：由中国环境监测总站发布，包括地表水国控断面评价、考核和排名，以及断面和流域综合变化状况等。
资源类型：数据集
数据格式：其他
更新频率：年度更新
用户权限：授权
起 始 年：2013 年
责任单位：中国环境科学研究院
联系电话：010-84913912
电子邮箱：envickcest@qq.com
链接地址：http://envi.ckcest.cn/environment/data_Integration/data_Integration.jsp

◆ 环境影响评价公司

语　　种：中文简体
学科领域：环境质量评价与环境监测
关 键 词：环境影响评价； 环评公

司；环评资质

摘　　要：环境影响评价是指对人为活动可能造成的环境影响进行分析论证，并在此基础上提出防治措施和对策。环境影响评价作为一种科学方法和技术手段，通常为工程项目前期必须开展的工作。

资源类型：数据集

数据格式：文本

更新频率：年度更新

用户权限：授权

起　始　年：2015 年

责任单位：中国环境科学研究院

联系电话：010-84913912

电子邮箱：envickcest@qq.com

链接地址：http://envi.ckcest.cn/environment/special/special_list.jsp?specialId=115&parentId=101102103&name=%E7%8E%AF%E5%A2%83%E5%BD%B1%E5%93%8D%E8%AF%84%E4%BB%B7%E7%AE%A1%E7%90%86

◈ 环境保护模范城市

语　　种：中文简体

学科领域：环境保护管理

关 键 词：环保城市；环境城市；模范城市

摘　　要：环境保护模范城市是遵循

和实施可持续发展战略并取得成效的典型，也是我国城市 21 世纪初期发展的方向和奋斗目标，还是我国城市环境保护方面的最高荣誉，有效期为 5 年，3 年复查一次。

资源类型：数据集

数据格式：文本

更新频率：不定期更新

用户权限：授权

起　始　年：2015 年

责任单位：中国环境科学研究院

联系电话：010-84913912

电子邮箱：envickcest@qq.com

链接地址：http://envi.ckcest.cn/environment/knowledgebody/knowledgeBody_detail.action?id=99145

◈ 国家生态工业示范园区库

语　　种：中文简体

学科领域：环境保护管理

关 键 词：生态工业区；生态工业示范区；园区

摘　　要：国家生态工业示范园区是依据清洁生产要求、循环经济理念和工业生态学原理而设计建立的一种新型工业园区。通过物流或能流传递等方式把不同工厂或企业连接起来，形成共享资源和互换副产品的产业共生组合，在产业系统中建立"生产者—消费者—分解者"的循环途径，寻求物质闭环循环、能量多级利用和废物产生最小化。数据由生态环境部发布。

资源类型：数据集

数据格式：文本

更新频率：不定期更新

用户权限：授权

起 始 年：2015 年

责任单位：中国环境科学研究院

联系电话：010-84913912

电子邮箱：envickcest@qq.com

链接地址：http://envi.ckcest.cn/environment/knowledgebody/knowledgeBody_detail.action?id=99144

◆ 全国自然保护区名录

语　　种：中文简体

学科领域：环境保护管理

关 键 词：自然保护区；保护区名单；生态保护

摘　　要：全国自然保护区是指对全国范围内有代表性的自然生态系统、珍稀濒危野生动植物物种的天然集中分布、有特殊意义的自然遗迹等保护对象所在的陆地、陆地水域或海域，依法划出一定面积予以特殊保护和管理的区域。

资源类型：数据集

数据格式：文本

更新频率：不定期更新

用户权限：授权

起 始 年：2015 年

责任单位：中国环境科学研究院

联系电话：010-84913912

电子邮箱：envickcest@qq.com

链接地址：http://envi.ckcest.cn/environment/knowledgebody/knowledgeBody_detail.action?id=99146

◆ 国家级生态乡镇名单

语　　种：中文简体

学科领域：环境保护管理

关 键 词：生态乡镇；美丽乡镇；生态地区

摘　　要：国家级生态乡镇是建设国家生态市的重要基础，也是推动农村环境保护工作的重要载体。国家级生态乡镇的考核指标主要有饮用水水源地达标率、农产品无公害种植比例、饮用水卫生合格率、生活污水集中处理率、生活垃圾无害化处理率、人均公共绿地面积等。数据由生态环境部发布。

资源类型：数据集

数据格式：文本

更新频率：不定期更新

用户权限：授权

起 始 年：2015 年

责任单位：中国环境科学研究院

联系电话：010-84913912

电子邮箱：envickcest@qq.com

链接地址：http://envi.ckcest.cn/environ

ment/knowledgebody/knowledgeBody_
detail.action?id=99143

农业 ◆◇

农业

◆ 农业行业报告

语　　种：中文简体

学科领域：农业

关 键 词：水果；农产品；作物；畜禽

摘　　要：收录来自联合国粮食及农业组织（FAO）、经济合作与发展组织（OECD）等国际组织以及世界各国政府农业管理部门发布的专业性研究报告、行业报告、咨询报告和年度报告，大部分数据含有报告原文。

资源类型：科技（咨询、行业）报告

数据格式：文本

更新频率：季度更新

用户权限：公开

起 始 年：1975 年

责任单位：中国农业科学院农业信息研究所

联系电话：010-82106648

电子邮箱：zhaohua02@caas.cn

链接地址：http://agri.ckcest.cn/specialtyresources/list1-1.html

◆ 农业科技成果

语　　种：中文简体

学科领域：农业

关 键 词：作物；园艺；畜牧；兽医；资源

摘　　要：收录我国农业领域重点科研院所、高校、企业等科技机构，获国家和省部级以上科学技术奖的科技成果数据，包括项目名称、获奖名称、获奖区域、获奖等级、主要完成人、关键词、第一完成单位、获奖时间、合作完成单位、推荐单位（专家）等。

资源类型：科技成果

数据格式：其他

更新频率：年度更新

用户权限：公开

起 始 年：1978 年

责任单位：中国农业科学院农业信息研究所

联系电话：010-82106648

电子邮箱：zhaohua02@caas.cn

链接地址：http://agri.ckcest.cn/senior/seniorsearch.html?nt=%E6%88%90%E6%9E%9C&search_=&searchType=

◆ 农业科研机构

语　　种：中文简体

学科领域：农业

关 键 词：高校；企业；科研院所

摘　　要：收录农业领域有较强科技

创新能力的农业科研机构、高等院校、重点实验室、学/协会和公司企业等组织机构，包括机构简介、组织机构、研究领域、获得成就、科研成果等。

资源类型：科技机构
数据格式：其他
更新频率：年度更新
用户权限：公开
责任单位：中国农业科学院农业信息研究所
联系电话：010-82106648
电子邮箱：zhaohua02@caas.cn
链接地址：http://agri.ckcest.cn/senior/seniorsearch.html?nt=%E6%9C%BA%E6%9E%84&search_=&searchType=

◆ 农业领域专家

语　　种：中文简体
学科领域：农业
关 键 词：院士；正高；副高
摘　　要：收录农业领域有学术影响力的两院院士、专家学者和创新人才等，包括姓名、职称、工作单位、研究方向、联系方式、个人简介、教育背景等。
资源类型：专家学者
数据格式：其他

更新频率：年度更新
用户权限：公开
责任单位：中国农业科学院农业信息研究所
联系电话：010-82106648
电子邮箱：zhaohua02@caas.cn
链接地址：http://agri.ckcest.cn/expert.html

◆ 国际农业科研项目

语　　种：英文
学科领域：农业
关 键 词：作物；园艺；畜牧；兽医；资源
摘　　要：收录英国 BBSRC Project、美国国家科学科学基金会、美国农业部和欧盟等农业领域研究项目信息，包括项目名称、编号、项目简介、关键词、项目负责人、项目依托单位、项目类别、项目经费、立项日期、项目起止时间、项目状态等。
资源类型：科研项目
数据格式：其他
更新频率：年度更新
用户权限：公开
起 始 年：1981 年
责任单位：中国农业科学院农业信息研究所

联系电话：010-82106648

电子邮箱：zhaohua02@caas.cn

链接地址：http://agri.ckcest.cn/senior/seniorsearch.html?nt=%E9%A1%B9%E7%9B%AE&search_=&searchType=ProjectsEu

◆ **国内农业科研项目**

语　　种：中文简体

学科领域：农业

关 键 词：作物；园艺；畜牧；兽医；资源与环境；工程与机械；质量安全与加工；信息与经济

摘　　要：收录国家自然科学基金、国家社会科学基金、国家重点研发计划等与农业相关的项目信息，包括项目名称、基金项目类型、基金项目编号、负责人、完成单位、中文关键词、项目类型、结束日期等。

资源类型：科研项目

数据格式：其他

更新频率：年度更新

用户权限：公开

起 始 年：1990 年

责任单位：中国农业科学院农业信息研究所

联系电话：010-82106648

电子邮箱：zhaohua02@caas.cn

链接地址：http://agri.ckcest.cn/senior/seniorsearch.html?nt=%E9%A1%B9%E7%9B%AE&search_=&searchType=ProjectsChn

◆ **国际农业统计数据**

语　　种：中文简体

学科领域：农业

关 键 词：作物产量；生产指数；畜牧数量；肉类产量；畜牧加工

摘　　要：收录联合国粮食及农业组织、世界银行、经济合作与发展组织、国家统计局等权威机构的统计数据，包括世界作物产量、生产指数、畜牧数量、肉类产量、畜牧加工、农业产值、农作物加工产品产量、人口、进出口贸易等。

资源类型：统计数据

数据格式：数值

更新频率：年度更新

用户权限：公开

起 始 年：1950 年

责任单位：中国农业科学院农业信息研究所

联系电话：010-82106648

电子邮箱：zhaohua02@caas.cn

链接地址：http://agri.ckcest.cn/specialtyresources/list6-1.html

◆ 农业政策法规

语　　种：中文简体

学科领域：农业

关 键 词：作物；园艺；畜牧；兽医；资源

摘　　要：收录我国农业领域历年中央一号文件、部委及各地制定颁布的发展规划、纲要、政策、政策解读、规章制度等。

资源类型：产业政策

数据格式：文本

更新频率：年度更新

用户权限：公开

起 始 年：1931 年

责任单位：中国农业科学院农业信息研究所

联系电话：010-82106648

电子邮箱：zhaohua02@caas.cn

链接地址：http://agri.ckcest.cn/senior/seniorsearch.html?nt=%E6%B3%95%E8%A7%84&search_=&searchType=

◆ 农业百科

语　　种：中文简体

学科领域：农业

关 键 词：作物；园艺；畜牧；兽医；资源与环境；工程与机械；质量安全与加工；信息与经济

摘　　要：以农业专业词条为基础，引入协作众包理念，构建网络版权威农业专业知识百科，包括百科图片、词条标签、词条详细介绍等。

资源类型：百科

数据格式：其他

更新频率：不定期更新

用户权限：公开

责任单位：中国农业科学院农业信息研究所

联系电话：010-82106648

电子邮箱：zhaohua02@caas.cn

链接地址：http://agri.ckcest.cn/senior/seniorsearch.html?nt=%E7%99%BE%E7%A7%91&search_=&searchType=

◆ 农业外文期刊论文

语　　种：英文

学科领域：农业

关 键 词：作物；园艺；畜牧；兽医；资源

摘　　要：以国家农业图书馆外文馆藏资源为基础，收录农业及相关领域 1 万多种外文期刊文献，覆盖农学、园艺、植物保护、环境保护、畜牧、兽医、农业经济、生物技术、农业工程、农产品加工等领域。

资源类型：期刊论文

数据格式：文本

更新频率：月度更新

用户权限：公开

起 始 年：2000 年

责任单位：中国农业科学院农业信息研究所

联系电话：010-82106648

电子邮箱：zhaohua02@caas.cn

链接地址：http://agri.ckcest.cn/senior/seniorsearch.html?nt=%E5%A4%96%E6%96%87%E6%9C%9F%E5%88%8A%E8%AE%BA%E6%96%87&search_=&searchType=

◆ 畜禽饲料与遗传参数数据库

语　　种：中文简体

学科领域：畜牧和动物医学

关 键 词：家养动物；饲料成分；营养成分

摘　　要：共 19 个数据集，内容涉及饲料、消化率、脂肪酸成分等。收录国内外发布的主要畜禽（以鸡为主）的营养数据，包含营养成分、饲料成分等；主要家养动物（包括猪、牛、羊等）的饲料成分、营养成分、遗传资源参数等。

资源类型：数据集

数据格式：数值

更新频率：年度更新

用户权限：公开

起 始 年：1949 年

责任单位：中国农业科学院农业信息研究所

联系电话：010-82106648

电子邮箱：zhaohua02@caas.cn

链接地址：http://agri.ckcest.cn/specialtyresources/list8-1.html

◆ 畜禽疾病及防治方法数据库

语　　种：中文简体

学科领域：畜牧和动物医学

关 键 词：畜禽；疾病；防治

摘　　要：收集整理猪、犬、鸡、鸭、牛、鸽子等畜禽的各种疾病信息，包括疾病名称、疾病症状、病因、诊断和防治方法等。

资源类型：数据集

数据格式：文本
更新频率：不定期更新
用户权限：公开
责任单位：中国农业科学院农业信息研究所
联系电话：010-82106648
电子邮箱：zhaohua02@caas.cn
链接地址：http://agri.ckcest.cn/specialtyresources/list9-1.html

用户权限：授权
起 始 年：1980 年
责任单位：中国农业科学院农业信息研究所
联系电话：010-82106648
电子邮箱：zhaohua02@caas.cn
链接地址：http://agri.ckcest.cn/specialtyresources/scientificinfo/detail/1/7290bd73-d534-11e9-af7d-0242ac110002.html

◆ 草地植被观测数据库

语　　种：中文简体
学科领域：饲料作物、牧草
关 键 词：草地；草地植被观测；野外台站
摘　　要：收录包括呼伦贝尔站、锡林浩特站、民丰站、沙坡头站、阿拉善站、奈曼站、长岭站、乌鲁木齐谢家沟站、铁卜加站、天祝站、甘德站、玛曲站、富蕴站 13 个草地野外台站的土壤观测数据。包括土壤采样地点、样方号、经度、纬度、海拔、调查时间、调查人、土壤类型、植被名称、采样深度、质量含水量、孔隙度总量、土壤容重等指标。
资源类型：数据集
数据格式：数值
更新频率：不定期更新

◆ 牧草栽培适应性数据库

语　　种：中文简体
学科领域：饲料作物、牧草
关 键 词：牧草；栽培；适应性；区划
摘　　要：以牧草适宜性数据库、草原区空间背景数据库为基础，结合专家研讨修正，完成牧草的空间分布和引种咨询制图，建立牧草与地区的适宜分布对应关系。
资源类型：数据集
数据格式：图形图像
更新频率：不定期更新
用户权限：授权
起 始 年：1980 年
责任单位：中国农业科学院农业信息研究所
联系电话：010-82106648
电子邮箱：zhaohua02@caas.cn

链接地址：http://agri.ckcest.cn/specialt
yresources/scientificinfo/detail/1/7290bf
8c-d534-11e9-af7d-0242ac110002.html

链接地址：http://agri.ckcest.cn/specialt
yresources/scientificinfo/detail/1/7290be
7d-d534-11e9-af7d-0242ac110002.html

◆ 牧草引种数据库

语　　种：中文简体
学科领域：饲料作物、牧草
关 键 词：牧草；引种
摘　　要：收录全国牧草品种审定委
员会通过并予以登记的牧草地方品
种、引进品种、育成品种、野生栽培
品种 196 个以及 2003～2004 年全国
牧草品种审定委员会审定通过的 47
种牧草和饲料作物品种。每个品种从
形态、生物学性状、生产性能等方面
做了详尽描述。可供牧草育种、种子
生产、种子贸易工作者使用，还可供
从事牧草教学、科研、园林绿化、水
土保持等的人员阅读与参考。
资源类型：数据集
数据格式：数值
更新频率：不定期更新
用户权限：授权
起 始 年：1980 年
责任单位：中国农业科学院农业信息
研究所
联系电话：010-82106648
电子邮箱：zhaohua02@caas.cn

◆ 作物病虫草害数据

语　　种：中文简体
学科领域：病虫害及其防治
关 键 词：病害；虫害；防治方法
摘　　要：通过网络采集和人工加工
处理，收集来自互联网的农业领域病
虫害数据，包括农业疾病名称、危害
病症、发生因素、防治措施等。
资源类型：数据集
数据格式：其他
更新频率：不定期更新
用户权限：公开
责任单位：中国农业科学院农业信息
研究所
联系电话：010-82106648
电子邮箱：zhaohua02@caas.cn
链接地址：http://agri.ckcest.cn/specialt
yresources/list19-1.html

◆ 农业"一带一路"专题库

语　　种：中文简体
学科领域：农业
关 键 词：统计；人口；肥料；土地；食品
摘　　要：收录联合国粮食及农业组织和世界银行报告中有关人口、肥料、土地等统计数据，并提供对"一带一路"六大经济走廊的农业全局分析，涉及全国人口、食品供应率、土地使用情况等七大维度。
资源类型：其他
数据格式：数值
更新频率：年度更新
用户权限：公开
起 始 年：1995 年
责任单位：中国农业科学院农业信息研究所
联系电话：010-82106648
电子邮箱：zhaohua02@caas.cn
链接地址：http://agri.ckcest.cn/appcenter/proapp/32.html

◆ 农业资源区划数据

语　　种：中文简体

学科领域：农业
关 键 词：收入；生产；农用物资；播种面积；土地利用
摘　　要：收录与全国各省份农业区划、资源环境等相关的基础空间数据、图像和报告，包括栅格数据、矢量数据、图片数据和数值数据等。
资源类型：数据集
数据格式：数值
更新频率：年度更新
用户权限：公开
责任单位：中国农业科学院农业信息研究所
联系电话：010-82106648
电子邮箱：zhaohua02@caas.cn
链接地址：http://agri.ckcest.cn/specialtyresources/list7-1.html

◆ 全国农业双创园区导航库

语　　种：中文简体
学科领域：农业
关 键 词：企业；政策；投资
摘　　要：收录全国各省份农业创新园区的相关信息，包括园区所涉及的企业、政策、服务、投资与担保、用户等。
资源类型：其他
数据格式：其他

更新频率：不定期更新
用户权限：公开
责任单位：中国农业科学院农业信息
研究所
联系电话：010-82106648
电子邮箱：zhaohua02@caas.cn
链接地址：http://agri.ckcest.cn/appcent
er/proapp/55.html

◆ 人畜共患疾病专题库

语　　种：中文简体
学科领域：家畜卫生及防疫
关 键 词：问答；趋势；图集
摘　　要：收录政府部门、相关研究
机构、联合国粮食及农业组织、各类
统计网站等的人畜共患疾病方面的基
础数据资源，包括典型疾病介绍、信
息图集、科普问答、国内外学术文
献等。
资源类型：其他
数据格式：其他
更新频率：年度更新
用户权限：公开
起 始 年：2010 年
责任单位：中国农业科学院农业信息
研究所
联系电话：010-82106648
电子邮箱：zhaohua02@caas.cn

链接地址：http://agri.ckcest.cn/zoonosis/
index.html

◆ 水稻产业专题库

语　　种：中文简体
学科领域：农学
关 键 词：水稻；全产业链；本体
摘　　要：以我国第一大粮食作物水
稻为核心，以水稻全产业链条为范
围，收录水稻政策规划、水稻育种、
水稻种植技术、水稻深加工等。
资源类型：其他
数据格式：其他
更新频率：不定期更新
用户权限：公开
起 始 年：1995 年
责任单位：中国农业科学院农业信息
研究所
联系电话：010-82106648
电子邮箱：zhaohua02@caas.cn
链接地址：http://agri.ckcest.cn/rice/ind
ex.html

◆ 乡村振兴专题库

语　　种：中文简体
学科领域：农学
关 键 词：案例；资讯；扶贫；文件
摘　　要：紧密围绕国家"乡村振兴"重大战略部署，收录国家乡村振兴战略及政策、中国"三农"十年数据对比、乡村振兴经典案例集等，构建乡村振兴主题知识库。
资源类型：其他
数据格式：其他

更新频率：年度更新
用户权限：公开
起 始 年：2004 年
责任单位：中国农业科学院农业信息研究所
联系电话：010-82106648
电子邮箱：zhaohua02@caas.cn
链接地址：http://agri.ckcest.cn/application/country/index.html

林业

◆ 国际重要湿地

语　　种：中文简体

学科领域：森林生态学

关 键 词：湿地；国际重要湿地；湿地名录；湿地保护

摘　　要：收录《关于特别是作为水禽栖息地的国际重要湿地公约》1974～2016 年批准的世界各国的国际重要湿地名录。我国自 1992 年加入《关于特别是作为水禽栖息地的国际重要湿地公约》，截至 2016 年底，共有 49 处湿地被列入国际重要湿地名录。

资源类型：其他

数据格式：数值

更新频率：不定期更新

用户权限：授权

起 始 年：1974 年

责任单位：中国林业科学研究院林业科技信息研究所

联系电话：010-62889748

电子邮箱：mawenjun7879@126.com

链接地址：http://forest.ckcest.cn/s/sjsdml.html

◆ 国外林业标准

语　　种：其他

学科领域：林业

关 键 词：世界；国际组织；林业标准；英国国家标准；日本国家标准；国际电工标准；国际标准；法国国家标准；法国国际标准；德国国家标准

摘　　要：收录世界主要国家和国际组织颁布的重要林业标准，包括英国国家标准、日本国家标准、国际电工标准、国际标准、法国国家标准、法国国际标准、德国国家标准。以 PDF 文件形式提供标准原文。

资源类型：标准

数据格式：文本

更新频率：年度更新

用户权限：授权

起 始 年：1905 年

责任单位：中国林业科学研究院林业科技信息研究所

联系电话：010-62889748

电子邮箱：mawenjun7879@126.com

链接地址：http://forest.ckcest.cn/s/gwbz.html

◈ 国外林业法规

语　　种：其他

学科领域：林业

关 键 词：国外；世界；法律；法规；林业政策；森林；法律法规；国际惯例

摘　　要：收录世界主要国家颁布的法律法规以及国际组织和机构制定的林业公约和议定书等。以 PDF 文件形式提供原文。

资源类型：产业政策

数据格式：文本

更新频率：年度更新

用户权限：授权

起 始 年：1836 年

责任单位：中国林业科学研究院林业科技信息研究所

联系电话：010-62889748

电子邮箱：mawenjun7879@126.com

链接地址：http://forest.ckcest.cn/s/gwfl.html

◈ 林业行业报告

语　　种：中文简体

学科领域：林业

关 键 词：林业；行业报告；科技报告；研究报告；考察报告；调查报告；发展报告；统计报告；监测报告；年度报告；分析报告；论证报告

摘　　要：收录中国林业行业报告，包括研究报告、考察报告、调查报告、发展报告、统计报告、监测报告、年度报告、分析报告、论证报告和评估报告。以 PDF 文件形式提供原文。

资源类型：科技（咨询、行业）报告

数据格式：文本

更新频率：不定期更新

用户权限：授权

起 始 年：1917 年

责任单位：中国林业科学研究院林业科技信息研究所

联系电话：010-62889748

电子邮箱：mawenjun7879@126.com

链接地址：http://forest.ckcest.cn/s/lybgzw.html

◈ 林业获奖成果

语　　种：中文简体

学科领域：林业

关 键 词：林业；科技进步奖；推广奖；科技成果；推广项目；获奖成果

摘　　要：收录 1978 年全国科技大

会以来获国家各类奖励、国家林业和草原局科技进步奖、梁希林业科学技术奖的所有科技成果。

资源类型：科技成果

数据格式：文本

更新频率：不定期更新

用户权限：授权

起 始 年：1978 年

责任单位：中国林业科学研究院林业科技信息研究所

联系电话：010-62889748

电子邮箱：mawenjun7879@126.com

链接地址：http://forest.ckcest.cn/s/gjjlcg.html

◆ 林业科技专家

语 种：中文简体

学科领域：林业

关 键 词：林业专家；高等院校；科研院所；政府机构；科技专家

摘 要：收录我国主要林业高等院校、科研院所和政府机构的科技专家信息，包括林业相关院士、教授、副教授、研究员、副研究员和高级工程师等。

资源类型：专家学者

数据格式：文本

更新频率：不定期更新

用户权限：授权

起 始 年：1880 年

责任单位：中国林业科学研究院林业科技信息研究所

联系电话：010-62889748

电子邮箱：mawenjun7879@126.com

链接地址：http://forest.ckcest.cn/s/mrzj.html

◆ 林业科普

语 种：中文简体

学科领域：林业

关 键 词：林业；科普；树种；植物；野生动物；花卉

摘 要：收录由中国林业信息网的专职摄像人员在野外拍摄的与林业相关的各类图片，以及各类图书资料中的图片，介绍林业植物、动物、花卉、自然景观、树种资源、竹类资源、森林公园等。

资源类型：其他

数据格式：文本

更新频率：不定期更新

用户权限：授权

责任单位：中国林业科学研究院林业科技信息研究所

联系电话：010-62889748

电子邮箱：mawenjun7879@126.com

链接地址：http://forest.ckcest.cn/s/phto.html

◆ 林业科研机构

语　　种：中文简体
学科领域：林业
关 键 词：林业；政府机构；科研院所；高等院校；森林公园；湿地公园；自然保护区；重点企业
摘　　要：收录我国林业政府机构、科研院所、高等院校、森林公园、湿地公园、自然保护区、重点企业的详细信息，包括机构名称、省份、机构分类、机构简介、通信地址、联系电话等。
资源类型：科技机构
数据格式：文本
更新频率：不定期更新
用户权限：授权
起 始 年：1914 年
责任单位：中国林业科学研究院林业科技信息研究所
联系电话：010-62889748
电子邮箱：mawenjun7879@126.com
链接地址：http://forest.ckcest.cn/s/lykyjg.html

◆ 林业术语

语　　种：中文简体
学科领域：林业
关 键 词：林业；学科术语；百科全书；专业词典；林业标准
摘　　要：收录林业各学科的相关术语词，主要来源于国家标准和林业行业标准、专业词典、大百科全书等，建立林业学科信息标准术语词库。
资源类型：其他
数据格式：文本
更新频率：年度更新
用户权限：授权
责任单位：中国林业科学研究院林业科技信息研究所
联系电话：010-62889748
电子邮箱：mawenjun7879@126.com
链接地址：http://forest.ckcest.cn/s/lysy.html

◆ 林业图书书目

语　　种：中文简体
学科领域：林业
关 键 词：林业；图书；资料；书目；期刊
摘　　要：收录馆藏的中外文林业图书、期刊和资料书目数据，对到馆的图书、期刊和资料进行规范化加工，实现图书采购、编目、流通借阅、上网查询等环节的自动化管理。
资源类型：图书
数据格式：文本
更新频率：年度更新
用户权限：授权
起 始 年：1832 年
责任单位：中国林业科学研究院林业科技信息研究所
联系电话：010-62889748
电子邮箱：mawenjun7879@126.com
链接地址：http://forest.ckcest.cn/s/tsml.html

◆ 林业学科资源

语　　种：中文简体
学科领域：林业

关 键 词：林业；信息资源；网站；学科导航
摘　　要：收录国内外主要林业信息资源网站，由专家遴选、翻译，并进行分类、主题标引，建立相关联接，为用户方便快捷地查询国内外林业信息资源提供专业的学科导航系统。
资源类型：其他
数据格式：文本
更新频率：年度更新
用户权限：授权
责任单位：中国林业科学研究院林业科技信息研究所
联系电话：010-62889748
电子邮箱：mawenjun7879@126.com
链接地址：http://forest.ckcest.cn/s/xkmh.html

◆ 林业主题词

语　　种：中文简体
学科领域：林业
关 键 词：林业；汉语；主题词表
摘　　要：以中国林业科学研究院林业科技信息研究所出版的《林业汉语主题词表》为依据建立机读数据库，为文献标引规范化提供方便、快捷、准确的参考依据。
资源类型：其他

数据格式：文本

更新频率：不定期更新

用户权限：授权

责任单位：中国林业科学研究院林业科技信息研究所

联系电话：010-62889748

电子邮箱：mawenjun7879@126.com

链接地址：http://forest.ckcest.cn/s/lycb.html

◆ 木本植物名录

语　　种：中文简体

学科领域：森林植物学

关 键 词：木本植物；名录；树种；花卉

摘　　要：收录中国木本植物名录数据，将木本植物按照植物的门、纲、目、科、属、种进行分类，并附有英文名称和拉丁学名。

资源类型：其他

数据格式：文本

更新频率：不定期更新

用户权限：授权

责任单位：中国林业科学研究院林业科技信息研究所

联系电话：010-62889748

电子邮箱：mawenjun7879@126.com

链接地址：http://forest.ckcest.cn/s/mu

ben.html

◆ 木材物理性质

语　　种：中文简体

学科领域：木材学

关 键 词：木材物理性质；木材力学性质；木材

摘　　要：以《中国主要树种的木材物理力学性质》为数据来源，对中国主要树种木材物理力学性质实验数据进行数字化加工和整合，包括木材分类、树种名称、试材采集地、实验株数、年轮宽度、晚材率、基本密度、气干密度、径向干缩系数、体积干缩系数、抗弯强度等。

资源类型：其他

数据格式：数值

更新频率：不定期更新

用户权限：授权

责任单位：中国林业科学研究院林业科技信息研究所

联系电话：010-62889748

电子邮箱：mawenjun7879@126.com

链接地址：http://forest.ckcest.cn/s/mcwlxz.html

◆ 全球树木资源

语　　种：英文
学科领域：森林植物学
关 键 词：树木；植物
摘　　要：收录全球范围内的树木分布数据资源，主要字段包括编号、植物属种、属拉丁名、科拉丁名、科中文名、分布国家、命名者。数据来源于国际植物园保护联盟（Botanic Gardens Conservation International，BGCI）。
资源类型：其他
数据格式：文本
更新频率：年度更新
用户权限：授权
责任单位：中国林业科学研究院林业科技信息研究所
联系电话：010-62889748
电子邮箱：mawenjun7879@126.com
链接地址：http://forest.ckcest.cn/s/gtree.html

◆ 森林病害数据

语　　种：中文简体
学科领域：森林病虫害及其防治
关 键 词：森林；病害；统计数据
摘　　要：收录森林病害发生防治数据，包括全国、各省份森林病害总发生面积、森林病害寄主树种面积、森林病害发生率、森林病害总防治面积、森林病害防治率等。数据来源于《中国林业统计年鉴》。
资源类型：统计数据
数据格式：数值
更新频率：年度更新
用户权限：授权
起 始 年：2005 年
责任单位：中国林业科学研究院林业科技信息研究所
联系电话：010-62889748
电子邮箱：mawenjun7879@126.com
链接地址：http://forest.ckcest.cn/sd/si/zgslbh.html

◆ 森林虫害数据

语　　种：中文简体
学科领域：森林病虫害及其防治

关 键 词：森林；虫害；统计数据

摘　　要：收录全国、各省份森林虫害发生防治数据，包括森林虫害总发生面积、森林虫害寄主树种面积、森林虫害发生率、森林虫害总防治面积、森林虫害防治率等。数据来源于《中国林业统计年鉴》。

资源类型：统计数据

数据格式：数值

更新频率：年度更新

用户权限：授权

起 始 年：2005 年

责任单位：中国林业科学研究院林业科技信息研究所

联系电话：010-62889748

电子邮箱：mawenjun7879@126.com

链接地址：http://forest.ckcest.cn/sd/si/zgslch.html

◆ **森林火灾数据**

语　　种：中文简体

学科领域：林火

关 键 词：森林；火灾；统计数据

摘　　要：收录全国、各省份森林火灾数据，包括森林火灾次数、森林火灾火场总面积、森林火灾受害森林面积、森林火灾人员伤亡、已查明引起森林火灾的火源次数等。数据来源于

《中国林业统计年鉴》。

资源类型：统计数据

数据格式：数值

更新频率：年度更新

用户权限：授权

起 始 年：2005 年

责任单位：中国林业科学研究院林业科技信息研究所

联系电话：010-62889748

电子邮箱：mawenjun7879@126.com

链接地址：http://forest.ckcest.cn/sd/si/zgslhz.html

◆ **世界林产品贸易**

语　　种：中文简体

学科领域：林业

关 键 词：世界；林业产品贸易；进出口

摘　　要：收录世界各国主要林产品的进出口贸易数据，主要用于林业及相关行业的管理、科研、生产和教学人员了解世界各国的主要林产品贸易情况。

资源类型：统计数据

数据格式：数值

更新频率：年度更新

用户权限：授权

起 始 年：1961 年

责任单位：中国林业科学研究院林业科技信息研究所

联系电话：010-62889748

电子邮箱：mawenjun7879@126.com

链接地址：http://forest.ckcest.cn/sd/si/sjlcp.html

◆ **世界林业报告**

语　　种：英文

学科领域：林业

关 键 词：联合国粮食及农业组织（FAO）；国际林业研究组织联盟（IUFRO）；国际热带木材组织（ITTO）；国际组织；研究报告；年度报告；行业报告；科技报告

摘　　要：收录联合国粮食及农业组织、国际林业研究组织联盟、国际热带木材组织等国际组织以及世界各国政府林业管理部门定期发布的专业性研究报告和年度报告。以 PDF 文件形式提供原文。

资源类型：科技（咨询、行业）报告

数据格式：文本

更新频率：不定期更新

用户权限：授权

起 始 年：1932 年

责任单位：中国林业科学研究院林业科技信息研究所

联系电话：010-62889748

电子邮箱：mawenjun7879@126.com

链接地址：http://forest.ckcest.cn/s/yjbg.html

◆ **世界林业动态**

语　　种：中文简体

学科领域：林业

关 键 词：世界林业；森林；林业政策；科技前沿；高新技术；科研教育；林产品贸易；动态跟踪

摘　　要：收录世界 110 多个国家及国际组织的最新林业政策、科技前沿、高新技术、林业科研教育、林产品贸易等方面的最新信息、新动向、新趋势，跟踪世界林业科技前沿，把握世界林业研究热点。

资源类型：新闻资讯

数据格式：文本

更新频率：年度更新

用户权限：授权

起 始 年：1966 年

责任单位：中国林业科学研究院林业科技信息研究所

联系电话：010-62889748

电子邮箱：mawenjun7879@126.com

链接地址：http://forest.ckcest.cn/s/sjly.html

◆ 世界森林碳汇

语　　种：中文简体
学科领域：林业
关 键 词：世界；森林；碳排放
摘　　要：收录世界各国的森林碳排放数据，主要用于林业及相关行业的管理、科研、生产和教学人员了解世界各国的森林碳排放情况。
资源类型：统计数据
数据格式：数值
更新频率：不定期更新
用户权限：授权
起 始 年：1990 年
责任单位：中国林业科学研究院林业科技信息研究所
联系电话：010-62889748
电子邮箱：mawenjun7879@126.com
链接地址：http://forest.ckcest.cn/sd/si/sjco2.html

◆ 授权植物新品种

语　　种：中文简体
学科领域：树木育种及良种繁育
关 键 词：林木；木质藤本；果树（干果部分）；木本油料；调料；木本药材
摘　　要：收录国家林业和草原局植物新品种保护办公室审批并授权的所有林木、木质藤本、果树（干果部分）及木本油料、调料、木本药材等植物新品种数据。
资源类型：其他
数据格式：文本
更新频率：年度更新
用户权限：授权
起 始 年：1999 年
责任单位：中国林业科学研究院林业科技信息研究所
联系电话：010-62889748
电子邮箱：mawenjun7879@126.com
链接地址：http://forest.ckcest.cn/s/sqpzsjk.html

◆ 国外林业期刊论文

语　　种：英文

学科领域：林业

关 键 词：外文期刊；核心论文；世界林业

摘　　要：收录世界各国与林业行业相关的林业核心论文数据，主要用于林业及相关行业的管理、科研、生产、教学人员了解国外的林业科技进展。

资源类型：期刊论文

数据格式：文本

更新频率：年度更新

用户权限：授权

起 始 年：1900 年

责任单位：中国林业科学研究院林业科技信息研究所

联系电话：010-62889748

电子邮箱：mawenjun7879@126.com

链接地址：http://forest.ckcest.cn/s/hxwx.html

◆ 国外林业学位论文

语　　种：英文

学科领域：林业

关 键 词：国外；高等院校；科研院所；林业博士论文；林业硕士论文

摘　　要：收录世界各国主要林业高等院校和科研院所授予的林业博/硕士论文数据。部分博/硕士论文以 PDF 文件形式提供原文。

资源类型：学位论文

数据格式：文本

更新频率：年度更新

用户权限：授权

起 始 年：1898 年

责任单位：中国林业科学研究院林业科技信息研究所

联系电话：010-62889748

电子邮箱：mawenjun7879@126.com

链接地址：http://forest.ckcest.cn/s/pqbs.html

◆ 中国林产品贸易

语　　种：中文简体

学科领域：林业

关 键 词：林产品贸易；进出口；中国

摘　　要：收录中国主要林产品的进出口数量、金额、国家、海关、贸易方式等数据，主要用于林业及相关行业的管理、科研、生产、教学人员了解中国林产品贸易情况。

资源类型：统计数据

数据格式：数值

更新频率：年度更新

用户权限：授权

起 始 年：1995 年

责任单位：中国林业科学研究院林业

科技信息研究所

联系电话：010-62889748

电子邮箱：mawenjun7879@126.com

链接地址：http://forest.ckcest.cn/s/hgsj. html

◆ 中国林业标准

语　　种：中文简体

学科领域：林业

关 键 词：林业标准；国家标准；行业标准；地方标准；标准文献

摘　　要：收录已颁布的与林业行业相关的国家标准、行业标准和地方标准。以 PDF 文件形式提供标准原文，提供林业标准信息服务。

资源类型：标准

数据格式：文本

更新频率：年度更新

用户权限：授权

起 始 年：1962 年

责任单位：中国林业科学研究院林业科技信息研究所

联系电话：010-62889748

电子邮箱：mawenjun7879@126.com

链接地址：http://forest.ckcest.cn/s/lybz. html

◆ 中国林业法规

语　　种：中文简体

学科领域：林业

关 键 词：林业；法律；法规；林业政策；森林；法律法规；规章制度；国际惯例；部门规章

摘　　要：收录中国省级以上人大或政府部门颁布的各项与林业相关的法律法规。主要用于管理、科研、生产、教学人员了解中国的林业政策、法规，修订和完善中国的林业政策、法律法规，健全林业法律法规体系。

资源类型：产业政策

数据格式：文本

更新频率：年度更新

用户权限：授权

起 始 年：1937 年

责任单位：中国林业科学研究院林业科技信息研究所

联系电话：010-62889748

电子邮箱：mawenjun7879@126.com

链接地址：http://forest.ckcest.cn/s/lyfl. html

中国林业年鉴

语　　种：中文简体
学科领域：林业
关 键 词：林业发展；历史数据；国家林业和草原局；林业年鉴
摘　　要：收录中国历代林业发展和历史变迁数据，国家林业和草原局发布的中国林业年鉴数据，主要用于林业及相关行业的管理、科研、生产、教学人员了解中国林业的发展历程。
资源类型：其他
数据格式：文本
更新频率：年度更新
用户权限：授权
起 始 年：1986 年
责任单位：中国林业科学研究院林业科技信息研究所
联系电话：010-62889748
电子邮箱：mawenjun7879@126.com
链接地址：http://forest.ckcest.cn/s/lynj.html

中国森林资源

语　　种：中文简体
学科领域：森林经营学、计测学、经理学
关 键 词：中国；森林资源；资源清查；林地面积；森林覆盖率；木材蓄积量
摘　　要：收录全国、各省份森林资源清查数据，包括森林覆盖率、林地面积、活立木蓄积量、森林面积、森林蓄积、乔木林面积、乔木林蓄积、经济林面积、竹林面积、灌木林面积等。
资源类型：统计数据
数据格式：数值
更新频率：不定期更新
用户权限：授权
起 始 年：1950 年
责任单位：中国林业科学研究院林业科技信息研究所
联系电话：010-62889748
电子邮箱：mawenjun7879@126.com
链接地址：http://forest.ckcest.cn/sd/si/zgslzy.html

◆ 中国自然保护区

语 种：中文简体
学科领域：自然保护区
关 键 词：自然保护区；保护区；林业；湿地；野生植物；野生动物；森林生态；荒漠生态

摘 要：收录中国自然保护区数据，包括保护区全称、保护区简称、保护类型、保护区级别、主管部门、主要保护对象、保护区面积。截至2015年底，全国共建立不同类型、不同级别的自然保护区 2740 个，其中国家级自然保护区 428 个，面积 9649 万公顷。

资源类型：统计数据
数据格式：数值
更新频率：不定期更新
用户权限：授权
起 始 年：1956 年
责任单位：中国林业科学研究院林业科技信息研究所
联系电话：010-62889748
电子邮箱：mawenjun7879@126.com
链接地址：http://forest.ckcest.cn/s/zrbh.html

渔业

◆ 国内渔业生产统计数据

语　　种：中文简体
学科领域：水产和渔业
关 键 词：年鉴；渔业；统计
摘　　要：收录渔业生产统计数据，包括历年分品种的捕捞产量、养殖产量、水产品加工情况、渔船情况等。
资源类型：统计数据
数据格式：数值
更新频率：年度更新
用户权限：公开
起 始 年：2000 年
责任单位：中国水产科学研究院
联系电话：010-68692561
电子邮箱：chengjinxiang@cafs.ac.cn
链接地址：http://fishery.ckcest.cn/searchAll.html?searchtext=&searchType=YearBook&isMore=1&searchTypeName=渔业统计年鉴

◆ 水产贸易商目录

语　　种：中文简体
学科领域：水产和渔业
关 键 词：贸易商；批发商
摘　　要：收录 60 家水产批发市场的从业店铺的基本数据，包括店铺

名、主营内容、联系方式等。
资源类型：其他
数据格式：文本
更新频率：不定期更新
用户权限：授权
起 始 年：2017 年
责任单位：中国水产科学研究院
联系电话：010-68692561
电子邮箱：chengjinxiang@cafs.ac.cn
链接地址：2020 年上线

◆ 水产批发市场价格数据

语　　种：中文简体
学科领域：水产和渔业
关 键 词：批发市场；价格数据
摘　　要：收录 60 家水产批发市场价格数据（分品种、规格、市场名称，时间间隔为每日）。
资源类型：其他
数据格式：数值
更新频率：月度更新
用户权限：授权
起 始 年：2009 年
责任单位：中国水产科学研究院
联系电话：010-68692561
电子邮箱：chengjinxiang@cafs.ac.cn
链接地址：2020 年上线

◆ 水产品电商价格

语　　种：中文简体
学科领域：水产和渔业
关 键 词：淘宝；京东；天猫
摘　　要：收录水产领域天猫、淘宝、京东等大型平台电商的水产品电商价格数据，包括品种、规格、发货地、单价、总价等。

资源类型：其他
数据格式：数值
更新频率：月度更新
用户权限：授权
起 始 年：2016 年
责任单位：中国水产科学研究院
联系电话：010-68692561
电子邮箱：chengjinxiang@cafs.ac.cn
链接地址：2020 年上线

◆ 水产品进出口数据

语　　种：中文简体
学科领域：水产和渔业
关 键 词：贸易；进出口；水产品
摘　　要：收录中国与世界各国的关于水产品的进出口月度数据，包括金额、数量等。
资源类型：其他
数据格式：数值
更新频率：月度更新
用户权限：公开
起 始 年：1995 年
责任单位：中国水产科学研究院
联系电话：010-68692561
电子邮箱：chengjinxiang@cafs.ac.cn
链接地址：http://fishery.ckcest.cn/featureTrade.html

◆ 水产品贸易性技术通报

语　　种：英文
学科领域：水产和渔业
关 键 词：SPS；TBT；贸易
摘　　要：收录我国与世界其他各国关于水产品贸易的技术性通报数据，涉及水产品质量安全、物种保护等，包括国家、通报名称、类型（SPS/TBT）、通报时间、通报号、通报理由、涉及方面、文件名、备注等。
资源类型：其他
数据格式：其他
更新频率：年度更新
用户权限：授权
起 始 年：2002 年
责任单位：中国水产科学研究院
联系电话：010-68692561
电子邮箱：chengjinxiang@cafs.ac.cn
链接地址：http://fishery.ckcest.cn/featureMeasureReport.html

◆ 水产种质资源基础数据

语　　种：中文简体
学科领域：水产和渔业
关 键 词：保护区；国家级；省级；

种质

摘　　要：收录国家级水产种质资源保护区数据，包括批准编号、公布批次、批准设立时间、保护区名称、所在行政区、所在流域或海域名称、地理坐标范围、重点保护对象名称、保护区总面积、核心区面积、实验区面积、管理机构名称等。

资源类型：其他

数据格式：文本

更新频率：不定期更新

用户权限：授权

起　始　年：2007 年

责任单位：中国水产科学研究院

联系电话：010-68692561

电子邮箱：chengjinxiang@cafs.ac.cn

链接地址：http://fishery.ckcest.cn/featureGermplasm.html

◆　**水产种质资源数据**

语　　种：中文简体

学科领域：水产和渔业

关　键　词：种质；苗种；良种

摘　　要：共享来自国家水产种质资源平台的数据，包括物种名、英文名、学名、原产国、原产省、原产地、地理分布、外形图片等。

资源类型：其他

数据格式：文本

更新频率：不定期更新

用户权限：授权

起　始　年：2018 年

责任单位：中国水产科学研究院

联系电话：010-68692561

电子邮箱：chengjinxiang@cafs.ac.cn

链接地址：http://fishery.ckcest.cn/waterGermplasmResource.html

◆　**水质监测数据**

语　　种：中文简体

学科领域：水产和渔业

关　键　词：水质；监测；环境；污染

摘　　要：收录全国主要流域重点断面水质状况，包括涵盖 148 个水质自动监测断面的数据，包括水系名称、点位名称、河流名称、断面情况、年份、周数、pH、DO、COD_{Mn}、NH_3、本周水质、上周水质、污染指标等。

资源类型：其他

数据格式：文本

更新频率：月度更新

用户权限：公开

起　始　年：2004 年

责任单位：中国水产科学研究院

联系电话：010-68692561

电子邮箱：chengjinxiang@cafs.ac.cn

链接地址：http://fishery.ckcest.cn/featureQualityDetection.html

◆ 国外渔业会议论文

语　　种：英文
学科领域：水产和渔业
关 键 词：英文；论文；会议
摘　　要：SCI 收录的渔业（渔业资源保护与利用、渔业生态环境、水产遗传育种、水产病害防治、水产养殖技术、水产加工与产物资源利用、水产品质量安全、渔业装备与工程、渔业信息与发展战略）的会议题录数据。
资源类型：会议论文
数据格式：文本
更新频率：年度更新
用户权限：授权
起 始 年：1995 年
责任单位：中国水产科学研究院
联系电话：010-68692561
电子邮箱：chengjinxiang@cafs.ac.cn
链接地址：http://fishery.ckcest.cn/searchAll.html?searchType=MeetingEn&isMore=1&searchTypeName=英文会议论文

◆ 国外渔业期刊论文

语　　种：英文
学科领域：水产和渔业
关 键 词：英文；论文；期刊
摘　　要：SCI 收录的渔业相关（渔业资源保护与利用、渔业生态环境、水产遗传育种、水产病害防治、水产养殖技术、水产加工与产物资源利用、水产品质量安全、渔业装备与工程、渔业信息与发展战略）的英文期刊题录数据。
资源类型：期刊论文
数据格式：文本
更新频率：年度更新
用户权限：授权
起 始 年：1930 年
责任单位：中国水产科学研究院
联系电话：010-68692561
电子邮箱：chengjinxiang@cafs.ac.cn
链接地址：http://fishery.ckcest.cn/searchAll.html?searchType=JournalEn&isMore=1&searchTypeName=英文期刊论文

◆ 国外渔业学位论文

语　　种：英文
学科领域：水产和渔业
关 键 词：英文；论文；硕士；博士
摘　　要：收录欧美国家 2000 余所知名大学渔业领域的优秀博/硕士论文题录数据。
资源类型：学位论文
数据格式：文本
更新频率：年度更新
用户权限：授权
起 始 年：1869 年
责任单位：中国水产科学研究院
联系电话：010-68692561
电子邮箱：chengjinxiang@cafs.ac.cn
链接地址：http://fishery.ckcest.cn/searchAll.html?searchType=DegreeEn&isMore=1&searchTypeName=英文学位论文

◆ 鱼类高清图片

语　　种：中文简体
学科领域：水产和渔业
关 键 词：图片；南海；鱼类
摘　　要：收录在我国海域生存的主要鱼类高清图，包括名称、别名、俗名、拉丁文名、界、门、纲、目、科、属、种、亚门、亚纲、亚目、亚科、形态特征、生活习性/生态特征、地理分布、繁殖习性、图片名称等。
资源类型：图片
数据格式：图形图像
更新频率：年度更新
用户权限：授权
起 始 年：2017 年
责任单位：中国水产科学研究院
联系电话：010-68692561
电子邮箱：chengjinxiang@cafs.ac.cn
链接地址：http://fishery.ckcest.cn/featurePicture.html

◆ FAO 渔业数据

语　　种：英文
学科领域：水产和渔业
关 键 词：全球；中东大西洋；东南大西洋；地中海；黑海；中东；生产来源；捕捞；养殖；贸易；产值；产量
摘　　要：收录全球渔业养殖产量数据、东南大西洋捕捞量、地中海及黑海捕捞业产量、（中东）区域渔业委员会（RECOFI）捕捞量、全球渔业捕捞产量、渔业 FAO 数据全球产量（按生产来源）、全球捕捞渔民和养殖渔民人数（就业）、渔业商品及国际贸易（数量）、渔业商品及国际贸易（产值）、全球渔业养殖产值数据、渔业 FAO 数据食物平衡表、中东大西洋捕捞量。

资源类型：其他

数据格式：数值

更新频率：年度更新

用户权限：公开

起 始 年：1950 年

责任单位：中国水产科学研究院

联系电话：010-68692561

电子邮箱：chengjinxiang@cafs.ac.cn

链接地址：http://fishery.ckcest.cn/featureWaterfao.html

◈ 渔业法律法规

语　　种：中文简体

学科领域：水产和渔业

关 键 词：法律；法规；规章

摘　　要：收录渔业领域的国家法律和部委规章、地方法规、规章，包括法律法规名称、库别名称、发文文号、颁布部门、效力级别、时效性、颁布日期、实施日期、内容分类等。

资源类型：产业政策

数据格式：文本

更新频率：年度更新

用户权限：授权

起 始 年：1949 年

责任单位：中国水产科学研究院

联系电话：010-68692561

电子邮箱：chengjinxiang@cafs.ac.cn

链接地址：http://fishery.ckcest.cn/searchAll.html?searchtext=&searchType=Law&isMore=1&searchTypeName=渔业法律法规

◈ 渔业馆藏图书

语　　种：中文简体

学科领域：水产和渔业

关 键 词：图书；书籍；馆藏

摘　　要：中国水产科学研究院图书馆收藏的中外文图书书目，包括书目、出版社、出版时间等。

资源类型：图书

数据格式：文本

更新频率：年度更新

用户权限：授权

起 始 年：1869 年

责任单位：中国水产科学研究院

联系电话：010-68692561

电子邮箱：chengjinxiang@cafs.ac.cn

链接地址：http://fishery.ckcest.cn/searchAll.html?searchType=Books&isMore=1&searchTypeName=渔业馆藏图书

◆ 渔业环境数据

语　　种：中文简体

学科领域：水产和渔业

关 键 词：水域；生态；绿色

摘　　要：收录《中国渔业生态环境状况公报》题录，包括报告名称、年份、监测指标、优于评价标准水域数量占比、最大值、最大值水域名称、最小值、最大点位超标倍数、最大点位超标倍数水域名称等。

资源类型：其他

数据格式：文本

更新频率：年度更新

用户权限：授权

起 始 年：2003 年

责任单位：中国水产科学研究院

联系电话：010-68692561

电子邮箱：chengjinxiang@cafs.ac.cn

链接地址：http://fishery.ckcest.cn/featureEnvironment.html

◆ 渔业基金项目

语　　种：中文简体

学科领域：水产和渔业

关 键 词：基金；自然；项目

摘　　要：收录国家自然科学基金委员会项目渔业领域的项目基金元数据，包括项目名称、批准号、项目类别、依托单位、资助经费、批准年度、关键词等。

资源类型：科研项目

数据格式：文本

更新频率：年度更新

用户权限：授权

起 始 年：1986 年

责任单位：中国水产科学研究院

联系电话：010-68692561

电子邮箱：chengjinxiang@cafs.ac.cn

链接地址：http://fishery.ckcest.cn/searchAll.html?searchtext=&searchType=Fund&isMore=1&searchTypeName=渔业基金项目

◆ 渔业科技报告

语　　种：英文

学科领域：水产和渔业

关　键　词：报告；科技

摘　　　要：收录联合国粮食及农业组织、经济合作与发展组织亚太水产养殖中心网络（Network of Aquaculture Centres in Asia-Pacific，NACA）、世界渔业中心（WorldFish Center）、北太平洋海洋科学组织（The North Pacific Marine Science Organization，PICES）、美国国家海洋和大气管理局（National Oceanic and Atmospheric Administration，NOAA）、美国国家技术信息服务机构（National Technical Information Service，NTIS）、美国能源部报告（DOE Information Bridge）、慕尼黑大学图书馆的网上经济类论文和报告（Munich Personal RePEc Archive，MPRA）等国际组织以及世界各国政府渔业管理部门定期发布的专业性研究报告和年度报告。以 PDF 文件形式提供报告原文。

资源类型：科技（咨询、行业）报告

数据格式：文本

更新频率：年度更新

用户权限：授权

起 始 年：1878 年

责任单位：中国水产科学研究院

联系电话：010-68692561

电子邮箱：chengjinxiang@cafs.ac.cn

链接地址：http://fishery.ckcest.cn/searchAll.html?searchType=Report&isMore=1&searchTypeName=渔业科技报告

◆ 渔业科技专家

语　　　种：中文简体

学科领域：水产和渔业

关　键　词：院士；研究员；工程师

摘　　　要：收录我国主要渔业专家信息，包括渔业相关院士、高校科研院所研究员、副研究员、高级工程师等。

资源类型：专家学者

数据格式：文本

更新频率：年度更新

用户权限：授权

起 始 年：2016 年

责任单位：中国水产科学研究院

联系电话：010-68692561

电子邮箱：chengjinxiang@cafs.ac.cn

链接地址：http://fishery.ckcest.cn/searchAll.html?searchtext=&searchType=Experts&isMore=1&searchTypeName=渔业科技专家

◆ 渔业科学数据

语　　种：中文简体
学科领域：水产和渔业
关 键 词：科学数据；科学元数据
摘　　要：共享国家农业科学数据中心的涉渔数据，包括渔船、渔业水域与环境、水产养殖、捕捞与管理等。
资源类型：其他
数据格式：文本
更新频率：不定期更新
用户权限：公开
起 始 年：2016 年
责任单位：中国水产科学研究院
联系电话：010-68692561
电子邮箱：chengjinxiang@cafs.ac.cn
链接地址：http://fishery.ckcest.cn/waterScience.html

◆ 渔业科研机构

语　　种：中文简体
学科领域：水产和渔业
关 键 词：中国水产科学研究院；中国海洋大学；中国科学院
摘　　要：收录我国主要涉渔科研机构，包括中国水产科学研究院及院属

各所、中国科学院水生生物研究所、中国科学院海洋研究所、中国科学院南海海洋研究所、自然资源部第一海洋研究所、自然资源部第二海洋研究所、自然资源部第三海洋研究所、中国海洋大学等涉渔单位。
资源类型：科技机构
数据格式：文本
更新频率：不定期更新
用户权限：授权
起 始 年：2017 年
责任单位：中国水产科学研究院
联系电话：010-68692561
电子邮箱：chengjinxiang@cafs.ac.cn
链接地址：http://fishery.ckcest.cn/searchAll.html?searchtext=&searchType=Machine&isMore=1&searchTypeName=渔业机构

◆ 渔业微生物数据

语　　种：中文简体
学科领域：水产和渔业
关 键 词：微生物；菌株
摘　　要：收录中国水产科学研究院黄海水产研究所、中国水产科学研究院南海水产研究所、中国水产科学研究院东海水产研究所、中国水产科学研究院黑龙江水产研究所、中国水产

科学研究院长江水产研究所、中国水产科学研究院珠江水产研究所、中国水产科学研究院淡水渔业研究中心提供的我国主要水域的渔业微生物名录数据。

资源类型：其他
数据格式：文本
更新频率：不定期更新
用户权限：授权
起　始　年：2017 年
责任单位：中国水产科学研究院
联系电话：010-68692561
电子邮箱：chengjinxiang@cafs.ac.cn
链接地址：http://fishery.ckcest.cn/searchAll.html?searchType=Microorganism&isMore=1&searchTypeName=渔业微生物数据

◆　**渔业灾害数据**

语　　　种：中文简体
学科领域：水产和渔业
关　键　词：蓝藻；浒苔；海冰
摘　　　要：收录浒苔、蓝藻、海冰等渔业灾害遥感简报数据，包括单位、来源、简报时间、监测时间、监测区域、海冰分布数、分布区域、沿岸最长距离（km）、离岸最大距离（km）、分布区域、面积（km^2）、分布

区域 2、沿岸最长距离（km）、离岸最大距离（km）等。
资源类型：其他
数据格式：文本
更新频率：年度更新
用户权限：公开
起　始　年：2010 年
责任单位：中国水产科学研究院
联系电话：010-68692561
电子邮箱：chengjinxiang@cafs.ac.cn
链接地址：http://fishery.ckcest.cn/featureDisaster.html

◆　**渔业中文标准**

语　　　种：中文简体
学科领域：水产和渔业
关　键　词：标准；国家标准；行业标准；企业标准
摘　　　要：收录万方中国标准数据库下 S9 分类号（水产、渔业领域）以及海洋、环境、农业、食品、机械、饲料、冷链物流、信息等领域涉及的渔业、水产相关国家标准和行业标准题录中的渔业标准题录。
资源类型：标准
数据格式：文本
更新频率：年度更新
用户权限：授权

起 始 年：2003 年

责任单位：中国水产科学研究院

联系电话：010-68692561

电子邮箱：chengjinxiang@cafs.ac.cn

链接地址：http://fishery.ckcest.cn/searchAll.html?searchType=StandardChn

◆ **中文渔业科技成果**

语　　种：中文简体

学科领域：水产和渔业

关 键 词：科技；成果；转化

摘　　要：收录中国水产科学研究院获奖的科技成果和农牧渔业科技进步奖的科技成果，以及国家级、省部级、地市级的渔业领域科技成果题录数据，包括标题、所属学科、成果完成人、第一完成单位、关键词、中图分类号、学科分类号、成果简介、成果类别、成果水平、研究起止时间、评价形式、成果入库时间等。

资源类型：科技成果

数据格式：文本

更新频率：年度更新

用户权限：授权

起 始 年：1984 年

责任单位：中国水产科学研究院

联系电话：010-68692561

电子邮箱：chengjinxiang@cafs.ac.cn

链接地址：http://fishery.ckcest.cn/searchAll.html?searchType=Results&isMore=1&searchTypeName=中文渔业成果

海洋和海洋工程 ◆◇

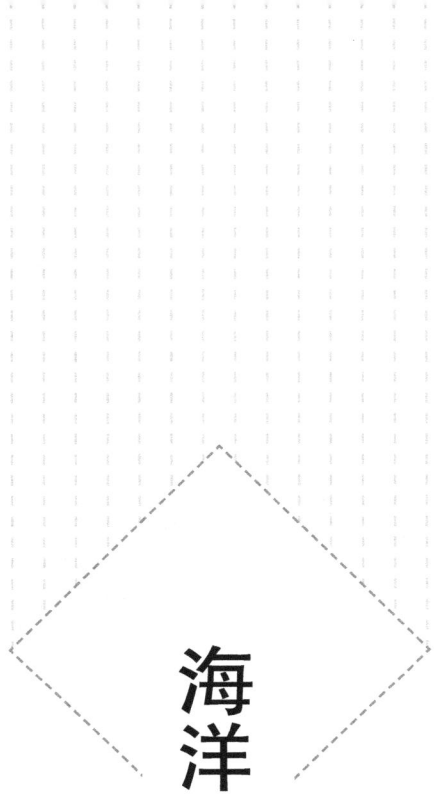

海洋

◆ Argo 表层流产品

语　　种：中文简体
学科领域：海洋调查与观测
关 键 词：Argo；浮标；表层流
摘　　要：根据 Argo 浮标的漂移轨迹，可以估算洋流场和海面流场。
资源类型：数据集
数据格式：数值
更新频率：季度更新
用户权限：授权
起 始 年：1997 年
责任单位：国家海洋信息中心
联系电话：022-24012132
电子邮箱：lilysong_ouc@163.com
链接地址：http://oce.ckcest.cn/web/data_share_detail.do?type=1&directoryid=c51fc3dbbcd74b5d8aa8ac50fcf070fa&dataSetId=85&dataSetName=%E8%A1%A8%E5%B1%82%E6%B5%81%E4%BA%A7%E5%93%81&directoryName=%E6%B5%B7%E6%B4%8B%E6%B0%B4%E6%96%87&did=4cbe083006234f51a4b2782368b3f38f

◆ ^{14}C 测年数据

语　　种：中文简体
学科领域：海洋调查与观测
关 键 词：^{14}C；测年；海洋底质
摘　　要：原始来源为加拿大自然资源部网站（NRC），对原始数据进行了表头规范化、信息补齐、错误值剔除和排重等处理，形成 ^{14}C 测年标准数据集。数据量共计 674 站，1534 个样品，空间范围为东太平洋和大西洋海域（138.88°W～43.29°W，32.29°N～81.09°N），时间范围为 1975～2012 年，数据要素项包括直接测量年龄、惯用年龄、储库校正年龄等，测年方法包括 AMS、Radiometric Dating 等。
资源类型：数据集
数据格式：数值
更新频率：不定期更新
用户权限：授权
起 始 年：1975 年
责任单位：国家海洋信息中心
联系电话：022-24012132
电子邮箱：lilysong_ouc@163.com
链接地址：http://oce.ckcest.cn/web/data_share_detail.do?type=1&directoryid=&dataSetId=26&dataSetName=C14%E6%B5%8B%E5%B9%B4%E6%95%B0%E6%8D%AE&directoryName=&did=

◆ 全球温度盐度剖面数据

语　　种：中文简体
学科领域：海洋调查与观测
关 键 词：海洋；温盐；剖面
摘　　要：全球海平面观测系统数据为 ASCII 码格式，资料为逐时水位数据，空间范围为全球海域，时间范围1946～2017 年，共计 10 500 个文件（站年），数据量达 0.73GB。
资源类型：数据集
数据格式：数值
更新频率：季度更新
用户权限：授权
起 始 年：1946 年
责任单位：国家海洋信息中心
联系电话：022-24012132
电子邮箱：lilysong_ouc@163.com
链接地址：http://oce.ckcest.cn/web/data_share_detail.do?type=1&directoryid=c51fc3dbbcd74b5d8aa8ac50fcf070fa&dataSetId=61&dataSetName=%E5%85%A8%E7%90%83%E6%B8%A9%E5%BA%A6%E7%9B%90%E5%BA%A6%E5%89%96%E9%9D%A2&directoryName=%E6%B5%B7%E6%B4%8B%E6%B0%B4%E6%96%87&did=4cbe083006234f51a4b2782368b3f38f

◆ WOA（World Ocean Atlas）世界海洋图集

语　　种：中文简体
学科领域：海洋调查与观测
关 键 词：WOA；海洋；图集
摘　　要：WOA 数据集是对 WOD 标准层数据进行统计分析和客观分析，形成的 1°×1° 和 0.25°×0.25° 网格数据，可作为海洋模式初始场和验证数据。
资料类型：数据集
数据格式：文本
更新频率：不定期更新
用户权限：授权
起 始 年：2009 年
责任单位：国家海洋信息中心
联系电话：022-24012132
电子邮箱：lilysong_ouc@163.com
链接地址：http://oce.ckcest.cn/web/data_share_detail.do?type=2&directoryid=&dataSetId=80&dataSetName=WOA%EF%BC%88World%20Ocean%20Atlas%EF%BC%89%E4%B8%96%E7%95%8C%E6%B5%B7%E6%B4%8B%E5%9B%BE%E9%9B%86-2009&directoryName=&did= http://oce.ckcest.cn/web/data_share_detail.do?type=2&directoryid=&dataSetId=79&dataSetName=WOA%EF%BC%88World%20Ocean%20Atlas%EF%BC%89%E4%B8%96%E7%95%8C%E6%B5%B7%E6%B4%8B%E5%9B%BE%E9%9B%86-2013&directoryName=&did=

◆ 世界海洋数据库（WOD）计划数据集

语　　种：中文简体
学科领域：海洋调查与观测
关 键 词：WOD；海洋；全球
摘　　要：数据来源于美国国家海洋数据中心（NODC），区域为全球，范围为179.9°W～179.9°E，90°S～90°N。数据起始时间为1980年1月1日至2017年4月24日。共计80余万站次。
资源类型：数据集
数据格式：数值
更新频率：年度更新
用户权限：授权
起 始 年：1980年
责任单位：国家海洋信息中心
联系电话：022-24012132
电子邮箱：lilysong_ouc@163.com
链接地址：http://oce.ckcest.cn/web/data_share_detail.do?type=1&directoryid=0bb1764c84224c7ba498e03869868251&dataSetId=46&dataSetName=WOD%E8%AE%A1%E5%88%92%E6%95%B0%E6%8D%AE%E9%9B%86&directoryName=%E6%B5%B7%E6%B4%8B%E5%8C%96%E5%AD%A6&did=4cbe0

83006234f51a4b2782368b3f38f

◆ 潮汐潮流预报数据

语　　种：中文简体
学科领域：海洋调查与观测
关 键 词：海洋站；潮汐；潮流
摘　　要：提供沿海港口、岛屿和海区的每日潮汐潮流情况，查询的潮汐潮流数据以曲线图形式展示，并且能在地图上显示该查询地点的位置。潮汐、潮流是指海水在天体（主要指月球和太阳）的引潮力作用下所产生的周期性运动，习惯上把海面铅直向的涨落称为潮汐，把海水在水平方向的流动称为潮流。潮汐站点：中国海域共201个，太平洋、大西洋、印度洋等海域共284个。潮流站点：中国海域共39个，日本、加拿大、新加坡等海域共34个。
资源类型：数据集
数据格式：数值
更新频率：月度更新
用户权限：授权
起 始 年：2018年
责任单位：国家海洋信息中心
联系电话：022-24012132
电子邮箱：lilysong_ouc@163.com
链接地址：http://oce.ckcest.cn/web/zhu

anti_tide_new.view

◆ 海底地名

语　　种：中文简体
学科领域：海洋基础科学
关 键 词：海底地名；美国；日本；中国
摘　　要：海底地形命名是在科学判别和认定海底地形特征的基础上对自然地理实体（如海山、海沟、海岭）进行命名，是海洋测绘和海洋航行保证中必不可少的地理要素。包括中文名称、英文名称、数据来源、经纬度、所属海域、命名理由及提案全文。其中，中国海底地名数据 104条，国际海底地名 3944 条，美国海底地名 11 090 条，日本海底地名 1470 条。
资源类型：数据集
数据格式：文本
更新频率：不定期更新
用户权限：授权
责任单位：国家海洋信息中心
联系电话：022-24012132
电子邮箱：lilysong_ouc@163.com
链接地址：http://oce.ckcest.cn/web/zhuanti_haididiming.view

◆ 海洋标准

语　　种：中文简体
学科领域：海洋和海洋工程
关 键 词：海洋；标准；规范
摘　　要：收录海洋领域相关的标准规范。
资源类型：标准
数据格式：文本
更新频率：不定期更新
用户权限：公开
责任单位：国家海洋信息中心
联系电话：022-24012132
电子邮箱：lilysong_ouc@163.com
链接地址：http://oce.ckcest.cn/web/knowledge_main.view?typeName=category&queryBType=standard

◆ 海洋机构信息

语　　种：中文简体
学科领域：海洋和海洋工程

关 键 词：海洋；机构；单位

摘　　　要：涉海领域事业单位、科研院所、高校、企业等，包括机构简介、机构网站、机构地址等。

资源类型：科技机构

数据格式：文本

更新频率：不定期更新

用户权限：公开

责任单位：国家海洋信息中心

联系电话：022-24012132

电子邮箱：lilysong_ouc@163.com

链接地址：http://oce.ckcest.cn/web/expert_new_list.view?mapId=dep

◆ **海洋科技成果**

语　　　种：中文简体

学科领域：海洋和海洋工程

关 键 词：海洋；科技成果；成果

摘　　　要：收录涉海领域科技成果，包括成果年度编号、完成单位、信息来源、公布年份、成果简介。

资源类型：科技成果

数据格式：文本

更新频率：季度更新

用户权限：公开

起 始 年：2010 年

责任单位：国家海洋信息中心

联系电话：022-24012132

电子邮箱：lilysong_ouc@163.com

链接地址：http://oce.ckcest.cn/web/knowledge_main.view?typeName=ge_wxType&queryBType=cg

◆ **COPEPOD 海洋生物数据集**

语　　　种：中文简体

学科领域：海洋调查与观测

关 键 词：COPEPOD ； 海洋 ； 生物；数据集

摘　　　要：数据来源于美国国家海洋渔业中心海岸带与海洋浮游生态、生产和观测数据库，数据集区域为全球。范围为 180.0°W ～ 180.0°E，78.5°S ～ 89.0°N。数据覆盖时间为 1913 年 8 月 30 日至 2013 年 8 月 29 日。共 213 821 个站次。数据集涉及的生物包括浮游细菌、鱼类浮游生物、浮游植物等。

资源类型：数据集

数据格式：其他

更新频率：不定期更新

用户权限：授权

起 始 年：1913 年

责任单位：国家海洋信息中心

联系电话：022-24012132

电子邮箱：lilysong_ouc@163.com

链接地址：http://oce.ckcest.cn/web/data_share_detail.do?type=1&directoryid=&dataSetId=59&dataSetName=COPEPOD%E6%B5%B7%E6%B4%8B%E7%94%9F%E7%89%A9%E6%95%B0%E6%8D%AE%E9%9B%86&directoryName=&did=

链接地址：http://oce.ckcest.cn/web/data_share_detail.do?type=1&directoryid=&dataSetId=77&dataSetName=%E6%97%A5%E6%9C%AC%E4%B8%9C%E9%83%A8%E6%97%B6%E5%BA%8F%E7%AB%99%E6%B5%B7%E6%B4%8B%E7%94%9F%E7%89%A9%E6%95%B0%E6%8D%AE%E9%9B%86&directoryName=&did=

日本东部时序站海洋生物数据集

语　　种：中文简体
学科领域：海洋调查与观测
关 键 词：日本东部；海洋；生物；数据集
摘　　要：数据来源为日本海洋地球科技研究所，数据集区域名称为日本东部，范围为144.65°W～160.25°E，29.8°S～47.1°N。数据覆盖时间为2010年1月24日至2012年7月2日，共有100个站次。
资源类型：数据集
数据格式：其他
更新频率：不定期更新
用户权限：授权
起 始 年：2010年
责任单位：国家海洋信息中心
联系电话：022-24012132
电子邮箱：lilysong_ouc@163.com

美国国家近岸海洋科学中心海洋生物数据集

语　　种：中文简体
学科领域：海洋调查与观测
关 键 词：美国；海洋；科学中心；生物；数据集
摘　　要：数据来源于美国国家近岸海洋科学中心，区域为美国海域，范围为158.1°W～64°E，17.6°S～27.9°N。数据覆盖时间为2000年8月21日至2012年11月2日。共计24 616个站次。数据集涉及的生物包括鱼类、大型无脊椎动物、珊瑚礁、非生物底质等。
资源类型：数据集
数据格式：其他
更新频率：不定期更新
用户权限：授权

起 始 年：2000 年

责任单位：国家海洋信息中心

联系电话：022-24012132

电子邮箱：lilysong_ouc@163.com

链接地址：http://oce.ckcest.cn/web/data_share_detail.do?type=1&directoryid=&dataSetId=43&dataSetName=%E7%BE%8E%E5%9B%BD%E5%9B%BD%E5%AE%B6%E8%BF%91%E5%B2%B8%E6%B5%B7%E6%B4%8B%E7%A7%91%E5%AD%A6%E4%B8%AD%E5%BF%83%E6%B5%B7%E6%B4%8B%E7%94%9F%E7%89%A9%E6%95%B0%E6%8D%AE%E9%9B%86&directoryName=&did=

◆ 澳大利亚海洋观测综合系统海洋生物数据集

语　　种：中文简体

学科领域：海洋调查与观测

关 键 词：澳大利亚；海洋；观测；生物；数据集

摘　　要：数据来源于澳大利亚海洋观测综合系统，区域为澳大利亚海域，范围为 112.5°E ～ 174.3°E，12.4°S ～ 46.9°S。数据覆盖时间为 2002 年 2 月 19 日至 2015 年 9 月 7 日。共计 3449 个站次。

资源类型：数据集

数据格式：其他

更新频率：不定期更新

用户权限：授权

起 始 年：2002 年

责任单位：国家海洋信息中心

联系电话：022-24012132

电子邮箱：lilysong_ouc@163.com

链接地址：http://oce.ckcest.cn/web/data_share_detail.do?type=1&directoryid=&dataSetId=40&dataSetName=%E6%BE%B3%E5%A4%A7%E5%88%A9%E4%BA%9A%E6%B5%B7%E6%B4%8B%E8%A7%82%E6%B5%8B%E7%BB%BC%E5%90%88%E7%B3%BB%E7%BB%9F%E6%B5%B7%E6%B4%8B%E7%94%9F%E7%89%A9%E6%95%B0%E6%8D%AE%E9%9B%86&directoryName=&did=

◆ 海洋条约数据

语　　种：中文简体

学科领域：海洋和海洋工程

关 键 词：海洋；条约；单边；双边；多边

摘　　要：收录我国涉海领域对外缔结和参加的部分双边、多边条约。

资源类型：数据集

数据格式：文本
更新频率：不定期更新
用户权限：公开
起　始　年：2019 年
责任单位：国家海洋信息中心
联系电话：022-24012132
电子邮箱：lilysong_ouc@163.com
链接地址：http://oce.ckcest.cn/web/knowledge_main.view?typeName=ge_wxType&queryBType=ty

用户权限：授权
起　始　年：1981 年
责任单位：国家海洋信息中心
联系电话：022-24012132
电子邮箱：lilysong_ouc@163.com
链接地址：http://oce.ckcest.cn/web/data_share_detail.do?type=2&directoryid=&dataSetId=60&dataSetName=%E6%B5%B7%E6%B4%8B%E6%B8%A9%E5%BA%A6%E7%BB%9F%E8%AE%A1%E6%95%B0%E6%8D%AE&directoryName=&did=

◆ 海洋温度统计数据

语　　种：中文简体
学科领域：海洋基础科学
关 键 词：海洋；统计数据；温度
摘　　要：统计分析产品为 1981～2010 年累年统计分析数据集，TEPM 代表温度。文件名称说明：01_0000.lev 中 01 代表 1 月，0000 代表层次为 0 米，.lev 后缀代表数据为客观分析结果，.grd 后缀代表数据为经 surfer 网格化后的结果，两种数据集均为格点数据集。数据时间分辨率为累年各月产品，即 1～12 月；空间分辨率为 0.25°×0.25°。
资源类型：统计数据
数据格式：数值
更新频率：不定期更新

◆ 海洋盐度统计数据

语　　种：中文简体
学科领域：海洋基础科学
关 键 词：海洋；统计数据；盐度
摘　　要：统计分析产品为 1981～2010 年累年统计分析数据集，SALT 代表盐度。文件名称说明：01_0000.lev 中 01 代表 1 月，0000 代表层次为 0 米，.lev 后缀代表数据为客观分析结果，.grd 后缀代表数据为经 surfer 网格化后的结果，两种数据集均为格点数据集。数据时间分辨率为累年各月产品，即 1～12 月；空间分辨率为 0.25°×0.25°。
资源类型：统计数据

数据格式：数值

更新频率：不定期更新

用户权限：授权

起 始 年：2010 年

责任单位：国家海洋信息中心

联系电话：022-24012132

电子邮箱：lilysong_ouc@163.com

链接地址：http://oce.ckcest.cn/web/dat a_share_detail.do?type=2&directoryid= &dataSetId=78&dataSetName=%E6%B 5%B7%E6%B4%8B%E7%9B%90%E 5%BA%A6%E7%BB%9F%E8%AE% A1%E6%95%B0%E6%8D%AE&direct oryName=&did=

◆ 海洋专家

语　　种：中文简体

学科领域：海洋和海洋工程

关 键 词：海洋；专家；院士

摘　　要：收录全国各地涉海专家。这些专家的研究领域涉及海洋权益、海洋信息化建设、海洋生物学、海洋化学、物理海洋等。包括相关专家的基本信息、所从事的项目工作、获得的奖项和主要研究成果等。可以作为用户的专业智囊团，解决他们在科学研究、政策制定或日常学习中的海洋难题。

资源类型：专家学者

数据格式：文本

更新频率：不定期更新

用户权限：公开

责任单位：国家海洋信息中心

联系电话：022-24012132

电子邮箱：lilysong_ouc@163.com

链接地址：http://oce.ckcest.cn/web/exp ert_new_list.view?mapId=expert

◆ 全球海洋气象统计分析数据

语　　种：中文简体

学科领域：海洋基础科学

关 键 词：海表面温度；海面气温；海面气压

摘　　要：产品为 IMMA 资料统计分析数据产品及图形 DEMO，时间范围为 1950～2012 年。空间分辨率为 1°×1°。时间分辨率为累年逐月平均，范围为全球海洋。

资源类型：统计数据

数据格式：其他

更新频率：月度更新

用户权限：授权

起 始 年：1950 年

责任单位：国家海洋信息中心

联系电话：022-24012132

电子邮箱：lilysong_ouc@163.com

链接地址：http://oce.ckcest.cn/web/data_share_detail.do?type=2&directoryid=&dataSetId=100&dataSetName=%E6%B5%B7%E6%B4%8B%E6%B0%94%E8%B1%A1%E7%BB%9F%E8%AE%A1%E5%88%86%E6%9E%90%E6%95%B0%E6%8D%AE&directoryName=&did=

◆ 热带气旋和风暴统计分析产品

语　　种：中文简体
学科领域：海洋基础科学
关 键 词：热带气旋；风暴；统计分析产品
摘　　要：收录热带气旋和风暴统计分析产品。
资源类型：数据集
数据格式：数值
更新频率：不定期更新
用户权限：授权
起 始 年：1949 年
责任单位：国家海洋信息中心
联系电话：022-24012132
电子邮箱：lilysong_ouc@163.com
链接地址：http://oce.ckcest.cn/web/indexSearch.view?id=%E7%83%AD%E5%B8%A6%E6%B0%94%E6%97%8B

B%E5%92%8C%E9%A3%8E%E6%9A%B4%E7%BB%9F%E8%AE%A1%E5%88%86%E6%9E%90

◆ 西北太平洋实况分析地转流数据

语　　种：中文简体
学科领域：海洋基础科学
关 键 词：西北太平洋；再分析；地转流
摘　　要：西北太平洋实况分析产品的海区范围为 99°E～150°E，10°S～52°N，水平分辨率为 0.125°，垂向为标准层，产品要素包括三维温度、盐度、密度、声速和地转流。
资源类型：数据集
数据格式：数值
更新频率：月度更新
用户权限：授权
起 始 年：2018 年
责任单位：国家海洋信息中心
联系电话：022-24012132
电子邮箱：lilysong_ouc@163.com
链接地址：http://oce.ckcest.cn/web/data_share_detail.do?type=2&directoryid=&dataSetId=49&dataSetName=%E5%AE%9E%E5%86%B5%E5%88%86%E6%9E%90%E6%95%B0%E6%8D%AE

-%E5%9C%B0%E8%BD%AC%E6%B
5%81&directoryName=&did=

◆ 西北太平洋实况分析密度数据

语　　种：中文简体
学科领域：海洋基础科学
关 键 词：西北太平洋；再分析；密度
摘　　要：西北太平洋实况分析产品的海区范围为 99°E～150°E，10°S～52°N，水平分辨率为 0.125°，垂向为标准层，产品要素包括三维温度、盐度、密度、声速和地转流。
资源类型：数据集
数据格式：数值
更新频率：月度更新
用户权限：授权
起 始 年：2018 年
责任单位：国家海洋信息中心
联系电话：022-24012132
电子邮箱：lilysong_ouc@163.com
链接地址：http://oce.ckcest.cn/web/data_share_detail.do?type=2&directoryid=&dataSetId=50&dataSetName=%E5%AE%9E%E5%86%B5%E5%88%86%E6%9E%90%E6%95%B0%E6%8D%AE-%E5%AF%86%E5%BA%A6&directoryName=&did=

◆ 西北太平洋实况分析声速数据

语　　种：中文简体
学科领域：海洋基础科学
关 键 词：西北太平洋；再分析；声速
摘　　要：西北太平洋实况分析产品的海区范围为 99°E～150°E，10°S～52°N，水平分辨率为 0.125°，垂向为标准层，产品要素包括三维温度、盐度、密度、声速和地转流。
资源类型：数据集
数据格式：数值
更新频率：月度更新
用户权限：授权
起 始 年：2018 年
责任单位：国家海洋信息中心
联系电话：022-24012132
电子邮箱：lilysong_ouc@163.com
链接地址：http://oce.ckcest.cn/web/data_share_detail.do?type=2&directoryid=&dataSetId=51&dataSetName=%E5%AE%9E%E5%86%B5%E5%88%86%E6%9E%90%E6%95%B0%E6%8D%AE-%E5%A3%B0%E9%80%9F&directoryName=&did=

◆ 西北太平洋再分析海流数据

语　　种：中文简体
学科领域：海洋基础科学
关 键 词：西北太平洋；再分析；海流
摘　　要：西北太平洋海域海洋再分析产品（CORA v1.0），产品要素包含海面高、温度、盐度和海流；海区范围为99°E～150°E，10°S～52°N，空间水平网格分辨率为0.5°×0.5°，垂向为35层；时间长度为1958年1月至2015年12月，共57年，时间分辨率为历年月平均。产品基于西北太平洋海域海洋再分析系统研制而成。
资源类型：数据集
数据格式：数值
更新频率：月度更新
用户权限：授权
起 始 年：1958年
责任单位：国家海洋信息中心
联系电话：022-24012132
电子邮箱：lilysong_ouc@163.com
链接地址：http://oce.ckcest.cn/web/data_share_detail.do?type=2&directoryid=&dataSetId=83&dataSetName=%E5%86%8D%E5%88%86%E6%9E%90%E6%95%B0%E6%8D%AE-%E6%B5%B7%E6%B5%81&directoryName=&did=

◆ 西北太平洋再分析海面高数据

语　　种：中文简体
学科领域：海洋基础科学
关 键 词：西北太平洋；再分析；海面高
摘　　要：西北太平洋海域海洋再分析产品（CORA v1.0），产品要素包含海面高、温度、盐度和海流；海区范围为99°E～150°E，10°S～52°N，空间水平网格分辨率为0.5°×0.5°，垂向为35层；时间长度为1958年1月至2015年12月，共57年，时间分辨率为历年月平均。产品基于西北太平洋海域海洋再分析系统研制而成。
资源类型：数据集
数据格式：数值
更新频率：月度更新
用户权限：授权
起 始 年：1958年
责任单位：国家海洋信息中心
联系电话：022-24012132
电子邮箱：lilysong_ouc@163.com
链接地址：http://oce.ckcest.cn/web/data_share_detail.do?type=2&directoryid=&dataSetId=84&dataSetName=%E5%86%8D%E5%88%86%E6%9E%90%E

6%95%B0%E6%8D%AE-%E6%B5%B7%E9%9D%A2%E9%AB%98&directoryName=&did=

◆ 西北太平洋再分析累年数据

语　　种：中文简体

学科领域：海洋基础科学

关 键 词：西北太平洋；再分析；累年

摘　　要：收录西北太平洋再分析累年数据。

资源类型：数据集

数据格式：数值

更新频率：月度更新

用户权限：授权

起 始 年：2018 年

责任单位：国家海洋信息中心

联系电话：022-24012132

电子邮箱：lilysong_ouc@163.com

链接地址：http://oce.ckcest.cn/web/data_share_detail.do?type=2&directoryid=&dataSetId=39&dataSetName=%E5%86%8D%E5%88%86%E6%9E%90%E7%B4%AF%E5%B9%B4%E6%95%B0%E6%8D%AE&directoryName=&did=

◆ 西北太平洋再分析温度数据

语　　种：中文简体

学科领域：海洋基础科学

关 键 词：西北太平洋；再分析；温度

摘　　要：西北太平洋海域海洋再分析产品（CORA v1.0），产品要素包含海面高、温度、盐度和海流；海区范围为 99°E～150°E，10°S～52°N，空间水平网格分辨率为 0.5°×0.5°，垂向为 35 层；时间长度为 1958 年 1 月至 2015 年 12 月，共 57 年，时间分辨率为历年月平均。产品基于西北太平洋海域海洋再分析系统研制而成。

资源类型：数据集

数据格式：数值

更新频率：不定期更新

用户权限：授权

起 始 年：1958 年

责任单位：国家海洋信息中心

联系电话：022-24012132

电子邮箱：lilysong_ouc@163.com

链接地址：http://oce.ckcest.cn/web/data_share_detail.do?type=2&directoryid=&dataSetId=81&dataSetName=%E5%86%8D%E5%88%86%E6%9E%90%E6%95%B0%E6%8D%AE-%E6%B8%A9%E5%BA%A6&directoryName=&did=

◆ 西北太平洋再分析盐度数据

语　　种： 中文简体
学科领域： 海洋基础科学
关 键 词： 西北太平洋；再分析；盐度
摘　　要： 西北太平洋海域海洋再分析产品（CORA v1.0），产品要素包含海面高、温度、盐度和海流；海区范围为 99°E～150°E，10°S～52°N，空间水平网格分辨率为 0.5°×0.5°，垂向为 35 层；时间长度为 1958 年 1 月至 2015 年 12 月，共 57 年，时间分辨率为历年月平均。产品基于西北太平洋海域海洋再分析系统研制而成。
资源类型： 数据集
数据格式： 文本
更新频率： 月度更新
用户权限： 授权
起 始 年： 1958 年
责任单位： 国家海洋信息中心
联系电话： 022-24012132
电子邮箱： lilysong_ouc@163.com
链接地址： http://oce.ckcest.cn/web/data_share_detail.do?type=2&directoryid=&dataSetId=82&dataSetName=%E5%86%8D%E5%88%86%E6%9E%90%E6%95%B0%E6%8D%AE-%E7%9B%90%E5%BA%A6&directoryName=&did=

◆ 西太平洋海平面和气候变化月报

语　　种： 中文简体
学科领域： 海洋基础科学
关 键 词： 西北太平洋；海平面；气候
摘　　要： 收录西太平洋海平面和气候变化月报。
资源类型： 数据集
数据格式： 文本
更新频率： 月度更新
用户权限： 授权
起 始 年： 2015 年
责任单位： 国家海洋信息中心
联系电话： 022-24012132
电子邮箱： lilysong_ouc@163.com
链接地址： http://oce.ckcest.cn/web/zhuanti_ztpygongbao.view

中国 13 个海洋站准实时海洋气象和水文观测资料

语　　种：中文简体
学科领域：海洋调查与观测
关 键 词：海洋站；水文气象；观测
摘　　要：海洋站准实时数据（中国）格式是 ASCII（字符）格式。中国海洋站数据涵盖 13 个海洋站的各种准实时数据，包括海洋气象、波浪、温度和盐度。经过解码、格式检查、代码转换、标准化、自动质量控制、可视化检查、校准等处理，形成标准化数据集。其中，质量控制包括范围检验、非法码检验、相关性检验、季节性检验、站代码检验、可视化图形检验等。
资源类型：数据集
数据格式：数值
更新频率：月度更新
用户权限：授权
起 始 年：1999 年
责任单位：国家海洋信息中心
联系电话：022-24012132
电子邮箱：lilysong_ouc@163.com
链接地址：http://oce.ckcest.cn/web/data_share_detail.do?type=1&directoryid=&dataSetId=4&dataSetName=%E4%B8%AD%E5%9B%BD%E5%8F%B0%E7%AB%99%E8%A7%82%E6%B5%8B%E6%95%B0%E6%8D%AE&directoryName=&did=http://oce.ckcest.cn/web/data_share_detail.do?type=1&directoryid=&dataSetId=4-1&dataSetName=%E4%B8%AD%E5%9B%BD%E5%8F%B0%E7%AB%99%E8%A7%82%E6%B5%8B%E6%95%B0%E6%8D%AE&directoryName=&did=

中国 3 个海洋站波浪观测资料

语　　种：中文简体
学科领域：海洋调查与观测
关 键 词：海洋站；波浪；风场；观测
摘　　要：波浪和风场延时数据（中国）的格式是 ASCII（字符）格式。中国海洋站数据涵盖 3 个海洋站的数据。经过解码、格式检查、代码转换、标准化、自动质量控制、可视化检查、校准等处理，形成标准化数据集。其中，质量控制包括范围检验、非法码检验、相关性检验、季节性检验、站代码检验、可视化图形检验等。
资源类型：数据集
数据格式：数值
更新频率：月度更新
用户权限：授权
起 始 年：1996 年
责任单位：国家海洋信息中心
联系电话：022-24012132
电子邮箱：lilysong_ouc@163.com

链接地址：http://oce.ckcest.cn/web/data_share_detail.do?type=1&directoryid=&dataSetId=6&dataSetName=%E6%B3%A2%E6%B5%AA%E5%92%8C%E9%A3%8E%E5%9C%BA%E6%95%B0%E6%8D%AE&directoryName=&did=

◆ 中国海洋产业增加值

语　　种：中文简体
学科领域：海洋资源与开发
关 键 词：中国；海洋；产业
摘　　要：收录中国海洋产业增加值数据。
资源类型：数据集
数据格式：数值
更新频率：不定期更新
用户权限：授权
起 始 年：2001 年
责任单位：国家海洋信息中心
联系电话：022-24012132
电子邮箱：lilysong_ouc@163.com
链接地址：http://oce.ckcest.cn/web/zhuanti_lansejingji.view

◆ 海洋百科

语　　种：中文简体
学科领域：海洋和海洋工程
关 键 词：海洋；百科；科普；词条
摘　　要：收录海洋百科、词表、科普知识等。
资源类型：百科
数据格式：文本
更新频率：不定期更新
用户权限：授权
起 始 年：1989 年
责任单位：国家海洋信息中心
联系电话：022-24012132
电子邮箱：lilysong_ouc@163.com
链接地址：http://oce.ckcest.cn/web/encyclopedia/index.view

◆ 海洋报告库

语　　种：中文简体
学科领域：海洋和海洋工程
关 键 词：海洋；图集；报告；公报；海洋经济；海平面
摘　　要：收录海洋领域相关公报、报告等，包括中国海平面公报、海岛统计调查公报、中国海洋发展报告、中国海洋发展指数报告、中国海洋经济统计公报等。

资源类型：科技（咨询、行业）报告

数据格式：文本

更新频率：不定期更新

用户权限：授权

责任单位：国家海洋信息中心

联系电话：022-24012132

电子邮箱：lilysong_ouc@163.com

链接地址：http://oce.ckcest.cn/web/indexSearch.view?typeName=ge_wxType&queryBType=cp&id=&queryTrue=true&id=&getType=sy&orderByType=ge_releasedate%20desc%20desc

◆ 海洋法律法规

语　　种：中文简体

学科领域：海洋和海洋工程

关 键 词：海洋；法律法规；涉海法律；行政法规

摘　　要：收录涉海法律、涉海行政法规、国务院法规文件、地方海洋法律法规共 89 项。

资源类型：产业政策

数据格式：文本

更新频率：不定期更新

用户权限：授权

责任单位：国家海洋信息中心

联系电话：022-24012132

电子邮箱：lilysong_ouc@163.com

链接地址：http://oce.ckcest.cn/web/knowledge_main.view?typeName=category&queryBType=statute

◆ 钓鱼岛资料库

语　　种：中文简体

学科领域：海洋和海洋工程

关 键 词：钓鱼岛；海洋；立法；环境

摘　　要：收录钓鱼岛历史依据、钓鱼岛及附属岛屿的自然环境、领海基线、政策法规、国际条约、视频资料和相关研究论文等。

资源类型：其他

数据格式：其他

更新频率：不定期更新

用户权限：授权

责任单位：国家海洋信息中心

联系电话：022-24012132

电子邮箱：lilysong_ouc@163.com

链接地址：http://oce.ckcest.cn/web/zhuanti_diaoyudao.view

医药卫生 ◆◇

医药卫生

◆ "一带一路"卫生发展数据集

语　　种：中文简体
学科领域：预防医学、卫生学
关 键 词："一带一路"；卫生；健康；人口；患病；基础设施
摘　　要：世界银行公开数据库包括20多个主要数据库和2000多个指标，其中健康营养和人口统计数据库以及世界发展指标数据库包括"一带一路"沿线国家（地区）生育、健康、人口、医疗设施、医疗卫生支出等方面的卫生数据，并按照地区、性别等维度进行展示。
资源类型：数据集
数据格式：数值
更新频率：不定期更新
用户权限：授权
起 始 年：1995 年
责任单位：中国医学科学院医学信息研究所
联系电话：010-52328754
电子邮箱：med@ckcest.cn
链接地址：http://med.ckcest.cn/details.html?id=4054579159418888&classesEn=statistic_data&searchValue=

◆ 癌症数据集

语　　种：英文
学科领域：肿瘤学
关 键 词：肿瘤；发病；世界；存活；患病；死亡
摘　　要：收录 184 个国家和地区 27 种癌症的发病（incidence）、死亡（mortality）和患病（prevalence）数据。其中，发病数据是指在特定人群、特定时间段新增的病例数；死亡数据是指在特定人群、特定时间段的死亡人数；患病数据是指在已诊断患某癌症人群中，截止某年依旧存活的人数。
资源类型：数据集
数据格式：数值
更新频率：不定期更新
用户权限：授权
起 始 年：2012 年
责任单位：中国医学科学院医学信息研究所
联系电话：010-52328754
电子邮箱：med@ckcest.cn
链接地址：http://med.ckcest.cn/details.html?id=4054595102541831&classesEn=statistic_data&searchValue=

◆ 传染病数据集

语　　种：中文简体
学科领域：传染病
关 键 词：传染病；发病数据；死亡数据；病种
摘　　要：数据来源于国家统计局、中国疾病预防控制中心公共卫生监测与信息服务中心，收录网络直报以来报告的全部法定报告传染病数据，包括分省流行县数、流行乡数和流行村人口数、达到传播控制标准情况、现在患者分布及治疗情况等。
资源类型：数据集
数据格式：数值
更新频率：年度更新
用户权限：授权
起 始 年：2004 年
责任单位：中国医学科学院医学信息研究所
联系电话：010-52328754
电子邮箱：med@ckcest.cn
链接地址：http://med.ckcest.cn/details.html?id=4054579159418889&classesEn=statistic_data&searchValue=

◆ 妇幼保健类数据集

语　　种：中文简体
学科领域：妇产科学
关 键 词：孕期；胎儿；发育；常见病；儿童；常见病
摘　　要：涵盖多个妇幼保健类数据集，记录孕妇、胎儿在每个月每一周的生理变化及孕妇的饮食方案、保健知识等；收集儿童从出生到 3 岁各种常见疾病的相关医学知识，为儿童成长提供保健知识；为相关人群提供保健知识。
资源类型：数据集
数据格式：文本
更新频率：不定期更新
用户权限：公开
起 始 年：2010 年
责任单位：中国医学科学院医学信息研究所
联系电话：010-52328754
电子邮箱：med@ckcest.cn
链接地址：http://med.ckcest.cn/toSearchList.html?classen=scientific_data&searchText=%E4%B8%BB%E9%A2%98%E5%88%86%E7%B1%BB:%E5%A6%87%E5%B9%BC%E4%BF%9D%E5%81%A5&db=

◆ 公共卫生类数据集

语　　种：中文简体

学科领域：预防医学、卫生学

关 键 词：健康；营养；传染病；常见病；血糖

摘　　要：涵盖多个公共卫生类数据集，包括法定报告传染病数据集、艾滋病数据库、中国居民营养与健康状况调查数据库、慢性病疾病系统构成、中国食物成分数据库等 68 个元数据集。

资源类型：数据集

数据格式：文本

更新频率：不定期更新

用户权限：公开

起 始 年：2012 年

责任单位：中国医学科学院医学信息研究所

联系电话：010-52328754

电子邮箱：med@ckcest.cn

链接地址：http://med.ckcest.cn/toSearchList.html?classen=scientific_data&searchText=%E4%B8%BB%E9%A2%98%E5%88%86%E7%B1%BB:%E5%85%AC%E5%85%B1%E5%8D%AB%E7%94%9F&db=

◆ 基层医疗类数据集

语　　种：中文简体

学科领域：基础医学

关 键 词：农村医疗；健康培训；疾病名称；临床路径；少数民族疾病谱

摘　　要：依托国家科技支撑计划，整合加工优质的医疗卫生资源、试点地区各种疾病的就诊及医治费用信息，为农村三级医疗卫生服务和基层医疗卫生机构提供数据共享、疾病预防、医疗资源投入、健康教育等决策依据。

资源类型：数据集

数据格式：文本

更新频率：不定期更新

用户权限：公开

起 始 年：2012 年

责任单位：中国医学科学院医学信息研究所

联系电话：010-52328754

电子邮箱：med@ckcest.cn

链接地址：http://med.ckcest.cn/toSearchList.html?classen=scientific_data&searchText=%E4%B8%BB%E9%A2%98%E5%88%86%E7%B1%BB:%E5%9F%BA%E5%B1%82%E5%8C%BB%E7%96%97&db=

◆ 基础医学类数据集

语　　种：中文简体
学科领域：基础医学
关 键 词：基因；蛋白质；非编码；RNA；细胞
摘　　要：涵盖多个基础医疗类数据集，收集 5437 条 RNA 编辑位点记录，包括编辑类型、组织、基因等，提供相应 Gene 链接等 43 个元数据集。
资源类型：数据集
数据格式：文本
更新频率：不定期更新
用户权限：公开
起 始 年：2008 年
责任单位：中国医学科学院医学信息研究所
联系电话：010-52328754
电子邮箱：med@ckcest.cn
链接地址：http://med.ckcest.cn/toSearchList.html?classen=scientific_data&searchText=%E4%B8%BB%E9%A2%98%E5%88%86%E7%B1%BB:%E5%9F%BA%E7%A1%80%E5%8C%BB%E5%AD%A6&db=

◆ 急诊住院类数据集

语　　种：中文简体
学科领域：临床医学
关 键 词：急诊；疾病谱；手术；临床；药物
摘　　要：收录多种疾病的就诊及医疗费用信息，包括急诊住院期间基本数据，以及手术、感染人群等实施医疗数据；多个科室，如产科、儿科、骨科、消化科等急诊临床路径；急诊常用药物的使用说明等。可为卫生部门及政府进行疾病预防、健康教育、医疗资源投入等决策提供依据。
资源类型：数据集
数据格式：文本
更新频率：不定期更新
用户权限：公开
起 始 年：2008 年
责任单位：中国医学科学院医学信息研究所
联系电话：010-52328754
电子邮箱：med@ckcest.cn
链接地址：http://med.ckcest.cn/toSearchList.html?classen=scientific_data&searchText=%E4%B8%BB%E9%A2%98%E5%88%86%E7%B1%BB:%E6%80%A5%E8%AF%8A%E4%BD%8F%E9%99%A2&db=

◆ 老年病学类数据集

语　　种：中文简体

学科领域：老年病学

关 键 词：老年健康；医疗资源；老年病；合理用药；预防；健康评估

摘　　要：收集整理老年人常见疾病与问题的护理目标、护理评估、基础护理、对症护理、心理护理、康复护理、健康教育等；老年人常用药物的名称、药理作用、临床应用、禁忌证、不良反应等。

资源类型：数据集

数据格式：文本

更新频率：不定期更新

用户权限：公开

起 始 年：2009 年

责任单位：中国医学科学院医学信息研究所

联系电话：010-52328754

电子邮箱：med@ckcest.cn

链接地址：http://med.ckcest.cn/toSearchList.html?classen=scientific_data&searchText=%E4%B8%BB%E9%A2%98%E5%88%86%E7%B1%BB:%E8%80%81%E5%B9%B4%E5%8C%BB%E5%AD%A6&db=

◆ 临床医学类数据集

语　　种：中文简体

学科领域：临床医学

关 键 词：临床；路径；医学；糖尿病；肿瘤；护理；疾病；诊疗

摘　　要：涵盖多个临床医学类数据集，包括临床救治数据集、重症监护临床数据集、医学伦理数据集、罕见疾病临床登记与科研数据集、地震救治技术规范数据集等共 99 个元数据集，可推动国内临床诊疗、教学和科研工作的开展。

资源类型：数据集

数据格式：文本

更新频率：不定期更新

用户权限：公开

起 始 年：2010 年

责任单位：中国医学科学院医学信息研究所

联系电话：010-52328754

电子邮箱：med@ckcest.cn

链接地址：http://med.ckcest.cn/toSearchList.html?classen=scientific_data&searchText=%E4%B8%BB%E9%A2%98%E5%88%86%E7%B1%BB:%E4%B8%B4%E5%BA%8A%E5%8C%BB%E5%AD%A6&db=

◆ 人口生殖类数据集

语　　种：中文简体

学科领域：泌尿科学

关 键 词：育龄；生殖；生育；计划生育

摘　　要：整理女性营养与健康数据集，对育龄妇女开展现状调查，包括吸烟、饮酒等流行情况，以及其家庭情况；育龄夫妇慢性病筛查监测信息，对人口学指标、身高、体重、家族史病等进行记录；婴幼儿保健数据，对新生儿、幼儿、产妇开展相关检测调查。

资源类型：数据集

数据格式：文本

更新频率：不定期更新

用户权限：公开

起 始 年：2017 年

责任单位：中国医学科学院医学信息研究所

联系电话：010-52328754

电子邮箱：med@ckcest.cn

链接地址：http://med.ckcest.cn/toSearchList.html?classen=scientific_data&searchText=%E4%B8%BB%E9%A2%98%E5%88%86%E7%B1%BB:%E4%BA%BA%E5%8F%A3%E7%94%9F%E6%AE%96&db=

◆ 药学类数据集

语　　种：中文简体

学科领域：药学

关 键 词：药品；药物分析；临床；不良反应

摘　　要：涵盖多种疾病合理用药数据库，包括药物类型、药物类别、所属类别、药物名称、英文名称、中文别名、英文别名、制剂、规格、成分、化学结构、药理作用、药动学、适应证、用法用量、不良反应、相互作用、疗效评价等。可为医务人员和患者合理用药、安全用药提供帮助。

资源类型：数据集

数据格式：文本

更新频率：不定期更新

用户权限：公开

起 始 年：2008 年

责任单位：中国医学科学院医学信息研究所

联系电话：010-52328754

电子邮箱：med@ckcest.cn

链接地址：http://med.ckcest.cn/toSearchList.html?classen=scientific_data&searchText=%E4%B8%BB%E9%A2%98%E5%88%86%E7%B1%BB:%E8%8D%AF%E5%AD%A6&db=

◆ 中医药学类数据集

语　　种：中文简体
学科领域：中国医学
关 键 词：中医；治法；中医药疗法；中医药；诊疗术语；中药方剂
摘　　要：收录中医临床诊疗术语、中医诊法诊断、辩证以及中药、针灸、按摩等方法治疗各类疾病的相关数据，以疾病为中心，记录疾病信息、证候、症状信息、诊疗信息、治疗信息、药物使用情况等，并做相关分析。
资源类型：数据集
数据格式：文本
更新频率：不定期更新
用户权限：公开
起 始 年：2015 年
责任单位：中国医学科学院医学信息研究所
联系电话：010-52328754
电子邮箱：med@ckcest.cn
链接地址：http://med.ckcest.cn/toSearchList.html?classen=scientific_data&searchText=%E4%B8%BB%E9%A2%98%E5%88%86%E7%B1%BB:%E4%B8%AD%E5%8C%BB%E8%8D%AF&db=

◆ 重大慢病类数据集

语　　种：中文简体
学科领域：临床医学
关 键 词：慢性病；脑卒中；高血压；心血管；诊疗规范
摘　　要：涵盖救治数据库、随访数据库、规范数据库以及心脑血管、脑卒中、慢性病高危人群筛查数据库；通过记录疾病的概念、病因与发病机制、临床表现、辅助检查、鉴别诊断、西医治疗、中医治疗、特殊治疗、治疗要点、发生率、复发率等，为我国慢性病疾病谱的研究提供数据支撑。
资源类型：数据集
数据格式：文本
更新频率：不定期更新
用户权限：公开
起 始 年：2010 年
责任单位：中国医学科学院医学信息研究所
联系电话：010-52328754
电子邮箱：med@ckcest.cn
链接地址：http://med.ckcest.cn/toSearchList.html?classen=scientific_data&searchText=%E4%B8%BB%E9%A2%98%E5%88%86%E7%B1%BB:%E9%87%8D%E5%A4%A7%E6%85%A2%E7%97%85&db=

◆ 环境健康数据集

语　　种：中文简体
学科领域：环境卫生、环境医学
关 键 词：浓度；大气；空气质量；
地区；气象；环境
摘　　要：监测各个地区不同时间段的主要空气质量指标，包括 CO、O_3、PM_{10}、$PM_{2.5}$、SO_2、NO、NO_2 等的浓度值。对该数据进行分析和挖掘，可得出各地区主要大气污染物浓度的变化情况，也可与疾病、气象要素关联分析大气污染物浓度与疾病的关联性、气象条件变化对大气污染物的影响等。
资源类型：数据集
数据格式：数值
更新频率：月度更新
用户权限：授权
起 始 年：2017 年
责任单位：中国医学科学院医学信息研究所
联系电话：010-52328754
电子邮箱：med@ckcest.cn
链接地址：http://med.ckcest.cn/toSearchList.html?classen=statistic_data&searchText=主题分类:环境健康&db=#

◆ 精准医学数据集

语　　种：其他
学科领域：临床医学
关 键 词：精准医学；基因；疾病；靶标；通路；药物
摘　　要：提供已知或正在探索的可用作治疗的蛋白质靶点和核苷酸靶点的信息，以及与这些靶点对应的靶疾病、靶通路和相应的药物/配体信息。同时，还提供这些靶点在其他数据库中的相关链接，如靶点的功能、序列、3D 结构、配体结合性质、酶的命名、相关文献等。
资源类型：数据集
数据格式：数值
更新频率：不定期更新
用户权限：授权
责任单位：中国医学科学院医学信息研究所
联系电话：010-52328754
电子邮箱：med@ckcest.cn
链接地址：http://med.ckcest.cn/toSearchList.html?classen=scientific_data&searchText=%E4%B8%BB%E9%A2%98%E5%88%86%E7%B1%BB:%E7%B2%BE%E5%87%86%E5%8C%BB%E5%AD%A6&db=

◆ 流动人口数据集

语　　种：中文简体
学科领域：医学与其他学科的关系
关 键 词：流动人口；迁移；健康；医疗服务
摘　　要：收录全国流动人口动态监测调查数据，包括流动人口生存发展状况、迁移特征、就业收入、居住情况、社会融合、心理健康、基本公共服务、基本医疗服务、基本社会保险、健康状况等。
资源类型：数据集
数据格式：数值
更新频率：年度更新
用户权限：授权
起 始 年：2011 年
责任单位：中国医学科学院医学信息研究所
联系电话：010-52328754
电子邮箱：med@ckcest.cn
链接地址：http://med.ckcest.cn/toSearchList.html?classen=statistic_data&searchText=主题分类:流动人口&db=#

◆ 心脑血管疾病统计数据集

语　　种：英文
学科领域：神经病学与精神病学
关 键 词：心血管病；出院；住院；死亡；患病
摘　　要：数据来源于美国疾病预防与控制中心，记录美国各州 2005～2016 年各年龄段、性别、人种心血管疾病的死亡情况、住院情况以及跟踪调查出院后的康复情况，通过时间、年龄等维度的对比得出美国心血管疾病的发病趋势，可为我国预防心血管疾病提供参考。
资源类型：数据集
数据格式：数值
更新频率：年度更新
用户权限：授权
起 始 年：2005 年
责任单位：中国医学科学院医学信息研究所
联系电话：010-52328754
电子邮箱：med@ckcest.cn
链接地址：http://med.ckcest.cn/details.html?id=4054579159418890&classesEn=statistic_data&searchValue=

◆ 医学标准

语　　种：中文简体

学科领域：卫生标准、卫生检查、医药管理

关 键 词：标准；药品；疾病诊断；医疗器械；公共卫生

摘　　要：收集整理国家卫生健康委员会、中国标准在线服务网、全国标准信息公共服务平台等权威机构/平台发布的药品、疾病诊断、医疗器械、医疗服务、公共卫生等医疗卫生行业制定的相关准则、规范、技术、分类标准等，部分标准支持数据浏览和下载。

资源类型：标准

数据格式：文本

更新频率：年度更新

用户权限：授权

起 始 年：1984 年

责任单位：中国医学科学院医学信息研究所

联系电话：010-52328754

电子邮箱：med@ckcest.cn

链接地址：http://med.ckcest.cn/toSearchList.html?classen=standard&searchText=&db=

◆ 医药卫生领域百科

语　　种：中文简体

学科领域：医学基础理论

关 键 词：百科；病因；症状；诊断；治疗；药物；检查

摘　　要：收集整理医药卫生领域常见疾病、概念的百科资源，数据来源于"健康中国 2020"医学百科数据库、医学百科网、NOAEL 等，涵盖心脑血管疾病、呼吸系统疾病、肿瘤疾病、慢性病、神经系统疾病等主题，展示并介绍疾病的概念、分类、病因、症状、诊断、治疗、相关药物、检查等。

资源类型：百科

数据格式：文本

更新频率：年度更新

用户权限：公开

责任单位：中国医学科学院医学信息研究所

联系电话：010-52328754

电子邮箱：med@ckcest.cn

链接地址：http://med.ckcest.cn/toSearchList.html?classen=wiki&searchText=&db=

◆ 医药卫生领域论文集

语　　种：其他

学科领域：医学基础理论

关　键　词：全民健康；公共卫生；糖尿病；慢病防治；药物研发；肿瘤；环境健康

摘　　要：收集整理医药卫生领域可开放获取的中英文核心期刊数据，涵盖 PubMed、PMC、中国知网等数据库关于糖尿病、呼吸系统、肿瘤、环境健康、全民健康、公共卫生、慢性病防治、药物研发等主题的会议论文，包括论文题目、作者、摘要、正文、参考文献、期刊名称、发布日期等。

资源类型：会议论文

数据格式：文本

更新频率：年度更新

用户权限：公开

起　始　年：1994 年

责任单位：中国医学科学院医学信息研究所

联系电话：010-52328754

电子邮箱：med@ckcest.cn

链接地址：http://med.ckcest.cn/toSearchList.html?classen=literature&searchText=&db=

◆ 医药卫生领域机构

语　　种：中文简体

学科领域：医学基础理论

关　键　词：医院；医疗；呼吸系统；心脑血管；肿瘤；外科

摘　　要：收集整理国内医药卫生领域极具权威和有影响力的医院、医疗机构、服务保障机构、相关研究机构、教学机构等相关机构的数据资源，包括机构名称、类别、等级、简介、特色服务等，涉及呼吸系统疾病、心脑血管疾病、肿瘤等多个常见领域。

资源类型：科技机构

数据格式：文本

更新频率：年度更新

用户权限：公开

责任单位：中国医学科学院医学信息研究所

联系电话：010-52328754

电子邮箱：med@ckcest.cn

链接地址：http://med.ckcest.cn/toSearchList.html?classen=organization&searchText=&db=

◆ 医药卫生领域科技报告

语　　种：其他
学科领域：医学基础理论
关 键 词：肿瘤；高血压；药用制剂；临床
摘　　要：收集整理医药卫生领域的行业发展、重大规划、国家指南等报告资源，涵盖世界卫生组织、美国国立卫生研究院、国家卫生和计划生育委员会、国务院等权威机构的国内外权威数据库，包括报告名称、发布机构、发布日期、正文、参考文献等。
资源类型：科技（咨询、行业）报告
数据格式：文本
更新频率：年度更新
用户权限：公开
起 始 年：2009 年
责任单位：中国医学科学院医学信息研究所
联系电话：010-52328754
电子邮箱：med@ckcest.cn
链接地址：http://med.ckcest.cn/toSearchList.html?classen=report&searchText=&db=#

◆ 医药卫生领域政策法规

语　　种：中文简体
学科领域：方针、政策及其阐述、医学哲学
关 键 词：卫生；医疗；健康疾病；药品；政策；方针
摘　　要：收集整理国家卫生健康委员会、中国疾病预防控制中心等权威机构发布的各类医疗卫生领域的健康与疾病、药品、医学研究的政策解读、规范性文件、法律法规、工作动态、公式文档等资源，包括标题、时间、正文、发布单位等，为相关从业人员、研究者提供决策性支撑。
资源类型：产业政策
数据格式：文本
更新频率：月度更新
用户权限：授权
起 始 年：2014 年
责任单位：中国医学科学院医学信息研究所
联系电话：010-52328754
电子邮箱：med@ckcest.cn
链接地址：http://med.ckcest.cn/index.html

◆ 医药卫生领域专家

语　　种：中文简体
学科领域：医学基础理论
关 键 词：呼吸系统；心脑血管；肿瘤；神经系统；临床
摘　　要：收集整理国内医药卫生领域极具权威和有影响力的专家信息，涉及呼吸系统疾病、心脑血管疾病、肿瘤、神经系统疾病、糖尿病、临床等多个常见领域，包括专家姓名、职称、科室、单位、擅长领域、科研情况、学术成果等。
资源类型：专家学者
数据格式：文本
更新频率：年度更新
用户权限：公开
责任单位：中国医学科学院医学信息研究所
联系电话：010-52328754
电子邮箱：med@ckcest.cn
链接地址：http://med.ckcest.cn/toSearchList.html?classen=expert&searchText=&db=

◆ 肿瘤数据集

语　　种：英文
学科领域：肿瘤学
关 键 词：肿瘤；癌症；乳腺癌；胃癌；胃癌；发病率；患病率；死亡率
摘　　要：收录世界卫生组织国际癌症研究中心发布的五大洲 1983～2007 年 28 种主要癌症的发病数据，包括五大洲多个国家（地区）118 个肿瘤登记处（包括香港、澳门地区登记处）的肿瘤发病率数据。
资源类型：数据集
数据格式：数值
更新频率：不定期更新
用户权限：授权
起 始 年：1983 年
责任单位：中国医学科学院医学信息研究所
联系电话：010-52328754
电子邮箱：med@ckcest.cn
链接地址：http://med.ckcest.cn/toSearchList.html?classen=statistic_data&searchText=主题分类:肿瘤&db=#

中医药

◆ 中医药方药数据库

语　　种：中文简体

学科领域：中药学、方剂学

关 键 词：中医药；方剂；药对；药物

摘　　要：收录权威著作、药典、药品说明书的方剂和药物知识，包括中药、中药药对、中成药、西药、院内制剂、药典中药数据，全面覆盖古今方剂中药数据，涵盖中药的中文和拉丁文名称、基原、性状、鉴别、含量测定、炮制、性味与归经、功能与主治、用法与用量、贮藏、使用注意事项，以及中成药及西药的商品名、主要成分、是否医保、规格、剂型、是否处方、适应证、用法用量、不良反应、禁忌与注意事项、贮藏、生产企业、批准文号等。

资源类型：数据集

数据格式：文本

更新频率：月度更新

用户权限：授权

责任单位：中国中医科学院中医药信息研究所

联系电话：010-64089578

电子邮箱：yutongoracle@hotmail.com

链接地址：http://tcm.ckcest.cn/（2021年5月上线）

◆ 名中医经验数据库

语　　种：中文简体

学科领域：中医临床学

关 键 词：中医药；名医；经验；学术思想

摘　　要：收录名医经验方面的数据，包括名医擅长科属、所疗疾病、验案及出处、创立或常用方剂、学术思想、生平及代表作品等，基本涵盖古今名医经验性知识。用于名医思想和经验传承，促进中医理论和临床研究发展。

资源类型：数据集

数据格式：文本

更新频率：月度更新

用户权限：授权

责任单位：中国中医科学院中医药信息研究所

联系电话：010-64089578

电子邮箱：yutongoracle@hotmail.com

链接地址：http://tcm.ckcest.cn/（2021年5月上线）

◆ 中医临床数据库

语　　种：中文简体

学科领域：中医临床学

关 键 词：中医药；临床研究；知识抽取

摘　　要：对中医临床研究文献进行知识抽取，建立结构化中医临床知识资源，包括研究主题、四诊信息、涉及病证、研究类型、组别例数、人群、治疗思路、治法、诊疗技术、所用设备、所用方剂及逐次加减、药物组成、剂型、给药途径、研究结果、研究单位、知识来源等。用于各类临床研究、疗效与安全性评价、临床辅助决策。

资源类型：数据集

数据格式：文本

更新频率：月度更新

用户权限：授权

责任单位：中国中医科学院中医药信息研究所

联系电话：010-64089578

电子邮箱：yutongoracle@hotmail.com

链接地址：http://tcm.ckcest.cn/（2021年5月上线）

◆ 中医养生数据库

语　　种：中文简体

学科领域：中医预防、卫生学

关 键 词：中医药；养生思想；养生原则；养生方法；体质；疾病

摘　　要：收录中医养生思想、中医养生原则、中医养生方法、体质、疾病等相关知识，包括按摩养生、起居养生、气功养生、情志养生、食物养生、药膳养生、药物养生、娱乐养生、运动养生、针灸养生等多类养生方法，涵盖文献来源、养生作用、适宜节气、适宜人群、适宜体质、适用疾病及证候、适用症状、作用部位、操作方法、使用禁忌、使用频次等，提供养生保健知识服务。

资源类型：数据集

数据格式：文本

更新频率：月度更新

用户权限：授权

责任单位：中国中医科学院中医药信息研究所

联系电话：010-64089578

电子邮箱：yutongoracle@hotmail.com

链接地址：http://tcm.ckcest.cn/（2021年5月上线）

◆ 中医药战略决策知识库

语　　种：中文简体

学科领域：中国医学

关 键 词：中医药；战略决策；政策法规

摘　　要：中医药行业唯一一个对中医药战略决策文献和中医药政策法规进行综合集成的平台，包括中医药在医疗、科研、教育、文化、产业等方面发展情况的专题文献，信息类型涉及期刊、报纸、会议论文等，内容涵盖法律、行政法规、部门规章、领导人讲话等。提供快速、便捷的专题文献、政策法规资料检索、下载等服务，用于辅助政府和企业相关管理部门进行科学决策。

资源类型：数据集
数据格式：文本
更新频率：月度更新
用户权限：授权
起 始 年：1949 年
责任单位：中国中医科学院中医药信息研究所
联系电话：010-64089578
电子邮箱：yutongoracle@hotmail.com
链接地址：http://tcm.ckcest.cn/（2021年 5 月上线）

◆ **中医药国家统计数据库**

语　　种：中文简体
学科领域：卫生调查与统计
关 键 词：中医药；统计数据；统计报告；趋势分析；指标对比

摘　　要：收录全国有关中医药发展的统计数据，包括中医药医疗资源、服务、效率、负担、费用等方面多个指标的统计数据。可提供中医药医疗资源、服务及费用统计报告、相应指标指定年份趋势分析、中医药与医疗卫生指标对比等服务，用于支撑中医药各类研究和政策制定。

资源类型：统计数据
数据格式：数值
更新频率：月度更新
用户权限：授权
责任单位：中国中医科学院中医药信息研究所
联系电话：010-64089578
电子邮箱：yutongoracle@hotmail.com
链接地址：http://tcm.ckcest.cn/（2021年 5 月上线）

◆ **国医典藏知识库**

语　　种：中文简体
学科领域：中医临床学
关 键 词：中医药；古籍；数字化；原图；电子文本；图文关联

摘　　要：为特色应用"国医典藏"的后台数据库，拥有古籍数字资源千余种，包括 600 余种古籍原图和数百种电子文本，并实现了图文关联，总数据量约 26 万条。可面向中医药临床、教育、科研、文化等行业及用户提供以下服务：①中医古籍数字资源研究与服务；②中医古籍数据库与知识库开发；③经典名方、疾病、中药等专题古代文献整理与分析；④中医古籍知识本体构建与知识挖掘分析。

资源类型：数据集

数据格式：其他

更新频率：月度更新

用户权限：授权

责任单位：中国中医科学院中医药信息研究所

联系电话：010-64089578

电子邮箱：yutongoracle@hotmail.com

链接地址：http://tcm.ckcest.cn/（2021年 5 月上线）

◆ 中医药循证数据库

语　　种：中文简体

学科领域：中国医学理论

关 键 词：中医；循证医学；书籍

摘　　要：收录中医循证医学书籍，内容涵盖系统评价、文献质量评价、临床研究、随机对照试验、病例系列研究等，包括所研究的病证、干预措施、对照措施、药物剂型、评价指标、组别例数、证据描述、证据类型、证据质量、来源文献及其出处、文献摘要、作者及其单位等。

资源类型：数据集

数据格式：文本

更新频率：月度更新

用户权限：授权

责任单位：中国中医科学院中医药信息研究所

联系电话：010-64089578

电子邮箱：yutongoracle@hotmail.com

链接地址：http://tcm.ckcest.cn/（2021年 5 月上线）

◆ 中医哮喘诊疗技术数据库

语　　种：中文简体

学科领域：中医临床学

关 键 词：中医药；支气管哮喘；文献；专家经验；临床研究；方药

摘　　要：收录中医药防治支气管哮喘专题数据，包括古今文献、领域专家经验、临床研究、方药，完整覆盖临床知识资源，用于中医药防治支气管哮喘的技术筛选和展示。

资源类型：数据集

数据格式：文本

更新频率：月度更新

用户权限：授权

起 始 年：1949 年

责任单位：中国中医科学院中医药信息研究所

联系电话：010-64089578

电子邮箱：yutongoracle@hotmail.com

链接地址：http://tcm.ckcest.cn/（2021年5月上线）

◆ 中医药指南与规范数据库

语　　种：中文简体

学科领域：中医临床学

关 键 词：中医药；指南；规范

摘　　要：收录中医药领域的指南和规范，内容涵盖国家中医药管理局、中国中西医结合学会、中国中医药信息学会等国家权威机构发布的指南规范。

资源类型：数据集

数据格式：文本

更新频率：月度更新

用户权限：授权

起 始 年：1949 年

责任单位：中国中医科学院中医药信息研究所

联系电话：010-64089578

电子邮箱：yutongoracle@hotmail.com

链接地址：http://tcm.ckcest.cn/（2021年5月上线）

◆ 功能性胃肠病中医临床数据库

语　　种：中文简体

学科领域：中医临床学

关 键 词：脾胃病；功能性胃肠病；临床；知识；文献；专家经验；方药

摘　　要：收录中医脾胃病专科的临床知识、古今文献、领域专家经验、临床、方药，完整覆盖临床知识资源，建立由中医脾胃病专科临床医生共建共享的知识资源，促进领域内理论技术的应用与临床疗效的提升。

资源类型：数据集

数据格式：文本

更新频率：月度更新

用户权限：授权

起 始 年：1949 年

责任单位：中国中医科学院中医药信息研究所

联系电话：010-64089578

电子邮箱：yutongoracle@hotmail.com

链接地址：http://tcm.ckcest.cn/（2021年5月上线）

◆ 中医药诊疗技术数据库

语　　种：中文简体

学科领域：中医临床学

关键词：中医药；诊疗技术；文献；知识体系；信息模型；评价方法；指标体系

摘　　要：收录中医诊疗技术知识库，包括文献数据库、知识体系、信息模型、评价方法及指标体系，基本涵盖中医诊疗技术信息，建立数据加工平台、技术筛选平台、共享服务平台，服务于中医药工作者，着力提升临床技能和医疗水平。

资源类型：数据集

数据格式：文本

更新频率：月度更新

用户权限：授权

起始年：1949 年

责任单位：中国中医科学院中医药信息研究所

联系电话：010-64089578

电子邮箱：yutongoracle@hotmail.com

链接地址：http://tcm.ckcest.cn/（2021 年 5 月上线）

◆ 中医慢性胃炎临床知识库

语　　种：中文简体

学科领域：中医内科

关键词：中医药；慢性胃炎；文献；知识提取

摘　　要：收录中医治疗慢性胃炎文献，提取临床研究、理论研究、实验研究、古代文献研究、专家经验、医案、Meta 分析文献评价与综述、共识与标准、学位论文、护理等知识，促进领域内理论技术应用与临床疗效的提升。

资源类型：数据集

数据格式：文本

更新频率：月度更新

用户权限：授权

责任单位：中国中医科学院中医药信息研究所

联系电话：010-64089578

电子邮箱：yutongoracle@hotmail.com

链接地址：http://tcm.ckcest.cn/（2021 年 5 月上线）

◆ 中医帕金森临床知识库

语　　种：中文简体

学科领域：中医内科

关 键 词：中医药；帕金森；文献；知识

摘 要：全面整合帕金森病相关古代和现代中医药文献及医案知识资源，涵盖多种病名、病因病机、证型诊断、治则治法、方药及针灸导引疗法、预防调护、预后转归、著名医家及其医论等数据，并利用大数据技术提供知识服务，促进领域内理论技术的应用与临床疗效的提升。

资源类型：数据集

数据格式：文本

更新频率：月度更新

用户权限：授权

责任单位：中国中医科学院中医药信息研究所

联系电话：010-64089578

电子邮箱：yutongoracle@hotmail.com

链接地址：http://tcm.ckcest.cn/（2021年5月上线）

◆ 中医皮肤科临床知识库

语 种：中文简体

学科领域：中医皮科

关 键 词：中医药；皮肤科；流派；名医；师承；学术思想；经验；文献

摘 要：系统总结中医皮肤科代表流派的学术思想，并对相关文献进行整理和挖掘。具有如下辅助作用：建立文献库，提供文献检索功能；建立名医知识库，系统梳理朱仁康和赵炳南等中医名家的临证经验、代表性方药等知识；构建知识地图系统，展示名医师承关系以及知识点之间的关联，促进领域内理论技术的应用与临床疗效的提升。

资源类型：数据集

数据格式：文本

更新频率：月度更新

用户权限：授权

责任单位：中国中医科学院中医药信息研究所

联系电话：010-64089578

电子邮箱：yutongoracle@hotmail.com

链接地址：http://tcm.ckcest.cn/（2021年5月上线）

◆ 中医药本体库

语 种：中文简体

学科领域：其他科学技术在医学上的应用

关 键 词：中医药；领域本体；证候；临床；养生；文献

摘 要：收集整理中医药学语言系统的语义网络框架、中医药文献元数据本体、中医证候本体、Herbnet、中医养生本体、中医药学语言系统、中医临床术语系统、中医古籍语言系统、中国中医药学主题词表、中医疾病词表、中医药学名词、中医基础理论术语、国家标准-中医疾病分类与代码等，构建能够覆盖证候、临床、养生、中药、中医文献等的中医药大型领域本体，服务于中医药领域知识组织，提供各种知识服务。

资源类型：数据集

数据格式：文本

更新频率：月度更新

用户权限：授权

责任单位：中国中医科学院中医药信息研究所

联系电话：010-64089578

电子邮箱：yutongoracle@hotmail.com

链接地址：http://tcm.ckcest.cn/（2021年5月上线）

◆ **中医药知识图谱**

语　　种：中文简体

学科领域：其他科学技术在医学上的应用

关　键　词：中医药；知识图谱；概念性知识；养生；临床；方剂；特色疗法

摘　　要：构建中医药知识图谱，覆盖中医药领域概念性知识，实现中医药知识资源的有效整合，从而提供全面、准确、智能的知识服务。中国中医科学院中医药信息研究所拥有中医药学语言系统等大型本体以及大量的文献、数据资源，为构建中医药知识图谱创造了条件。以中医药领域本体为骨架，将中医药领域现有的数据资源融合起来，构成知识图谱，再进一步采用文本知识获取和众包等方法进行扩充。中医药知识图谱是由中医养生知识图谱、中医临床知识图谱、中药知识图谱、方剂知识图谱、中医特色疗法知识图谱等一系列子领域知识图谱（或称知识图谱模块）相互关联所构成的知识体系。知识图谱技术在中医药领域具有广阔的应用前景，有助于研究人员系统梳理中医药知识体系，分析中医药知识之间的联系，厘清学术发展脉络，并能集成中医药知识资源，优化知识检索，支持个性化推荐、知识问答、临床决策支持等多种智能应用。

资源类型：数据集

数据格式：文本

更新频率：月度更新

用户权限：授权

责任单位：中国中医科学院中医药信息研究所

联系电话：010-64089578

电子邮箱：yutongoracle@hotmail.com

链接地址：http://tcm.ckcest.cn/（2021年5月上线）

◆ **中医药智能问答库**

语　　种：中文简体

学科领域：其他科学技术在医学上的应用

关 键 词：中医药；智能问答；语料库；领域知识库；自然语言识别；机器学习；文献；医案

摘　　要：基于中医药海量文献和医案，建立大规模中医药语料库和领域知识库，用于自然语言识别及机器学习，支持中医药智能问答服务功能的实现。

资源类型：数据集

数据格式：文本

更新频率：月度更新

用户权限：授权

责任单位：中国中医科学院中医药信息研究所

联系电话：010-64089578

电子邮箱：yutongoracle@hotmail.com

链接地址：http://tcm.ckcest.cn/（2021年5月上线）

◆ **中医舌诊基本样例数据库**

语　　种：中文简体

学科领域：中医诊断学

关 键 词：中医；舌诊；舌象；照片；文献；诊疗意义

摘　　要：收集整理专著、期刊等学术文献中的以及志愿者的舌诊照片、舌象归类、鉴别要点、诊疗意义，以及学术文献中的对应病证、治则治法、注意事项等，用于临床研究、智能诊断、临床辅助决策。

资源类型：数据集

数据格式：其他

更新频率：年度更新

用户权限：授权

责任单位：中国中医科学院中医药信息研究所

联系电话：010-64089578

电子邮箱：yutongoracle@hotmail.com

链接地址：http://tcm.ckcest.cn/（2021年5月上线）

◆ **中医脉诊基本样例数据集（脱敏）**

语　　种：中文简体

学科领域：中医诊断学

关 键 词：中医；脉诊；文献；志愿者描述；脉象；诊疗意义

摘　　要：数据来源于专著、期刊等学术文献中的以及志愿者的脉诊描述等，包括脉象归类、鉴别要点、诊疗意义，以及学术文献中的对应病证、治则治法、注意事项等，用于临床研究、智能诊断、临床辅助决策。

资源类型：数据集

数据格式：文本

更新频率：年度更新

用户权限：授权

责任单位：中国中医科学院中医药信息研究所

联系电话：010-64089578

电子邮箱：yutongoracle@hotmail.com

链接地址：http://tcm.ckcest.cn/（2021年 5 月上线）

等，包括诊断、鉴别要点、诊疗意义，以及学术文献中的对应病证、治则治法、注意事项等，用于临床研究、智能诊断、临床辅助决策。

资源类型：数据集

数据格式：其他

更新频率：年度更新

用户权限：授权

责任单位：中国中医科学院中医药信息研究所

联系电话：010-64089578

电子邮箱：yutongoracle@hotmail.com

链接地址：http://tcm.ckcest.cn/（2021年 5 月上线）

◆ 中医健康人群基本样例数据集（脱敏）

语　　种：中文简体

学科领域：中医诊断学

关 键 词：中医；健康人群；舌象；脉象；面色；步态；情志；理化指标

摘　　要：采集中医健康人群基本样例，删除隐私信息，保留舌象、脉象、面色、步态、情志状态及可能的理化指标等，建立基本样例数据集，用于中医学术研究和临床研究。

资源类型：数据集

数据格式：其他

◆ 中医面诊基本样例数据集（脱敏）

语　　种：中文简体

学科领域：中医诊断学

关 键 词：中医；面诊；文献；照片；诊疗意义

摘　　要：数据来源于专著、期刊等学术文献中的以及志愿者的面诊照片

更新频率：年度更新

用户权限：授权

责任单位：中国中医科学院中医药信息研究所

联系电话：010-64089578

电子邮箱：yutongoracle@hotmail.com

链接地址：http://tcm.ckcest.cn/（2021年5月上线）

◆ 中医临床病例基本样例数据集（脱敏）

语　　种：中文简体

学科领域：中医临床学

关 键 词：中医；临床病例；四诊；诊治；依据；转归

摘　　要：采集中医临床病例，包括四诊信息、辨病辩证、治疗思路、所用方剂、调方及依据、疾病转归等，建立基本样例数据集，用于中医学术研究和临床研究。

资源类型：数据集

数据格式：文本

更新频率：年度更新

用户权限：授权

责任单位：中国中医科学院中医药信息研究所

联系电话：010-64089578

电子邮箱：yutongoracle@hotmail.com

链接地址：http://tcm.ckcest.cn/（2021年5月上线）

◆ 中医药视频资源库

语　　种：中文简体

学科领域：中国医学

关 键 词：中医药；视频；养生功法；专家讲座；学术论坛；诊疗操作；领域科普；学习资源；重要资讯

摘　　要：收录协建单位自建、网络公开以及专家和志愿者拍摄的中医药方面的视频资源，包括养生功法、专家讲座、学术论坛、诊疗操作、领域科普、学习资源、重要资讯等，用于中医教学研讨和知识普及。

资源类型：视频

数据格式：视频

更新频率：年度更新

用户权限：授权

责任单位：中国中医科学院中医药信息研究所

联系电话：010-64089578

电子邮箱：yutongoracle@hotmail.com

链接地址：http://tcm.ckcest.cn/（2021年5月上线）

◆ 中医药古籍文献

语　　种：中文简体
学科领域：中医临床学
关 键 词：中医药；古籍；数字化；结构化
摘　　要：基于协建单位馆藏的大量古籍珍本善本和扫描图片，通过录入审校生成准确的数字化文字版本，进一步分段进行结构化存储，构建中医药古籍文献数据库。下一步拟对160余部中医古籍进行处理建库，提供在线古籍文献检索服务。
资源类型：数据集
数据格式：文本
更新频率：月度更新
用户权限：授权
责任单位：中国中医科学院中医药信息研究所
联系电话：010-64089578
电子邮箱：yutongoracle@hotmail.com
链接地址：http://tcm.ckcest.cn/（2021年5月上线）

◆ 中医药国际交流合作数据库

语　　种：中文简体
学科领域：中国医学
关 键 词：中医药；海外；立法；医保；合作
摘　　要：为特色应用"中医药国际交流合作平台"的后台数据库，主要收录中医药在海外立法、纳入医保的情况，以及中医药在海外开展医、教、研、产合作的相关信息。在"一带一路"倡议背景下，积极推动中医药全球化发展，使国内的研究专家及时掌握全球在中医药研究方面的进展，为中医药相关产品的药理毒理、临床评价、产品注册、质量控制、生产工艺等标准规范的建立提供基础。
资源类型：数据集
数据格式：文本
更新频率：月度更新
用户权限：授权
责任单位：中国中医科学院中医药信息研究所
联系电话：010-64089578
电子邮箱：yutongoracle@hotmail.com
链接地址：http://tcm.ckcest.cn/（2021年5月上线）

◆ 中医医案数据库

语　　种：中文简体

学科领域：医案、医话（临床经验）

关 键 词：中医药；医案；标准化词表

摘　　要：为特色应用"古今医案云平台"的后台数据库，拥有 30 余万古今医案库并实时更新，标准化词表优化更新，5 万专业术语支撑，支持人工智能语音录入。根据临床实际需求分为九大分析模块，可进行多终端联机分析管理，支持平台海量医案与个人医案协同，四气、五味、归经、功效分析，以及全方位中药属性分析。

资源类型：数据集

数据格式：文本

更新频率：月度更新

用户权限：授权

责任单位：中国中医科学院中医药信息研究所

联系电话：010-64089578

电子邮箱：yutongoracle@hotmail.com

链接地址：http://tcm.ckcest.cn/（2021年 5 月上线）

◆ 中医临床大数据仓储库

语　　种：中文简体

学科领域：中医临床学

关 键 词：中医药；临床文献；病历；知识抽取

摘　　要：为特色应用"中医临床大数据挖掘平台"的后台数据库，基于海量文献和病历的知识抽取建立中医临床数据仓库。基于数据仓库，集成多种经典数据分析、数据挖掘算法，提供专科专病知识挖掘服务，满足中医临床研究分析需求。

资源类型：数据集

数据格式：文本

更新频率：月度更新

用户权限：授权

责任单位：中国中医科学院中医药信息研究所

联系电话：010-64089578

电子邮箱：yutongoracle@hotmail.com

链接地址：http://tcm.ckcest.cn/（2021年 5 月上线）

◆ 中医临床智能辅助决策系统后台知识库

语　　种：中文简体

学科领域：中医临床学

关 键 词：中医药；临床；名老中医；医案；经验；指南；养生方法；适宜技术

摘　　要：为特色应用"中医临床智能辅助决策系统"的后台知识库，集成临床指南、名医经验、养生方法、适宜技术等中医临床知识资源，以1万多例名老中医典型案例为基础，构建中医名家典型案例库。以临床知识库为基础，采用人工智能技术，根据医学专家提供的知识和经验进行推理和判断，模拟这些专家的决策过程，实现智能问诊、处方优化等智能辅助决策服务。

资源类型：数据集

数据格式：文本

更新频率：月度更新

用户权限：授权

责任单位：中国中医科学院中医药信息研究所

联系电话：010-64089578

电子邮箱：yutongoracle@hotmail.com

链接地址：http://tcm.ckcest.cn/（2021年5月上线）

中草药

◆ 中医药标准

语　　种：中文简体
学科领域：中国医学
关 键 词：标准；国家标准；中医
摘　　要：收录国家颁布的中医领域相关标准文档。主要采集自国家标准全文公开系统，目前包括《中医病证分类与代码》《中医临床诊疗术语 治法部分》等，是服务于中草药专业知识服务系统的词典系统。
资源类型：标准
数据格式：文本
更新频率：不定期更新
用户权限：公开
起 始 年：2018 年
责任单位：中国工程科技知识中心中草药分中心
联系电话：0571-87953778
电子邮箱：ckcest6@zju.edu.cn
链接地址：http://zcy.ckcest.cn/tcm/dic/sr

◆ 单味药

语　　种：中文简体
学科领域：中国医学
关 键 词：中药；功效；中医

摘　　要：记录中药相关的各个字段信息，包括单味药相关的名称、别名、拉丁名、功效等。中草药专业知识服务系统提供关键词搜索服务。
资源类型：数据集
数据格式：文本
更新频率：不定期更新
用户权限：公开
起 始 年：2012 年
责任单位：中国工程科技知识中心中草药分中心
联系电话：0571-87953778
电子邮箱：ckcest6@zju.edu.cn
链接地址：http://zcy.ckcest.cn/tcm/gatherinfo

◆ 方剂

语　　种：中文简体
学科领域：中国医学
关 键 词：方剂；功效；中医
摘　　要：主要采集自《方剂大辞典》，包括组成、用法、主治功效、出处等。中草药专业知识服务系统提供关键词搜索服务。
资源类型：数据集
数据格式：文本
更新频率：不定期更新
用户权限：公开

起 始 年：2012 年

责任单位：中国工程科技知识中心中草药分中心

联系电话：0571-87953778

电子邮箱：ckcest6@zju.edu.cn

链接地址：http://zcy.ckcest.cn/tcm/gatherinfo

◆ **基源**

语　　种：中文简体

学科领域：中国医学

关 键 词：植物；矿物；动物

摘　　要：中药采收的来源，包括动物、植物、矿物三类。中草药专业知识服务系统提供关键词搜索服务。

资源类型：数据集

数据格式：文本

更新频率：不定期更新

用户权限：公开

起 始 年：2015 年

责任单位：中国工程科技知识中心中草药分中心

联系电话：0571-87953778

电子邮箱：ckcest6@zju.edu.cn

链接地址：http://zcy.ckcest.cn/tcm/gatherinfo

◆ **疾病**

语　　种：中文简体

学科领域：中国医学

关 键 词：疾病；中医；治疗

摘　　要：收录疾病的名称、定义、治疗等。中草药专业知识服务系统提供关键词搜索服务。

资源类型：数据集

数据格式：文本

更新频率：不定期更新

用户权限：公开

起 始 年：2012 年

责任单位：中国工程科技知识中心中草药分中心

联系电话：0571-87953778

电子邮箱：ckcest6@zju.edu.cn

链接地址：http://zcy.ckcest.cn/tcm/gatherinfo

◆ **中医药视频**

语　　种：中文简体
学科领域：中医医学
关 键 词：中医；学科；视频
摘　　要：收录中医学科相关的中医科普和教学视频，数据来源于各大视频网站和超新专业平台，主要为用户提供学科知识科普在线教学服务。
资源类型：视频
数据格式：视频
更新频率：不定期更新
用户权限：公开
起 始 年：2018 年
责任单位：中国工程科技知识中心中草药分中心
联系电话：0571-87953778
电子邮箱：ckcest6@zju.edu.cn
链接地址：http://zcy.ckcest.cn/tcm/nav/subject/videoList

◆ **养生类文献数据集**

语　　种：中文简体
学科领域：中医医学
关 键 词：养生；健康；中医
摘　　要：汇聚养生类文献和资讯的

数据集合，利用数据挖掘和分析技术，提供基于中草药领域的养生系统知识服务。
资源类型：新闻资讯
数据格式：文本
更新频率：不定期更新
用户权限：公开
起 始 年：2017 年
责任单位：中国工程科技知识中心中草药分中心
联系电话：0571-87953778
电子邮箱：ckcest6@zju.edu.cn
链接地址：http://zcy.ckcest.cn/tcm/nav/health

◆ **证候**

语　　种：中文简体
学科领域：中医医学
关 键 词：证候；疾病；中药
摘　　要："证候"是中医学的专用术语，概括为一系列有相互关联的症状总称；即通过望、闻、问、切四诊所获知的疾病过程中表现在整体层次上的机体反应状态及其运动、变化，简称证或者候。证候数据集包括证候名称、简介、临床表现等。中草药专业知识服务系统提供关键词搜索服务。

资源类型：数据集
数据格式：文本
更新频率：不定期更新
用户权限：公开
起 始 年：2015 年
责任单位：中国工程科技知识中心中草药分中心
联系电话：0571-87953778
电子邮箱：ckcest6@zju.edu.cn
链接地址：http://zcy.ckcest.cn/tcm/gatherinfo

◆ **中草药图像数据**

语　　种：其他
学科领域：中医医学
关 键 词：植物；图像；药物
摘　　要：收录药物和植物的图像数据，采集自图书、互联网或者实地拍摄，提供系统图像服务。
资源类型：图片
数据格式：图形图像
更新频率：不定期更新
用户权限：公开
起 始 年：2014 年
责任单位：中国工程科技知识中心中草药分中心
联系电话：0571-87953778
电子邮箱：ckcest6@zju.edu.cn

链接地址：http://zcy.ckcest.cn/medImageSearch/

◆ **中药别名对数据**

语　　种：中文简体
学科领域：中医医学
关 键 词：别名；中药；标准名
摘　　要：从古至今，各个地方和朝代对同一种中药有不同的称呼，因此在其使用过程中会存在歧义信息。中药别名记录中药相关的别名和标准名信息。
资源类型：数据集
数据格式：文本
更新频率：不定期更新
用户权限：公开
起 始 年：2018 年
责任单位：中国工程科技知识中心中草药分中心
联系电话：0571-87953778
电子邮箱：ckcest6@zju.edu.cn
链接地址：http://zcy.ckcest.cn/tcm/alias

◆ 中药鉴别

语　　种：中文简体
学科领域：中医医学
关 键 词：中药；鉴别信息；药材
摘　　要：收录中药的详细信息，包括中药基本信息、性状、显微、理化、成分等。数据来源于权威的中药书籍，主要服务于中药鉴别子系统。
资源类型：数据集
数据格式：文本
更新频率：不定期更新
用户权限：公开
起 始 年：2013 年
责任单位：中国工程科技知识中心中草药分中心
联系电话：0571-87953778
电子邮箱：ckcest6@zju.edu.cn
链接地址：http://zcy.ckcest.cn/tcm/identification/home

◆ 中医相关古籍

语　　种：中文简体
学科领域：中医医学
关 键 词：经典；古籍；中医
摘　　要：收录医经、本草、方论、

伤寒、金匮等书籍，采集自互联网，在"医生助手"中提供阅读服务。
资源类型：图书
数据格式：文本
更新频率：不定期更新
用户权限：公开
起 始 年：2014 年
责任单位：中国工程科技知识中心中草药分中心
联系电话：0571-87953778
电子邮箱：ckcest6@zju.edu.cn
链接地址：http://zcy.ckcest.cn/DocAssist/learning/read

◆ 中医药机构

语　　种：中文简体
学科领域：中医医学
关 键 词：科研机构；高校；医院；企业
摘　　要：收录医院、研究所、科研机构等，方便中医药相关人士查找中医药相关机构。
资源类型：科技机构
数据格式：文本
更新频率：不定期更新
用户权限：公开
起 始 年：2014 年
责任单位：中国工程科技知识中心中

草药分中心

联系电话：0571-87953778

电子邮箱：ckcest6@zju.edu.cn

链接地址：http://zcy.ckcest.cn/tcm/if

◆ **中医药科研项目**

语　　种：中文简体

学科领域：中医医学

关 键 词：科研项目；国家自然科学基金；中医

摘　　要：主要采集自国家自然科学基金，数据字段包括项目名称、类别、负责人、机构、金额、摘要等，供用户进行中医药领域科研项目信息的查询。

资源类型：科研项目

数据格式：文本

更新频率：不定期更新

用户权限：公开

起 始 年：2016 年

责任单位：中国工程科技知识中心中草药分中心

联系电话：0571-87953778

电子邮箱：ckcest6@zju.edu.cn

链接地址：http://zcy.ckcest.cn/tcm/if

◆ **中医药问答对数据**

语　　种：中文简体

学科领域：中医医学

关 键 词：问答；中医；治病

摘　　要：收录有关健康的问题和对应的回答，所有数据均可用于系统问答展示，是自动问答系统的训练数据集。

资源类型：数据集

数据格式：文本

更新频率：不定期更新

用户权限：公开

起 始 年：2014 年

责任单位：中国工程科技知识中心中草药分中心

联系电话：0571-87953778

电子邮箱：ckcest6@zju.edu.cn

链接地址：http://zcy.ckcest.cn/tcm/qaos/home

◆ 中医医案

语　　种：中文简体
学科领域：中医医学
关 键 词：医案；中医；疾病
摘　　要：医案是医生治疗疾病时辨证、立法、处方用药的连续记录。主要来源为网络和权威的医案书籍。
资源类型：其他
数据格式：文本
更新频率：不定期更新

用户权限：授权
起 始 年：2014 年
责任单位：中国工程科技知识中心中草药分中心
联系电话：0571-87953778
电子邮箱：ckcest6@zju.edu.cn
链接地址：http://zcy.ckcest.cn/MedicalRecord/search

营养健康

◆ 营养健康领域标准

语　　种：中文简体

学科领域：食品工业；食品监测；食物污染及其防治；营养卫生、食品卫生；儿童、少年卫生；饮食疗法、临床营养学；营养缺乏症

关 键 词：标准规范；营养健康

摘　　要：筛选并整合食品与营养健康相关领域的国内外标准信息，涉及国家标准、行业标准等类型，包括标准名称、标准号、发布机构、法律状态、发布日期、实施日期等，提供标准原文服务。

资源类型：标准

数据格式：文本

更新频率：季度更新

用户权限：公开

起 始 年：1970 年

责任单位：中粮营养健康研究院有限公司

联系电话：010-56989790

电子邮箱：hehongyou@cofco.com

链接地址：http://nh.ckcest.cn/default/page/loadPageIndex?pageId=965a2cb3f77d4a6a93e30f55f81e32c3&dbid=999013&keywords=

◆ 营养健康行业研究报告

语　　种：中文简体

学科领域：食品工业

关 键 词：营养健康；食品；行业研究报告；消费趋势研究报告

摘　　要：系统收集并整合国外权威机构、咨询公司、行业协会等发布的与营养健康主题相关的行业研究报告、投资分析报告、消费趋势报告等。提供发布机构、发布日期、报告摘要、报告内容缩略图等关键信息，方便用户检索和在线阅览报告内容。

资源类型：科技（咨询、行业）报告

数据格式：文本

更新频率：不定期更新

用户权限：授权

起 始 年：2015 年

责任单位：中粮营养健康研究院有限公司

联系电话：010-56989790

电子邮箱：hehongyou@cofco.com

链接地址：http://nh.ckcest.cn/default/page/loadPageIndex?pageId=965a2cb3f77d4a6a93e30f55f81e32c3&dbid=999010&keywords=

◆ 居民营养健康调查统计数据

语　　种：中文简体

学科领域：营养卫生、食品卫生

关 键 词：营养健康；调查统计；统计数据

摘　　要：收录中国居民的营养状况、健康生活习惯、食品消费情况等调查数据，并按照性别、年龄段、城乡等对调查数据进行分别统计。为方便用户使用，汇总调查数据形成不同主题的居民营养健康调查报告。

资源类型：统计数据

数据格式：其他

更新频率：年度更新

用户权限：公开

起 始 年：1980 年

责任单位：中粮营养健康研究院有限公司

联系电话：010-56989790

电子邮箱：hehongyou@cofco.com

链接地址：http://nh.ckcest.cn/default/page/loadPageIndex?pageId=59f94c79a8984910acbc793d4b4f9bc2&index=28

◆ 居民营养素参考摄入量数据库

语　　种：中文简体

学科领域：营养卫生、食品卫生

关 键 词：居民营养素参考摄入量；DRIs

摘　　要：居民膳食营养素参考摄入量（DRIs）被广泛应用于居民群体或个体的膳食营养评价与膳食指导，以及营养食品的研发和评价。系统整合中国、日本、新加坡、欧盟等国家（地区）的居民营养素参考摄入量数据。

资源类型：其他

数据格式：数值

更新频率：年度更新

用户权限：授权

责任单位：中粮营养健康研究院有限公司

联系电话：010-56989790

电子邮箱：hehongyou@cofco.com

链接地址：http://nh.ckcest.cn/default/page/loadPageIndex?pageId=40a8e21962e945a9b8b94e9729b32aee

◆ 营养健康领域科技报告

语　种：英文

学科领域：食品工业；食品监测；食物污染及其防治；营养卫生、食品卫生；儿童、少年卫生；饮食疗法、临床营养学；营养缺乏症

关 键 词：营养健康；食品；科技报告

摘　要：筛选世界卫生组织、美国国立卫生研究院、美国国家职业安全与卫生研究院等权威机构发布的与食品与营养健康领域相关的科研项目报告。

资源类型：科技（咨询、行业）报告

数据格式：文本

更新频率：不定期更新

用户权限：授权

起 始 年：2006 年

责任单位：中粮营养健康研究院有限公司

联系电话：010-56989790

电子邮箱：hehongyou@cofco.com

链接地址：http://nh.ckcest.cn/default/page/loadPageIndex?pageId=965a2cb3f77d4a6a93e30f55f81e32c3&dbid=999006&keywords=

◆ 营养健康领域科技成果

语　种：中文简体

学科领域：食品工业；食品监测；食物污染及其防治；营养卫生、食品卫生；儿童、少年卫生；饮食疗法、临床营养学；营养缺乏症

关 键 词：营养健康；食品；科技成果

摘　要：收集并整合科学技术部、国家卫生健康委员会、农业农村部、中国疾病预防控制中心等发布的科技成果信息。包括成果名称、完成人、完成单位、评价日期、简要技术说明等。

资源类型：科技成果

数据格式：文本

更新频率：季度更新

用户权限：公开

起 始 年：2015 年

责任单位：中粮营养健康研究院有限公司

联系电话：010-56989790

电子邮箱：hehongyou@cofco.com

链接地址：http://nh.ckcest.cn/default/page/loadPageIndex?pageId=965a2cb3f77d4a6a93e30f55f81e32c3&dbid=999005&keywords=

◆ 营养健康领域科技项目

语　　种：中文简体

学科领域：食品工业；食品监测；食物污染及其防治；营养卫生、食品卫生；儿童、少年卫生；饮食疗法、临床营养学；营养缺乏症

关　键　词：科技项目；营养健康；食品

摘　　要：收集整理国家自然科学基金、国家社会科学基金、国家重点研发计划等中与营养健康领域相关的项目信息。包括项目名称、项目类别、项目负责人、负责人职称、依托单位、起始日期、摘要等。

资源类型：科研项目

数据格式：文本

更新频率：不定期更新

用户权限：公开

起　始　年：2009 年

责任单位：中粮营养健康研究院有限公司

联系电话：010-56989790

电子邮箱：hehongyou@cofco.com

链接地址：http://nh.ckcest.cn/default/page/loadPageIndex?pageId=965a2cb3f77d4a6a93e30f55f81e32c3&dbid=999014&keywords=

◆ 营养健康领域专家

语　　种：中文简体

学科领域：食品工业、营养学、食品卫生

关　键　词：专家；学者；营养健康；食品

摘　　要：系统整理营养健康领域研究机构及学/协会组织的专家信息，包括专家姓名、职称、工作单位、研究方向、专家简介、研究成果、学术成就等。

资源类型：专家学者

数据格式：文本

更新频率：季度更新

用户权限：公开

责任单位：中粮营养健康研究院有限公司

联系电话：010-56989790

电子邮箱：hehongyou@cofco.com

链接地址：http://nh.ckcest.cn/default/page/loadPageIndex?pageId=965a2cb3f77d4a6a93e30f55f81e32c3&dbid=999004&keywords=

◆ 全球营养健康统计数据

语　　种：英文
学科领域：营养卫生、食品卫生
关 键 词：营养健康；全球；统计数据
摘　　要：提供由世界卫生组织、联合国儿童基金会、世界银行等汇总和发布的全球各国居民营养健康统计数据，涉及死亡率、营养状况、慢性病发病情况等，包括不同性别、城乡地区的分类统计数据。
资源类型：统计数据
数据格式：数值
更新频率：年度更新
用户权限：公开
起 始 年：1980 年
责任单位：中粮营养健康研究院有限公司
联系电话：010-56989790
电子邮箱：hehongyou@cofco.com
链接地址：http://nh.ckcest.cn/default/page/loadPageIndex?pageId=59f94c79a8984910acbc793d4b4f9bc2&index=28

◆ 血糖生成指数

语　　种：中文简体

关 键 词：食物升糖指数；血糖生成指数（GI）；食品
摘　　要：血糖生成指数是食物的一种生理学参数，是衡量食物引起餐后血糖反应的一项有效指标，它表示含 50 克有价值的碳水化合物的食物和相当量的葡萄糖或白面包在一定时间内（一般为 2 小时）体内血糖应答水平的百分比值。一般认为，当血糖生成指数在 55 以下时，该食物为低 GI 食物；当血糖生成指数在 55～75 时，该食物为中等 GI 食物；当血糖生成指数在 75 以上时，该食物为高 GI 食物。但食物的血糖生成指数受多方面因素的影响，如食物中碳水化合物的类型、结构、食物的化学成分和含量，以及食物的物理状况和加工制作过程等。高 GI 食物，进入胃肠后消化快、吸收率高，葡萄糖释放快，葡萄糖进入血液后峰值高；低 GI 食物在胃肠中停留时间长，吸收率低，葡萄糖释放缓慢，葡萄糖进入血液后的峰值低，下降速度慢。食物血糖生成指数可用于糖尿病患者、高血压患者和肥胖者的膳食管理，也可用于运动员的膳食管理。
资源类型：其他
数据格式：数值
更新频率：不定期更新
用户权限：公开
责任单位：中粮营养健康研究院有限公司
联系电话：010-56989790
电子邮箱：hehongyou@cofco.com
链接地址：http://nh.ckcest.cn/default/

page/loadPageIndex?pageId=b7e51cb32
2014c62ac233d3178c9ccf8&rid=88023
2fb-8043-11e9-8660-005056b919ed

◆ 食品安全风险监测数据库

语　　种：中文简体
学科领域：食品原料、加工、包装、
标准与检验；食品监测
关 键 词：食品安全；风险监测；抽
检；进出口检测
摘　　要：整合国内外政府监管机构
发布的食品安全检测结果通报数据，
帮助企业和社会公众及时监测与了解
食品安全动向。包括产品名称、生产
商、检测指标、检测结果、检测日
期、检测机构等。
资源类型：其他
数据格式：文本
更新频率：月度更新
用户权限：公开
起 始 年：2018 年
责任单位：中粮营养健康研究院有限
公司
联系电话：010-56989790
电子邮箱：hehongyou@cofco.com
链接地址：http://nh.ckcest.cn/

◆ 食品保健品企业数据

语　　种：中文简体
关 键 词：食品；保健品；生产企
业；品牌
摘　　要：整合国家许可或登记的食
品生产企业、进出口食品企业、保健
食品生产企业等企业类数据，帮助用
户查询和了解相关企业信息。同时，
收集和整合保健食品品牌信息，构建
食品企业与品牌之间的关联关系。
资源类型：其他
数据格式：文本
更新频率：季度更新
用户权限：公开
起 始 年：2010 年
责任单位：中粮营养健康研究院有限
公司
联系电话：010-56989790
电子邮箱：hehongyou@cofco.com
链接地址：http://nh.ckcest.cn/

◆ 食品添加剂数据

语　　种：中文简体

关 键 词：食品添加剂；食品；使用限量

摘　　要：食品添加剂是指为改善食品品质和色、香、味，以及防腐和加工工艺的需要而加入食品中的化学合成或天然物质。由于食品工业的快速发展，食品添加剂已成为现代食品工业的重要组成部分，是食品工业技术进步和科技创新的重要推动力。以《食品安全国家标准食品添加剂使用标准》（GB2760—2014）为依据，汇总允许使用的食品添加剂的名称、功能分类、使用限量等信息，方便用户查询。

资源类型：其他

数据格式：其他

更新频率：不定期更新

用户权限：公开

责任单位：中粮营养健康研究院有限公司

联系电话：010-56989790

电子邮箱：hehongyou@cofco.com

链接地址：http://nh.ckcest.cn/2760/index.php

◆ 食物营养成分数据库

语　　种：中文简体

学科领域：营养卫生、食品卫生

关 键 词：食物营养成分；食材；营养素

摘　　要：系统收集和整合食物营养成分数据，可为预防医学领域科学研究、流行病学调查、科普宣传等提供参考，也可为食品工业、营养健康产业进行食品生产与加工，改进国民食物结构提供依据。

资源类型：数据集

数据格式：数值

更新频率：不定期更新

用户权限：公开

责任单位：中粮营养健康研究院有限公司

联系电话：010-56989790

电子邮箱：hehongyou@cofco.com

链接地址：http://nh.ckcest.cn/default/page/loadPageIndex?pageId=b10587b1125f484e91e57277f8c76db8

◆ 特殊膳食用食品营养素信息

语　　种：中文简体

关 键 词：特殊膳食；食品营养素；使用规范

摘　　要：特殊膳食用食品是为满足特殊的身体或生理状况，以及疾病、紊乱等状态下的特殊膳食需求，专门加工或配方的食品。特殊膳食用食品营养素信息便捷查询工具，可方便查询不同细分类别的特膳食品营养成分要求。

资源类型：数据集

数据格式：文本

更新频率：不定期更新

用户权限：公开

责任单位：中粮营养健康研究院有限公司

联系电话：010-56989790

电子邮箱：hehongyou@cofco.com

链接地址：http://nh.ckcest.cn/default/page/loadPageIndex?pageId=b25bee70b6f54122906a382a0540d364

◆ 营养健康产业统计数据

语　　种：中文简体

关 键 词：营养健康产业；食品；统计数据

摘　　要：跟踪并整合国家权威统计机构、行业协会和行业信息中心发布的与营养健康、粮油食品领域相关的产业经济及进出口贸易数据，方便用户了解行业发展概况。

资源类型：统计数据

数据格式：数值

更新频率：年度更新

用户权限：公开

起 始 年：2010 年

责任单位：中粮营养健康研究院有限公司

联系电话：010-56989790

电子邮箱：hehongyou@cofco.com

链接地址：http://nh.ckcest.cn/default/page/loadPageIndex?pageId=3ceeda44f3e34fde89426b3053e86b23&dataType=34

◆ 营养健康共识与指南

语　　种：中文简体

学科领域：营养卫生、食品卫生

关 键 词：营养健康；专家共识；膳食指南

摘　　要：整合营养健康领域的科学共识与膳食营养指南相关资料，基于科学证据和专家共识为用户提供膳食营养指导建议。

资源类型：其他

数据格式：文本

更新频率：季度更新

用户权限：公开

起 始 年：2000 年

责任单位：中粮营养健康研究院有限公司

联系电话：010-56989790

电子邮箱：hehongyou@cofco.com

链接地址：http://nh.ckcest.cn/

◆ 营养健康科普知识库

语　　种：中文简体

学科领域：营养卫生、食品卫生

关 键 词：营养健康；食品；科普；科学辟谣

摘　　要：筛选并整合与营养健康知识普及相关的百科、视频、图片、文章等形式多样、内容丰富的资料。重点打造营养健康大讲堂、儿童健康课堂、膳食指南、科学辟谣等细分板块，方便用户及时查找感兴趣的科普内容。

资源类型：其他

数据格式：其他

更新频率：月度更新

用户权限：公开

起 始 年：2010 年

责任单位：中粮营养健康研究院有限公司

联系电话：010-56989790

电子邮箱：hehongyou@cofco.com

链接地址：http://nh.ckcest.cn/default/page/loadPageIndex?pageId=da61070d2d9e4913b97ec9e30d10989a

◆ 营养健康声称数据库

语　　种：中文简体

关 键 词：营养健康；健康宣称；食品；保健食品

摘　　要：系统梳理国内外食品营养标签标示和营养健康声称要求，并进行规范化加工和处理，帮助食品保健品企业开展产品合规宣传，同时帮助消费者理性对待商家虚假宣传和过度宣传，以更好地了解与选购食品。

资源类型：数据集

数据格式：文本

更新频率：不定期更新

用户权限：公开

责任单位：中粮营养健康研究院有限公司

联系电话：010-56989790

电子邮箱：hehongyou@cofco.com

链接地址：http://nh.ckcest.cn/default/page/loadPageIndex?pageId=cc4d4c6866a74cd681db018e8e9df07f

◆ 营养健康调查实证数据库

语　　种：中文简体

关 键 词：营养健康；调查实证；居民；特殊人群

摘　　要：收集并整合国内外专业机构及专家学者在营养健康领域的专项调查报告和研究资料。通过营养健康普查、特定群体专项调查和区域调查等形式采集营养健康基础信息，为开展国内外人群营养健康实证研究提供基础性素材。

资源类型：其他

数据格式：文本

更新频率：季度更新

用户权限：公开

起 始 年：1980 年

责任单位：中粮营养健康研究院有限公司

联系电话：010-56989790

电子邮箱：hehongyou@cofco.com

链接地址：http://nh.ckcest.cn/default/page/loadPageIndex?pageId=965a2cb3f77d4a6a93e30f55f81e32c3&dbid=999011&keywords=

◆ 营养健康政策法规

语　　种：中文简体

学科领域：食品工业；食品监测；食物污染及其防治；营养卫生、食品卫生；儿童、少年卫生；饮食疗法、临床营养学；营养缺乏症

关 键 词：政策；法规；营养健康；食品

摘　　要：系统整合国内外营养健康相关领域的中长期规划、产业发展指南、政府指导意见、法律法规、规范性文件等，方便用户及时查询和了解营养健康产业的政策法规环境。包括文件名称、类型、文号、发布日期、发布机构、正文、全文附件等。

资源类型：产业政策

数据格式：文本

更新频率：季度更新

用户权限：公开

起 始 年：1990 年

责任单位：中粮营养健康研究院有限公司

联系电话：010-56989790

电子邮箱：hehongyou@cofco.com

链接地址：http://nh.ckcest.cn/default/page/loadPageIndex?pageId=a8d776abb3484e709f0256e44a722aa8

◆ 功能性食品原料

语　　种：中文简体

关 键 词：食品原料；食材；原料

摘　　要：收录功能性食品原料的中文名称、英文名称、拉丁文名称、功能研究进展、安全性、目标人群以及法规现状、研究证据等。方便食品研发人员、科研工作者等查找到所需内容。

资源类型：其他

数据格式：文本

更新频率：不定期更新

用户权限：公开

责任单位：中粮营养健康研究院有限公司

联系电话：010-56989790

电子邮箱：hehongyou@cofco.com

链接地址：http://nh.ckcest.cn/default/page/loadPageIndex?pageId=c6bb0743c3b84167981fb548e715e182

◆ 功效成分数据库

语　　种：中文简体

关 键 词：功效成分；功能性成分；食品原料

摘　　要：功效成分数据库是功能性食品原料数据库的衍生模块，包含功能性食品原料的成分信息。使用者可以查找到目标成分的中文名称、拉丁文名称、结构式、相关文献等。可为食品研发人员、科研工作者等提供便利。

资源类型：其他

数据格式：文本

更新频率：不定期更新

用户权限：公开

责任单位：中粮营养健康研究院有限公司

联系电话：010-56989790

电子邮箱：hehongyou@cofco.com

链接地址：http://nh.ckcest.cn/default/page/loadPageIndex?pageId=c6bb0743c3b84167981fb548e715e182

基础科学 ◆◇

气象

◆ 大气科学专业术语

语　　种：其他
学科领域：大气科学（气象学）
关 键 词：大气科学；术语；气象
摘　　要：收录大气科学领域名词的解释、专业术语。
资源类型：其他
数据格式：文本
更新频率：不定期更新
用户权限：公开
起 始 年：1981 年
责任单位：国家气象信息中心
联系电话：010-68407499
电子邮箱：data_service@cma.gov.cn
链接地址：http://meteor.ckcest.cn/mekb/?r=site/indexresearch

◆ 气象百科库

语　　种：中文简体
学科领域：大气科学（气象学）
关 键 词：气象；百科；大气
摘　　要：收录气象领域各类概念、名词解释，包括发展历程、相关技术等。
资源类型：百科

数据格式：文本
更新频率：不定期更新
用户权限：公开
起 始 年：2018 年
责任单位：国家气象信息中心
联系电话：010-68407499
电子邮箱：data_service@cma.gov.cn
链接地址：http://meteor.ckcest.cn/mekb/?r=site/indexresearch

◆ 气象标准规范库

语　　种：中文简体
学科领域：大气科学（气象学）
关 键 词：气象；标准；规范
摘　　要：收录气象领域的现行国家标准、行业标准、地方标准的相关信息。
资源类型：标准
数据格式：文本
更新频率：季度更新
用户权限：公开
起 始 年：1995 年
责任单位：国家气象信息中心
联系电话：010-68407499
电子邮箱：data_service@cma.gov.cn
链接地址：http://meteor.ckcest.cn/mekb/?r=site/isr&type=standard

◆ 气象法律法规

语　　种：中文简体
学科领域：大气科学（气象学）
关 键 词：气象；法律；规范
摘　　要：收录各级气象机构颁布的
气象政策、法律法规。
资源类型：产业政策
数据格式：文本
更新频率：年度更新
用户权限：公开
起 始 年：1994 年
责任单位：国家气象信息中心
联系电话：010-68407499
电子邮箱：data_service@cma.gov.cn
链接地址：http://meteor.ckcest.cn/mekb/
?r=site/isr&type=law

◆ 气象科研机构数据集

语　　种：中文简体
学科领域：大气科学（气象学）

关 键 词：气象；科研；机构
摘　　要：收录国内外气象科学研究
机构、高校、气象领域的学/协会等组
织机构。
资源类型：科技机构
数据格式：文本
更新频率：不定期更新
用户权限：公开
起 始 年：2018 年
责任单位：国家气象信息中心
联系电话：010-68407499
电子邮箱：data_service@cma.gov.cn
链接地址：http://meteor.ckcest.cn/mekb/
?r=site/indexresearch

◆ 气象期刊

语　　种：其他
学科领域：大气科学（气象学）
关 键 词：气象；期刊；杂志
摘　　要：收录气象领域主要期刊基
本信息。
资源类型：期刊
数据格式：文本
更新频率：年度更新
用户权限：公开
起 始 年：2018 年
责任单位：国家气象信息中心
联系电话：010-68407499

电子邮箱：data_service@cma.gov.cn

链接地址：http://meteor.ckcest.cn/mekb/?r=site/indexresearch

◆ 气象院士专家库

语　　种：中文简体

学科领域：大气科学（气象学）

关 键 词：气象；院士；专家学者

摘　　要：收录气象领域院士、气象领域相关人才计划入选专家等的基本信息。

资源类型：专家学者

数据格式：文本

更新频率：不定期更新

用户权限：公开

起 始 年：2018 年

责任单位：国家气象信息中心

联系电话：010-68407499

电子邮箱：data_service@cma.gov.cn

链接地址：http://meteor.ckcest.cn/mekb/?r=site/indexresearch

◆ 青藏高原综合科学考察气象基础数据集

语　　种：中文简体

学科领域：大气科学（气象学）

关 键 词：北半球；地面-600 米；青藏高原

摘　　要：收录拉萨、林芝、那曲、双湖四站热量平衡遥测点 1979 年 5～8 月每日 10 个时次（1.40′、5.40′、7.40′、9.40′、11.40′、13.40′、15.40′、17.40′、19.40′、21.40′）共计 21 个项目的所有观测资料。第二次青藏高原科学考察基本资料数据集包括 1998 年 5～7 月青藏高原科学试验（TIPEX）边界层资料（中国当雄、改则）和 1998 年 5～6 月 TIPEX 边界层资料的同化分析资料。

资源类型：数据集

数据格式：数值

更新频率：不定期更新

用户权限：授权

起 始 年：1979 年

责任单位：国家气象信息中心

联系电话：010-68407499

电子邮箱：data_service@cma.gov.cn

链接地址：http://meteor.ckcest.cn/mekb/?r=site/indexdata&CategoryID=1302

◆ 全国未来 3 天气温预报产品

语　　种：中文简体
学科领域：大气科学（气象学）
关 键 词：气温；天气预报；城市；中国
摘　　要：收录全国主要城市最高气温、最低气温气象预报。
资源类型：数据集
数据格式：数值
更新频率：月度更新
用户权限：授权
起 始 年：2019 年
责任单位：国家气象信息中心
联系电话：010-68407499
电子邮箱：data_service@cma.gov.cn
链接地址：http://meteor.ckcest.cn/mekb/?r=site/wethFore

◆ 全国未来 7 天降水预报产品

语　　种：中文简体
学科领域：大气科学（气象学）
关 键 词：降水；天气预报；城市；中国
摘　　要：收录全国主要城市降水气象预报。

资源类型：数据集
数据格式：数值
更新频率：月度更新
用户权限：授权
起 始 年：2019 年
责任单位：国家气象信息中心
联系电话：010-68407499
电子邮箱：data_service@cma.gov.cn
链接地址：http://meteor.ckcest.cn/mekb/?r=site/wethFore

◆ 全球地面观测数据

语　　种：中文简体
学科领域：大气科学（气象学）
关 键 词：全球；小时；风向；风速；气温；地面；降水量；气压；湿度
摘　　要：收录国家气象信息中心通过国内通信系统获取的中国地面国际交换站和通过国际通信系统获取的国外地面国际交换站每日常规多次观测时次的气压、温度、湿度、风向、风速、降水量等观测数据。
资源类型：数据集
数据格式：数值
更新频率：月度更新
用户权限：授权
起 始 年：1981 年
责任单位：国家气象信息中心

联系电话：010-68407499

电子邮箱：data_service@cma.gov.cn

链接地址：http://meteor.ckcest.cn/mekb/?r=data/detail&dataCode=A.0013.0001

◆ 全球高空观测数据

语　　种：中文简体

学科领域：大气科学（气象学）

关 键 词：温度；风向；风速；位势高度；高空观测；露点温度

摘　　要：收录国家气象信息中心通过国内通信系统获取的中国探空观测站点和通过国际通信系统获取的国外探空观测站点每日常规观测时次（世界时 00 时和 12 时）各规定等压面和压温湿特性层的位势高度、温度、露点温度、风向、风速观测数据。

资源类型：数据集

数据格式：数值

更新频率：月度更新

用户权限：授权

起 始 年：1981 年

责任单位：国家气象信息中心

联系电话：010-68407499

电子邮箱：data_service@cma.gov.cn

链接地址：http://meteor.ckcest.cn/mekb/?r=data/detail&dataCode=B.0011.0001

◆ 全球数值天气预报产品

语　　种：中文简体

学科领域：大气科学（气象学）

关 键 词：比湿；涡度；露点温度；风；散度；温度；全球；相对湿度；降水；位势高度；气压；预报模式

摘　　要：全球中期数值预报模式产品全球水平分辨率 30 公里，垂直分辨率 60 层，模式顶到达 0.1 百帕。预报时效最高 240 小时，要素包括气压、位势高度、温度、假绝热位温/假相当位温、露点温度、温度露点差（或亏值）、风的 u 分量、风的 v 分量、垂直速度（气压）、相对涡度、相对散度、比湿、相对湿度、蒸发量、雪深、水径流、雪融化量、降水量、水汽通量、水汽通量散度、湿位涡垂直分量、湿位涡水平分量、表面储水池含量、温度平流、涡度平流等。

资源类型：数据集

数据格式：数值

更新频率：月度更新

用户权限：授权

起 始 年：2019 年

责任单位：国家气象信息中心

联系电话：010-68407499

电子邮箱：data_service@cma.gov.cn

链接地址：http://meteor.ckcest.cn/mekb/?r=site/indexdata&CategoryID=601

◆ 天气雷达产品

语　　种：中文简体

学科领域：大气科学（气象学）

关　键　词：基本放射率；垂直累积液态水含量；组合反射率；降水估测

摘　　要：全国新一代多普勒天气雷达生成的数据，包括每 6 分钟更新的基本放射率、垂直累积液态水含量、组合反射率、降水估测等产品数据指标；以及基本反射率图像数据、组合反射率图像数据、垂直累计液态水含量图像数据、降水率图像数据、降水估测图像数据-1 小时累计降水、降水估测图像数据-2 小时累计降水、降水估测图像数据-3 小时累计降水、降水估测图像数据-6 小时累计降水等。

资源类型：数据集

数据格式：数值

更新频率：月度更新

用户权限：授权

起　始　年：2007 年

责任单位：国家气象信息中心

联系电话：010-68407499

电子邮箱：data_service@cma.gov.cn

链接地址：http://meteor.ckcest.cn/mekb/?r=site/indexdata&CategoryID=70102

◆ 中国暴雨洪涝灾害数据集

语　　种：中文简体

学科领域：大气科学（气象学）

关　键　词：中国；暴雨；洪涝；灾害

摘　　要：根据 1949 年以来各地上报的灾害信息及资料，分析得出中国暴雨洪涝概述、洪涝地区分布及其与暴雨的关系、洪涝的季节分布特征、洪涝的阶段性。1991 年以来重大暴雨灾害资料包括暴雨洪涝灾害发生时间、受灾地区、雨涝程度、降雨量（毫米）、死亡人数（人）、受伤人数（人）、倒塌房屋（万间）、直接经济损失（亿元）、灾情描述和中国重大暴雨洪涝发生年主要受灾范围示意图。

资源类型：数据集

数据格式：数值

更新频率：不定期更新

用户权限：授权

起　始　年：1991 年

责任单位：国家气象信息中心

联系电话：010-68407499

电子邮箱：data_service@cma.gov.cn

链接地址：http://meteor.ckcest.cn/mekb/

?r=site/indexdetail&doc_type=data&id=
32cff802-81fd-11e9-8761-005056c00008

◆ **中国地面降水日值 0.5°×
0.5°格点数据**

语　　种：中文简体
学科领域：大气科学（气象学）
关 键 词：格点；降水；中国陆地；
日值；地面气象资料
摘　　要：基于国家气象信息中心中
国地面高密度台站的降水资料，利用
ANUSPLIN 软件的薄盘样条法（thin
plate spline，TPS）进行空间插值，生
成中国地面水平分辨率 0.5°×0.5°的
日值降水格点数据。
资源类型：数据集
数据格式：数值
更新频率：月度更新
用户权限：授权
起 始 年：1961 年
责任单位：国家气象信息中心
联系电话：010-68407499
电子邮箱：data_service@cma.gov.cn
链接地址：http://meteor.ckcest.cn/mekb/
?r=data/detail&dataCode=SURF_CLI_C
HN_PRE_DAY_GRID_0.5

◆ **中国地面降水月值 0.5°×
0.5°格点数据**

语　　种：中文简体
学科领域：大气科学（气象学）
关 键 词：格点；降水；中国陆地；
月值；地面气象资料
摘　　要：基于国家气象信息中心中
国地面高密度台站的降水资料，利用
ANUSPLIN 软件的薄盘样条法进行空
间插值，生成中国地面水平分辨率
0.5°×0.5°的月值降水格点数据。
资源类型：数据集
数据格式：数值
更新频率：月度更新
用户权限：授权
起 始 年：1961 年
责任单位：国家气象信息中心
联系电话：010-68407499
电子邮箱：data_service@cma.gov.cn
链接地址：http://meteor.ckcest.cn/mekb/
?r=data/detail&dataCode=SURF_CLI_C
HN_PRE_MON_GRID_0.5

◆ 中国地面累年值候值数据集

语　　种：中文简体
学科领域：大气科学（气象学）
关 键 词：降水；气候；候值；气温；中国；地面；气压；风
摘　　要：基于《气候资料统计整编方法（1981-2010）（发布版）》，对中国国家地面气象观测站 30 年资料进行整编统计而得，包括气温、空气湿度、降水、风、地温、日照 6 个要素的候气候标准值数据。
资源类型：数据集
数据格式：数值
更新频率：不定期更新
用户权限：授权
起 始 年：1981 年
责任单位：国家气象信息中心
联系电话：010-68407499
电子邮箱：data_service@cma.gov.cn
链接地址：http://meteor.ckcest.cn/mekb/?r=data/detail&dataCode=A.0029.0002

◆ 中国地面累年值年值数据集

语　　种：中文简体
学科领域：大气科学（气象学）

关 键 词：降水；气候；年值；气温；中国；地面；气压；风
摘　　要：基于《气候资料统计整编方法（1981-2010）（发布版）》，对中国国家地面气象观测站 30 年资料进行整编统计而得，包括气温、空气湿度、降水、风、地温、日照 6 个要素的年气候标准值数据。
资源类型：数据集
数据格式：数值
更新频率：不定期更新
用户权限：授权
起 始 年：1981 年
责任单位：国家气象信息中心
联系电话：010-68407499
电子邮箱：data_service@cma.gov.cn
链接地址：http://meteor.ckcest.cn/mekb/?r=data/detail&dataCode=A.0029.0005

◆ 中国地面累年值日值数据集

语　　种：中文简体
学科领域：大气科学（气象学）
关 键 词：降水；气候；日值；气温；中国；地面；气压；风
摘　　要：基于《气候资料统计整编方法（1981-2010）（发布版）》，对中国国家地面气象观测站 30 年资料进行整编统计而得，包括气温、空气湿

度、降水、风、地温、日照 6 个要素
的日气候标准值数据。

资源类型：数据集

数据格式：数值

更新频率：不定期更新

用户权限：授权

起 始 年：1981 年

责任单位：国家气象信息中心

联系电话：010-68407499

电子邮箱：data_service@cma.gov.cn

链接地址：http://meteor.ckcest.cn/mekb/?r=data/detail&dataCode=A.0029.0001

◆ 中国地面累年值旬值数据集

语　　种：中文简体

学科领域：大气科学（气象学）

关 键 词：降水；气候；旬值；气温；中国；地面；气压；风

摘　　要：基于《气候资料统计整编方法（1981-2010）（发布版）》，对中国国家地面气象观测站 30 年资料进行整编统计而得，包括气温、空气湿度、降水、风、地温、日照 6 个要素的旬气候标准值数据。

资源类型：数据集

数据格式：数值

更新频率：不定期更新

用户权限：授权

起 始 年：1981 年

责任单位：国家气象信息中心

联系电话：010-68407499

电子邮箱：data_service@cma.gov.cn

链接地址：http://meteor.ckcest.cn/mekb/?r=data/detail&dataCode=A.0029.0003

◆ 中国地面累年值月值数据集

语　　种：中文简体

学科领域：大气科学（气象学）

关 键 词：降水；气候；月值；气温；中国；地面；气压；风

摘　　要：基于《气候资料统计整编方法（1981-2010）（发布版）》，对中国国家地面气象观测站 30 年资料进行整编统计而得，包括气温、空气湿度、降水、风、地温、日照 6 个要素的月气候标准值数据。

资源类型：数据集

数据格式：数值

更新频率：不定期更新

用户权限：授权

起 始 年：1981 年

责任单位：国家气象信息中心

联系电话：010-68407499

电子邮箱：data_service@cma.gov.cn

链接地址：http://meteor.ckcest.cn/mekb/?r=data/detail&dataCode=A.0029.0004

◆ 中国地面气温日值 0.5°× 0.5°格点数据

语　　种：中文简体
学科领域：大气科学（气象学）
关 键 词：格点；气温；中国陆地；日值；地面气象资料
摘　　要：基于国家气象信息中心中国地面高密度台站的降水资料，利用 ANUSPLIN 软件的薄盘样条法进行空间插值，生成中国地面水平分辨率 0.5°×0.5°的日值气温格点数据。
资源类型：数据集
数据格式：数值
更新频率：月度更新
用户权限：授权
起 始 年：1961 年
责任单位：国家气象信息中心
联系电话：010-68407499
电子邮箱：data_service@cma.gov.cn
链接地址：http://meteor.ckcest.cn/mekb/?r=data/detail&dataCode=SURF_CLI_CHN_TEM_DAY_GRID_0.5

◆ 中国地面气温月值 0.5°× 0.5°格点数据

语　　种：中文简体
学科领域：大气科学（气象学）
关 键 词：格点；气温；中国陆地；月值；地面气象资料
摘　　要：基于国家气象信息中心中国地面高密度台站的降水资料，利用 ANUSPLIN 软件的薄盘样条法进行空间插值，生成中国地面水平分辨率 0.5°×0.5°的月值气温格点数据。
资源类型：数据集
数据格式：数值
更新频率：月度更新
用户权限：授权
起 始 年：1961 年
责任单位：国家气象信息中心
联系电话：010-68407499
电子邮箱：data_service@cma.gov.cn
链接地址：http://meteor.ckcest.cn/mekb/?r=data/detail&dataCode=SURF_CLI_CHN_TEM_MON_GRID_0.5

◆ 中国干旱灾害数据集

语　　种：中文简体

学科领域：大气科学（气象学）

关 键 词：中国；干旱；灾害

摘 要：根据 1949 年以来各地上报的灾害信息及资料，分析得出中国干旱灾害概述、干旱的区域分布特征、干旱的季节分布特征、干旱的阶段性。中国重大干旱灾害资料文字、统计图表资料包括 1950 年以来我国重大干旱（重旱、特大旱）灾害事件时间、受旱地区、干旱程度、降水距平百分率（%）、受灾面积（千公顷）、灾情描述和 1949 年以来中国特大旱发生年主要受灾范围示意图。

资源类型：数据集

数据格式：数值

更新频率：不定期更新

用户权限：授权

责任单位：国家气象信息中心

联系电话：010-68407499

电子邮箱：data_service@cma.gov.cn

链接地址：http://meteor.ckcest.cn/mekb/?r=site/indexdetail&doc_type=data&id=32cff801-81fd-11e9-a0b0-005056c00008

◆ 中国高空规定层累年年值

语 种：中文简体

学科领域：大气科学（气象学）

关 键 词：温度；高空；风向；风速；位势高度；比湿；气压；大气密度；年值；温度露点差

摘 要：基于《高空气候资料整编统计方法（1981-2010）（发布版）》，对中国国家级高空气象站 30 年观测资料进行统计加工而得。包括气压、位势高度、温度、温度露点差、比湿、大气密度、风向和风速等要素的年气候值。

资源类型：数据集

数据格式：数值

更新频率：不定期更新

用户权限：授权

起 始 年：1981 年

责任单位：国家气象信息中心

联系电话：010-68407499

电子邮箱：data_service@cma.gov.cn

链接地址：http://meteor.ckcest.cn/mekb/?r=data/detail&dataCode=B.0021.0003

◆ 中国高空规定层累年旬值

语 种：中文简体

学科领域：大气科学（气象学）

关 键 词：温度；高空；风向；风速；位势高度；比湿；气压；大气密度；旬值；温度露点差

摘 要：基于《高空气候资料整编统计方法（1981-2010）（发布版）》，

对中国国家级高空气象站 30 年观测资料进行统计加工而得。包括气压、位势高度、温度、温度露点差、比湿、大气密度、风向和风速等要素的旬气候值。

资源类型： 数据集
数据格式： 数值
更新频率： 不定期更新
用户权限： 授权
起 始 年： 1981 年
责任单位： 国家气象信息中心
联系电话： 010-68407499
电子邮箱： data_service@cma.gov.cn
链接地址： http://meteor.ckcest.cn/mekb/?r=data/detail&dataCode=B.0021.0001

◆ 中国高空规定层累年月值

语　　种： 中文简体
学科领域： 大气科学（气象学）
关 键 词： 温度；高空；风向；风速；位势高度；比湿；气压；大气密度；月值；温度露点差
摘　　要： 基于《高空气候资料整编统计方法（1981-2010）（发布版）》，对中国国家级高空气象站 30 年观测资料进行统计加工而得。包括气压、位势高度、温度、温度露点差、比湿、大气密度、风向和风速等要素的

月气候值。

资源类型： 数据集
数据格式： 数值
更新频率： 不定期更新
用户权限： 授权
起 始 年： 1981 年
责任单位： 国家气象信息中心
联系电话： 010-68407499
电子邮箱： data_service@cma.gov.cn
链接地址： http://meteor.ckcest.cn/mekb/?r=data/detail&dataCode=B.0021.0002

◆ 中国及周边区域数值预报产品

语　　种： 中文简体
学科领域： 大气科学（气象学）
关 键 词： 水汽通量；降水量；温度露点差；风；垂直速度；温度；相对湿度；位势高度；东亚；气压；预报模式；水汽通量散度
摘　　要： 是 GRAPES_Meso 区域集合预报业务系统产生的东亚区域模式预报产品。模式产品空间分辨率 10 公里，时间分辨率 1 小时，预报时效最高 72 小时。要素包括散度、风、降水量、总降水量、位势高度、气压、水汽通量散度、水汽通量、相对湿度、温度、相当位温、温度露点

差、地面温度、涡度、垂直速度等。

资源类型：数据集
数据格式：数值
更新频率：月度更新
用户权限：授权
起 始 年：2004 年
责任单位：国家气象信息中心
联系电话：010-68407499
电子邮箱：data_service@cma.gov.cn
链接地址：http://meteor.ckcest.cn/mekb/?r=data/detail&dataCode=F.0009.0001

◆ 中国降水日格点产品

语　　种：中文简体
学科领域：大气科学（气象学）
关 键 词：格点；降水；中国陆地；日值；地面气象资料
摘　　要：基于国家气象信息中心中国地面高密度台站的降水资料，利用 ANUSPLIN 软件的薄盘样条法进行空间插值，生成中国地面水平分辨率 $0.5° \times 0.5°$ 的日值降水格点数据。
资源类型：数据集
数据格式：数值
更新频率：月度更新
用户权限：授权
起 始 年：1961 年
责任单位：国家气象信息中心

联系电话：010-68407499
电子邮箱：data_service@cma.gov.cn
链接地址：http://meteor.ckcest.cn/mekb/?r=data/detail&dataCode=SURF_CLI_CHN_PRE_DAY_GRID_0.5

◆ 中国历史时期大气降尘数据集

语　　种：中文简体
学科领域：大气科学（气象学）
关 键 词：古气候；历史气候代用资料；大气降尘
摘　　要：包括中国历史上出现重大降大降尘事件的年份；公元 300～1940 年每 10 年中"雨土年"的出现次数；公元前 1150 年～公元 1940 年中国历史记载中大气降尘记录的出现地点。
资源类型：数据集
数据格式：数值
更新频率：不定期更新
用户权限：授权
起 始 年：公元 300 年
责任单位：国家气象信息中心
联系电话：010-68407499
电子邮箱：data_service@cma.gov.cn
链接地址：http://meteor.ckcest.cn/mekb/?r=data/detail&dataCode=HPXY_HDO

C_CHN_DUSTFALL

◆ 中国气温日格点产品

语　　种：中文简体

学科领域：大气科学（气象学）

关 键 词：格点；气温；中国陆地；日值；地面气象资料

摘　　要：基于国家气象信息中心中国地面高密度台站的降水资料，利用ANUSPLIN软件的薄盘样条法进行空间插值，生成中国地面水平分辨率0.5°×0.5°的日值气温格点数据。

资源类型：数据集

数据格式：数值

更新频率：月度更新

用户权限：授权

起 始 年：1961年

责任单位：国家气象信息中心

联系电话：010-68407499

电子邮箱：data_service@cma.gov.cn

链接地址：http://meteor.ckcest.cn/mekb/?r=data/detail&dataCode=SEVP_CLI_CHN_TEM_DAY_GRID

◆ 中国气象局陆面数据同化系统产品

语　　种：中文简体

学科领域：大气科学（气象学）

关 键 词：2米比湿；10米风速；2米气温；降水；短波辐射；土壤湿度；地表温度；土壤温度分析；土壤相对湿度；地面气压；CLDAS系统

摘　　要：覆盖亚洲区域（0°N～65°N，60°E～160°E），0.0625°×0.0625°与1小时分辨率的等经纬度网格融合分析产品，包括大气驱动场产品（2米气温、2米比湿、10米风速、地面气压、降水、短波辐射6个要素）、地表温度分析产品、土壤湿度产品（垂直分为5层：0～5厘米、0～10厘米、10～40厘米、40～100厘米、100～200厘米）、土壤温度分析产品（垂直分为5层：5厘米、10厘米、40厘米、100厘米、200厘米）和土壤相对湿度分析产品（垂直分为3层：0～10厘米、0～20厘米、0～50厘米）5种产品。

资源类型：数据集

数据格式：数值

更新频率：月度更新

用户权限：授权

起 始 年：2018年

责任单位：国家气象信息中心

联系电话：010-68407499

电子邮箱：data_service@cma.gov.cn

链接地址：http://meteor.ckcest.cn/mekb/

?r=data/detail&dataCode=NAFP_CLDAS2.0_RT

链接地址：http://meteor.ckcest.cn/mekb/?r=site/indexdetail&doc_type=data&id=32cff803-81fd-11e9-810a-005056c00008

◆ 中国热带气旋灾害数据集

语　　种：中文简体

学科领域：大气科学（气象学）

关 键 词：中国；热带气旋；台风；灾害

摘　　要：根据 1949 年以来各地上报的灾害信息及资料，分析得出中国热带气旋概述、热带风暴（或台风）特点、西北太平洋及南海地区热带风暴（或台风）发生的特点、登陆我国的热带风暴（或台风）特点。登陆台风影响简表包括登陆台风编号、登陆时间、登陆地点、最大风力（级）、过程降水量（毫米）、受灾地区、受灾面积（万公顷）、死亡人数（人）、受伤人数（人）、直接经济损失（万元）。

资源类型：数据集

数据格式：数值

更新频率：不定期更新

用户权限：授权

起 始 年：1951 年

责任单位：国家气象信息中心

联系电话：010-68407499

电子邮箱：data_service@cma.gov.cn

◆ 中国树木年轮代用资料集

语　　种：中文简体

学科领域：大气科学（气象学）

关 键 词：历史及替代资料；历史文献资料分析；中国

摘　　要：收录我国新疆、青海、陕西、山东等地的树木年轮年表，共 13 个样点的 39 个年表（每个样点 3 个年表，分别为标准化年表、差值年表和自回归年表）13 个文件。

资源类型：数据集

数据格式：数值

更新频率：不定期更新

用户权限：授权

起 始 年：1259 年

责任单位：国家气象信息中心

联系电话：010-68407499

电子邮箱：data_service@cma.gov.cn

链接地址：http://meteor.ckcest.cn/mekb/?r=data/detail&dataCode=HPXY_TRRI_CHN

◆ 中国五百年旱涝等级数据集

语　　种：中文简体
学科领域：大气科学（气象学）
关 键 词：历史及替代资料；历史文献资料分析；中国
摘　　要：中国 500 年旱涝等级序列资料，共含 120 个代表站点，起止时间是 1470～2000 年。序列值为每个站点每年的旱涝等级值，共分 5 级，用数字 1、2、3、4、5 表示。中国 500 年旱涝等级分布图每年一幅图，1470～1977 年每个文件为两年两幅图（缺 1978～1979 年），1980～2000 年每个文件为一年一幅图，共有 275 个文件。
资源类型：数据集
数据格式：数值
更新频率：不定期更新
用户权限：授权
起 始 年：1470 年
责任单位：国家气象信息中心
联系电话：010-68407499
电子邮箱：data_service@cma.gov.cn
链接地址：http://meteor.ckcest.cn/mekb/?r=data/detail&dataCode=HPXY_HDOC_CHN_DAW

◆ 中国自动站与 CMORPH 降水产品融合的逐时降水量网格数据

语　　种：中文简体
学科领域：大气科学（气象学）
关 键 词：CMORPH；最优插值 OI；概率密度匹配 PDF；降水量；融合
摘　　要：采用概率密度匹配+最优插值（PDF＋OI）两步数据融合算法，对该技术在 1 小时、0.1°分辨率下的核心参数进行重新调试和改造，生成逐小时降水融合产品。
资源类型：数据集
数据格式：数值
更新频率：月度更新
用户权限：授权
起 始 年：2008 年
责任单位：国家气象信息中心
联系电话：010-68407499
电子邮箱：data_service@cma.gov.cn
链接地址：http://meteor.ckcest.cn/mekb/?r=site/indexdetail&doc_type=data&id=32cff804-81fd-11e9-ba26-005056c00008

地理资源

◆ "一带一路"专题库的政策解读

语　　种：中文简体

学科领域：自然资源学

关 键 词："一带一路"；政策解读；双边文件；政策法规；计划规划

摘　　要：通过网络挖掘和筛选，收集整理"一带一路"相关的双边文件、政策法规、计划规划等。

资源类型：数据集

数据格式：数值

更新频率：不定期更新

用户权限：授权

责任单位：中国科学院地理科学与资源研究所

联系电话：010-64888145

电子邮箱：geockcest@igsnrr.ac.cn

链接地址：http://geo.ckcest.cn/ydylgeo/news.html

◆ 地理资源标准、法规库

语　　种：中文简体

学科领域：自然资源学

关 键 词：标准；法规；部门

摘　　要：收录整理相关标准、法规信息，包括标准和法规名称、颁发时间、颁发部门等。

资源类型：标准

数据格式：文本

更新频率：不定期更新

用户权限：公开

责任单位：中国科学院地理科学与资源研究所

联系电话：010-64888145

电子邮箱：geockcest@igsnrr.ac.cn

链接地址：http://geo.ckcest.cn/service/standardlaw/standards?type=

◆ 地理词条

语　　种：中文简体

学科领域：自然资源学

关 键 词：地理知识；结构化；数据字典

摘　　要：针对地理知识结构化数据的管理与检索应用，建立地理资源与生态专业知识服务系统中的数据字典。

资源类型：其他

数据格式：文本

更新频率：不定期更新

用户权限：公开

责任单位：中国科学院地理科学与资源研究所

联系电话：010-64888145

电子邮箱：geockcest@igsnrr.ac.cn

链接地址：http://geo.ckcest.cn/public/search/index.html

地理事件、地理景观

语　　种：中文简体

学科领域：自然资源学

关 键 词：自然地理景观；人文地理景观；重大地理事件

摘　　要：收录整理涵盖自然地理景观、人文地理景观、重大地理事件、大型科学考察活动的发生时间、地点、各类情况等。

资源类型：其他

数据格式：文本

更新频率：不定期更新

用户权限：公开

责任单位：中国科学院地理科学与资源研究所

联系电话：010-64888145

电子邮箱：geockcest@igsnrr.ac.cn

链接地址：http://geo.ckcest.cn/public/jingguanindex.html

地理资源生态专家学者库

语　　种：中文简体

学科领域：自然资源学

关 键 词：专家；成果；机构信息

摘　　要：收录专家的基本信息（姓名、研究方向、承担的主要科研项目）以及相应的成果目录（成果简述、学术论文、科技奖励等）。

资源类型：专家学者

数据格式：文本

更新频率：不定期更新

用户权限：公开

责任单位：中国科学院地理科学与资源研究所

联系电话：010-64888145

电子邮箱：geockcest@igsnrr.ac.cn

链接地址：http://geo.ckcest.cn/service/peopleorg

地理资源与生态国情快报

语　　种：其他

学科领域：自然资源学

关 键 词：地理资源；政策启示

摘　　要：从地理资源领域权威期刊中遴选部分优秀文章，提炼出有政策启示作用的见解和观点，为各级党委、政府和相关部门科学决策提供支持。

资源类型：其他

数据格式：文本

更新频率：不定期更新

用户权限：公开

责任单位：中国科学院地理科学与资源研究所

联系电话：010-64888145

电子邮箱：geockcest@igsnrr.ac.cn

链接地址：http://geo.ckcest.cn/scientific/literature/techdoc_v.html#

◆ 地理资源与生态科研机构

语　　种：中文简体

学科领域：自然资源学

关　键　词：专家；成果；机构信息

摘　　要：收录科研机构的机构名称、单位介绍、机构人物、研究趋势、相关论文等。

资源类型：科技机构

数据格式：文本

更新频率：不定期更新

用户权限：公开

责任单位：中国科学院地理科学与资源研究所

联系电话：010-64888145

电子邮箱：geockcest@igsnrr.ac.cn

链接地址：http://geo.ckcest.cn/service/peopleorg

◆ 地理资源与生态科研项目

语　　种：中文简体

学科领域：自然资源学

关　键　词：项目成果；项目名称；项目摘要

摘　　要：收录整理地理资源与生态领域相关项目成果，包括项目名称、项目类型、项目负责人、依托单位、学科分类、关键词等。

资源类型：科研项目

数据格式：文本

更新频率：不定期更新

用户权限：公开

责任单位：中国科学院地理科学与资源研究所

联系电话：010-64888145

电子邮箱：geockcest@igsnrr.ac.cn

链接地址：http://geo.ckcest.cn/service/project

◆ 地理资源与生态模型分析库

语　　种：中文简体
学科领域：自然地理学基础理论
关 键 词：水资源承载力；坡度计算；在线计算；模型
摘　　要：在线模型工具可以实现水资源承载力、归一化植被指数（NDVI）在线计算、数字高程模型（DEM）坡度计算3个在线计算模型，不仅可缩短用户进行数据处理分析的时间，还可为用户提供便捷的数据分析及获取渠道，以及数据经模型计算后的知识成果。
资源类型：其他
数据格式：图形图像
更新频率：不定期更新
用户权限：公开
责任单位：中国科学院地理科学与资源研究所
联系电话：010-64888145
电子邮箱：geockcest@igsnrr.ac.cn
链接地址：http://geo.ckcest.cn/models/modelAnalysis.html

◆ 地理资源与生态视频库

语　　种：中文简体
学科领域：自然资源学
关 键 词：野外考察；专家讲座
摘　　要：建立与地理、资源、生态学科相关的野外考察视频和专家讲座资料库。
资源类型：视频
数据格式：视频
更新频率：不定期更新
用户权限：公开
责任单位：中国科学院地理科学与资源研究所
联系电话：010-64888145
电子邮箱：geockcest@igsnrr.ac.cn
链接地址：http://geo.ckcest.cn/scientific/videoInfo/

◆ 地理资源与生态图书专著

语　　种：中文简体
学科领域：自然资源学
关 键 词：地理；资源；生态学；图书
摘　　要：建立与地理、资源、生态学科相关的图书专著、考察报告文献库。

资源类型：图书
数据格式：文本
更新频率：不定期更新
用户权限：公开
责任单位：中国科学院地理科学与资源研究所
联系电话：010-64888145
电子邮箱：geockcest@igsnrr.ac.cn
链接地址：http://geo.ckcest.cn/scientific/literature/books.html

◈ 国际资源站点导航数据

语　　种：中文简体
学科领域：自然资源学
关 键 词：地理资源；站点资源；导航信息库
摘　　要：收集整理与地理资源科学相关的国际研究机构门户，包括科学数据、知识管理服务的站点资源及其数据目录。国际资源数据库采用自建和联盟两种方式，主要包括国际地学领域资源站点导航信息库和国际WDS数据交换目录库。前者主要通过对国际科技数据委员会（CODATA）、世界数据系统（WDS）、研究数据联盟（RDA）等国际数据资源，美国大型数据中心的人机交互搜索获取其主要的资源分布信息，经专题筛选、分

类整编、翻译、结构化处理形成。后者主要是基于元数据互操作协议（OAI-PMH协议）开展国际科联世界数据系统（ICSU-WDS）国际元数据的交换和核心元数据获取，形成动态可更新的WDS中国数据目录。
资源类型：其他
数据格式：文本
更新频率：不定期更新
用户权限：公开
责任单位：中国科学院地理科学与资源研究所
联系电话：010-64888145
电子邮箱：geockcest@igsnrr.ac.cn
链接地址：http://geo.ckcest.cn/scientific/interesource/

◈ 科考报告

语　　种：中文简体
学科领域：自然资源学
关 键 词：地理；资源；生态学；科学考察
摘　　要：收录与地理、资源、生态学科相关的野外考察报告。
资源类型：科技（咨询、行业）报告
数据格式：文本
更新频率：不定期更新
用户权限：授权

责任单位：中国科学院地理科学与资源研究所

联系电话：010-64888145

电子邮箱：geockcest@igsnrr.ac.cn

链接地址：http://geo.ckcest.cn/scientific/literature/surveyreport/index.html

◆ 地理全要素专题数据库

语　　种：中文简体

学科领域：自然地理学基础理论

关 键 词：地理背景；地理要素；生态环境

摘　　要：面向国家生态文明建设需求，建立地理背景全要素专题数据库，为区域自然资源管理、生态环境保护等提供支撑。

资源类型：数据集

数据格式：数值

更新频率：不定期更新

用户权限：授权

起 始 年：1988 年

责任单位：中国科学院地理科学与资源研究所

联系电话：010-64888145

电子邮箱：geockcest@igsnrr.ac.cn

链接地址：http://geo.ckcest.cn/scientific/data/index.html?categoryId=71

◆ 自然灾害专题数据库

语　　种：中文简体

学科领域：自然地理学基础理论

关 键 词：自然灾害；地质灾害；防灾减灾

摘　　要：收集中国历史自然灾害事件记录，为防灾减灾科学研究、环境承载力评估、区域可持续发展提供数据支撑。

资源类型：数据集

数据格式：数值

更新频率：不定期更新

用户权限：授权

起 始 年：1949 年

责任单位：中国科学院地理科学与资源研究所

联系电话：010-64888145

电子邮箱：geockcest@igsnrr.ac.cn

链接地址：http://geo.ckcest.cn/scientific/data/index.html?categoryId=72

◆ 行政区划专题数据库

语　　种：中文简体
学科领域：自然地理学基础理论
关 键 词：行政区划；变迁；县级
摘　　要：收录中国各级行政区划分布及历史变迁过程数据，为国家宏观决策和区域发展提供基础数据支撑。
资源类型：数据集
数据格式：数值
更新频率：不定期更新
用户权限：授权
起 始 年：1949 年
责任单位：中国科学院地理科学与资源研究所
联系电话：010-64888145
电子邮箱：geockcest@igsnrr.ac.cn
链接地址：http://geo.ckcest.cn/scientific/data/index.html?categoryId=73

◆ 地形地貌专题数据库

语　　种：中文简体
学科领域：自然地理学基础理论
关 键 词：地形；地貌；地质
摘　　要：收录中国分省份构造地貌图和形态地貌图，为地质地貌相关研究提供数据支撑。
资源类型：数据集
数据格式：数值
更新频率：不定期更新
用户权限：授权
起 始 年：1994 年
责任单位：中国科学院地理科学与资源研究所
联系电话：010-64888145
电子邮箱：geockcest@igsnrr.ac.cn
链接地址：http://geo.ckcest.cn/scientific/data/index.html?categoryId=74

◆ 土地覆被专题数据库

语　　种：中文简体
学科领域：自然地理学基础理论
关 键 词：土地覆被；耕地；森林
摘　　要：收录中国各类型土地覆被空间分布信息，可为生态环境保护、区域协调发展提供支撑。
资源类型：数据集
数据格式：数值
更新频率：不定期更新
用户权限：授权
起 始 年：2005 年
责任单位：中国科学院地理科学与资源研究所
联系电话：010-64888145

电子邮箱：geockcest@igsnrr.ac.cn

链接地址：http://geo.ckcest.cn/scientific/data/index.html?categoryId=75

◆ 土地利用专题数据库

语　　种：中文简体

学科领域：自然地理学基础理论

关 键 词：土地利用；耕地；林地；草地

摘　　要：收录中国各类土地利用类型及分布信息，可为科学研究和政府决策部门提供基础数据参考。

资源类型：数据集

数据格式：数值

更新频率：不定期更新

用户权限：授权

起 始 年：1980 年

责任单位：中国科学院地理科学与资源研究所

联系电话：010-64888145

电子邮箱：geockcest@igsnrr.ac.cn

链接地址：http://geo.ckcest.cn/scientific/data/index.html?categoryId=76

◆ 水资源专题数据库

语　　种：中文简体

学科领域：自然资源学

关 键 词：水资源；承载力；储水量

摘　　要：收录中国各水资源一级区储水及用水相关统计数据，为政府部门了解水资源现状、谋划水资源布局、制定水资源战略提供支撑。

资源类型：数据集

数据格式：数值

更新频率：不定期更新

用户权限：授权

起 始 年：1997 年

责任单位：中国科学院地理科学与资源研究所

联系电话：010-64888145

电子邮箱：geockcest@igsnrr.ac.cn

链接地址：http://geo.ckcest.cn/scientific/data/index.html?categoryId=77

◆ 土地资源专题数据库

语　　种：中文简体

学科领域：自然资源学

关 键 词：土地；土壤；组分

摘　　要：收录中国分省份、六大分

区、四大城市群、两大典型区土壤组分含量及空间分布数据，为科学研究、土地管理、粮食种植等研究提供基础数据。

资源类型：数据集
数据格式：数值
更新频率：不定期更新
用户权限：授权
起　始　年：1971 年
责任单位：中国科学院地理科学与资源研究所
联系电话：010-64888145
电子邮箱：geockcest@igsnrr.ac.cn
链接地址：http://geo.ckcest.cn/scientific/data/index.html?categoryId=78

◆ 生物资源专题数据库

语　　　种：中文简体
学科领域：自然资源学
关　键　词：生物量；森林；鱼类
摘　　　要：收录中国分省份森林生物量和受污染江河鱼类数据，可为区域可持续发展和科学研究提供数据支撑。
资源类型：数据集
数据格式：数值
更新频率：不定期更新
用户权限：授权

起　始　年：1964 年
责任单位：中国科学院地理科学与资源研究所
联系电话：010-64888145
电子邮箱：geockcest@igsnrr.ac.cn
链接地址：http://geo.ckcest.cn/scientific/data/index.html?categoryId=79

◆ 气候资源专题数据库

语　　　种：中文简体
学科领域：自然资源学
关　键　词：气候；降水；气温
摘　　　要：收录中国各类气候指标空间分布及统计数据，可为生态环境变化、区域可持续发展等科学研究提供基础数据支撑。
资源类型：数据集
数据格式：数值
更新频率：不定期更新
用户权限：授权
起　始　年：1950 年
责任单位：中国科学院地理科学与资源研究所
联系电话：010-64888145
电子邮箱：geockcest@igsnrr.ac.cn
链接地址：http://geo.ckcest.cn/scientific/data/index.html?categoryId=80

◆ 生态环境主题库

语　　种：中文简体

学科领域：环境地理学

关 键 词：生态环境；工业；污染排放

摘　　要：收录中国重点城市工业和生活方面的污染物排放量数据，可为地区产业发展、污染防治、生态文明等建设和研究提供基础数据支撑。

资源类型：数据集

数据格式：数值

更新频率：不定期更新

用户权限：授权

起 始 年：1986 年

责任单位：中国科学院地理科学与资源研究所

联系电话：010-64888145

电子邮箱：geockcest@igsnrr.ac.cn

链接地址：http://geo.ckcest.cn/scientific/data/index.html?categoryId=66

◆ 人口与社会经济发展主题库

语　　种：中文简体

学科领域：环境地理学

关 键 词：人口；社会经济；经济发展

摘　　要：收录与中国人口和经济相关的社会经济统计数据，可为全国及地区经济发展、人文教育、人口政策等研究和决策提供数据支撑。

资源类型：数据集

数据格式：数值

更新频率：不定期更新

用户权限：授权

起 始 年：1949 年

责任单位：中国科学院地理科学与资源研究所

联系电话：010-64888145

电子邮箱：geockcest@igsnrr.ac.cn

链接地址：http://geo.ckcest.cn/scientific/data/index.html?categoryId=67

◆ 遥感影像专题数据库

语　　种：中文简体

学科领域：遥感图像解释、判读

关 键 词：遥感影像； Landsat ；MODIS

摘　　要：收录不同分辨率和时空尺度的各类主流卫星遥感影像，可为生态环境变化、资源环境评估、城市扩张等研究提供数据支撑。

资源类型：数据集

数据格式：数值

更新频率：不定期更新

用户权限：授权

起 始 年：2002 年

责任单位：中国科学院地理科学与资源研究所

联系电话：010-64888145

电子邮箱：geockcest@igsnrr.ac.cn

链接地址：http://geo.ckcest.cn/scientific/data/index.html?categoryId=99

◆ **遥感参数反演专题数据库**

语　　种：中文简体

学科领域：遥感图像的解译、识别与处理

关 键 词：反演；遥感影像；模型

摘　　要：基于模型算法，对卫星遥感影像数据进行计算、反演得到的数据产品，可用于支撑生态环境演变研究，能较好地弥补地表观测数据时空不连续的缺陷。

资源类型：数据集

数据格式：数值

更新频率：不定期更新

用户权限：授权

起 始 年：1983 年

责任单位：中国科学院地理科学与资源研究所

联系电话：010-64888145

电子邮箱：geockcest@igsnrr.ac.cn

链接地址：http://geo.ckcest.cn/scientific/data/index.html?categoryId=100

◆ **"一带一路"专题数据库**

语　　种：中文简体

学科领域：环境地理学

关 键 词："一带一路"；资源环境；生态环境

摘　　要：面向我国"一带一路"建设需求，建立"一带一路"专题数据库，介绍沿线国家基本国情、基础地理、自然资源、社会经济等历史和现状。

资源类型：数据集

数据格式：数值

更新频率：不定期更新

用户权限：授权

起 始 年：1950 年

责任单位：中国科学院地理科学与资源研究所

联系电话：010-64888145

电子邮箱：geockcest@igsnrr.ac.cn

链接地址：http://geo.ckcest.cn/scientific/data/index.html?categoryId=102

◆ **国际范围遥感影像专题数据库**

语　　种：中文简体

学科领域：遥感图像的解译、识别与处理

关 键 词：遥 感 影 像 ； Landsat；MODIS

摘　　要：收录全球范围内不同分辨率和时空尺度的各类主流卫星遥感影像，可为生态环境变化、资源环境评估、城市扩张等研究提供数据支撑。

资源类型：数据集

数据格式：数值

更新频率：不定期更新

用户权限：授权

起 始 年：1972 年

责任单位：中国科学院地理科学与资源研究所

联系电话：010-64888145

电子邮箱：geockcest@igsnrr.ac.cn

链接地址：http://geo.ckcest.cn/scientific/InternationalData/

◆ **国际范围遥感产品专题数据库**

语　　种：中文简体

学科领域：遥感图像的解译、识别与处理

关 键 词：遥感影像；反演；模型

摘　　要：通过对全球尺度的原始卫星影像进行计算、补缺、重建、去噪等，由此生成的比较完整和连续的全球遥感产品数据，可用于支撑地表生态环境变化等研究。

资源类型：数据集

数据格式：数值

更新频率：不定期更新

用户权限：授权

起 始 年：1985 年

责任单位：中国科学院地理科学与资源研究所

联系电话：010-64888145

电子邮箱：geockcest@igsnrr.ac.cn

链接地址：http://geo.ckcest.cn/scientific/data/index.html?categoryId=104

◆ 国际人口与社会经济专题数据库

语　　种：中文简体

学科领域：环境地理学

关 键 词：人口；社会经济；经济发展

摘　　要：收录与全球人口和经济相关的社会经济统计数据，可为全球各国家及地区经济发展、人文教育、人口政策等研究和决策提供数据支撑。

资源类型：数据集

数据格式：数值

更新频率：不定期更新

用户权限：授权

起 始 年：1949 年

责任单位：中国科学院地理科学与资源研究所

联系电话：010-64888145

电子邮箱：geockcest@igsnrr.ac.cn

链接地址：http://geo.ckcest.cn/scientific/data/index.html?categoryId=105

◆ 国际地理资源生态统计数据库

语　　种：中文简体

学科领域：环境地理学

关 键 词：地理；资源；生态

摘　　要：收录全球各类基础地理、自然资源和生态环境统计数据，可为全球各国家和地区生态环境变化相关研究提供参考，还可为各国家和地区之间的对比研究提供数据支撑。

资源类型：数据集

数据格式：数值

更新频率：不定期更新

用户权限：授权

起 始 年：2006 年

责任单位：中国科学院地理科学与资源研究所

联系电话：010-64888145

电子邮箱：geockcest@igsnrr.ac.cn

链接地址：http://geo.ckcest.cn/scientific/data/index.html?categoryId=106

◆ 四川九寨沟 7.0 级地震救灾专题数据

语　　种：中文简体

学科领域：自然灾害及其防治

关 键 词：地震；九寨沟；防灾减灾

摘　　要：2018 年 8 月 8 日 21 时 19 分，四川九寨沟发生 7.0 级地震，震源深度 20 公里。为支撑宜宾市地震救灾及灾后重建工作，中国工程科技知识中心开通四川九寨沟地震救灾直通车服务，面向公众共享灾区基础地理、自然资源、生态环境和社会经济等基础数据。

资源类型：数据集

数据格式：数值

更新频率：不定期更新

用户权限：授权

起 始 年：1980 年

责任单位：中国科学院地理科学与资源研究所

联系电话：010-64888145

电子邮箱：geockcest@igsnrr.ac.cn

链接地址：http://geo.ckcest.cn/scientific/data/index.html?categoryId=107

◆ 新疆精河 6.6 级地震救灾专题数据

语　　种：中文简体

学科领域：自然灾害及其防治

关 键 词：地震；精河；防灾减灾

摘　　要：2017 年 8 月，新疆精河发生 6.0 级地震，为支撑地震救灾及灾后重建工作，中国工程科技知识中心开通新疆精河地震救灾直通车服务，整合集成新疆精河地震区域的基础地理、自然资源、生态环境、社会经济等相关数据资源，面向社会公众免费共享，为新疆精河地区救灾及灾后重

建提供基础数据支撑。

资源类型：数据集

数据格式：数值

更新频率：不定期更新

用户权限：授权

起 始 年：1980 年

责任单位：中国科学院地理科学与资源研究所

联系电话：010-64888145

电子邮箱：geockcest@igsnrr.ac.cn

链接地址：http://geo.ckcest.cn/scientific/data/index.html?categoryId=108

◆ 四川长宁 6.0 级地震救灾专题数据

语　　种：中文简体

学科领域：自然灾害及其防治

关 键 词：地震；长宁；防灾减灾

摘　　要：2019 年 6 月 17 日，四川长宁发生 6.0 级地震，震源深度 16 公里。地震发生之后，中国工程科技知识中心快速响应，第一时间开通地震救灾直通车服务，面向公众共享灾区基础地理、自然资源、气候气象、生态环境和社会经济等相关数据的快速访问及下载渠道，为四川长宁抗震救灾提供基础数据支撑。

资源类型：数据集

数据格式：数值

更新频率：不定期更新

用户权限：授权

起 始 年：1980 年

责任单位：中国科学院地理科学与资源研究所

联系电话：010-64888145

电子邮箱：geockcest@igsnrr.ac.cn

链接地址：http://geo.ckcest.cn/scientific/data/index.html?categoryId=109

地震

◆ GNSS 基准站时间序列数据库

语　　种：中文简体
学科领域：地震、测绘
关 键 词：GNSS；基准站；时间序列
摘　　要：整理并入库 1999 年 1 月至 2019 年 2 月全国 71 家台站的 GNSS 基准站时间序列数据，共计 272 249 条数据。
资源类型：数据集
数据格式：其他
更新频率：月度更新
用户权限：授权
起 始 年：1999 年
责任单位：中国地震台网中心
联系电话：010-59959437
电子邮箱：zhaogf@seis.ac.cn
链接地址：http://earthquake.ckcest.cn/dzcestsc/earthquakelist_gnss.html

◆ 地下流体数据产品库

语　　种：中文简体
学科领域：地震、地球化学
关 键 词：日均值；测项；台站
摘　　要：整理并入库 2009 年 1 月至 2018 年 12 月全国 47 家台站日均值数据，共计 122 859 条数据。
资源类型：数据集
数据格式：其他
更新频率：月度更新
用户权限：授权
起 始 年：2009 年
责任单位：中国地震台网中心
联系电话：010-59959437
电子邮箱：zhaogf@seis.ac.cn
链接地址：http://earthquake.ckcest.cn/dzcestsc/earthquake_dxlt.html

◆ 地震标准库

语　　种：中文简体
学科领域：地震
关 键 词：标准号；中文标准名称；发布日期；实施日期；业务领域
摘　　要：收集整理地震相关标准文章及数据，分国家标准、地方标准、行业标准、其他标准四大类。
资源类型：标准
数据格式：其他
更新频率：不定期更新
用户权限：授权
起 始 年：1997 年
责任单位：中国地震台网中心
联系电话：010-59959437

电子邮箱：zhaogf@seis.ac.cn

链接地址：http://earthquake.ckcest.cn/featured_resources/standard_show.html?category=地震国家标准

◆ 地震基础数据库

语　　种：中文简体

学科领域：地震

关 键 词：发震时刻；经度；纬度；震级；深度；参考位置

摘　　要：收集整理录入全球震级 5 级及以上地震事件及产品数据。

资源类型：数据集

数据格式：其他

更新频率：不定期更新

用户权限：授权

起 始 年：2009 年

责任单位：中国地震台网中心

联系电话：010-59959437

电子邮箱：zhaogf@seis.ac.cn

链接地址：http://earthquake.ckcest.cn/dzcestsc/product_show_bigearthquake.html

◆ 地震科技资料库

语　　种：中文简体

学科领域：地球物理学

关 键 词：责任者；出版者；出版年

摘　　要：整理我国地震科学研究产生的各省份地震观测档案资料。

资源类型：其他

数据格式：文本

更新频率：年度更新

用户权限：授权

起 始 年：1986 年

责任单位：中国地震台网中心

联系电话：010-59959423

电子邮箱：zhangjh@seis.ac.cn

链接地址：http://earthquake.ckcest.cn/earthquake_new/document_list.html?dataType=科技资料

◆ 地震科普数据库

语　　种：中文简体

学科领域：地震

关 键 词：抗震设防；地震预警；地震科普基地；地震监测预报；地震灾害；地震构造；地震救援及自救

摘　　要：收集整理录入抗震设防、

地震预警、地震科普基地、地震监测预报、地震灾害、地震构造、地震救援及自救七大类地震科普文章相关类型数据。

资源类型：数据集

数据格式：其他

更新频率：不定期更新

用户权限：授权

起 始 年：2007 年

责任单位：中国地震台网中心

联系电话：010-59959437

电子邮箱：zhaogf@seis.ac.cn

链接地址：http://earthquake.ckcest.cn/featured_resources/science_count.html

◆ 地震领域机构库

语　　种：中文简体

学科领域：地球物理学

关 键 词：机构名称；机构简介；专家数

摘　　要：收集整理地震相关领域机构信息。

资源类型：科技机构

数据格式：文本

更新频率：年度更新

用户权限：公开

起 始 年：1902 年

责任单位：中国地震台网中心

联系电话：010-59959423

电子邮箱：zhangjh@seis.ac.cn

链接地址：http://earthquake.ckcest.cn/scientific/organisation_list.html

◆ 地震领域专家库

语　　种：中文简体

学科领域：地球物理学

关 键 词：姓名；职务；期刊论文

摘　　要：收集整理地震相关领域专家信息。

资源类型：专家学者

数据格式：文本

更新频率：年度更新

用户权限：公开

起 始 年：1905 年

责任单位：中国地震台网中心

联系电话：010-59959423

电子邮箱：zhangjh@seis.ac.cn

链接地址：http://earthquake.ckcest.cn/scientific/person_list.html

◆ 地震速报信息库

语　　种：中文简体
学科领域：地震
关 键 词：发震日期；经度；纬度；深度；震级；参考位置；事件类型
摘　　要：收录中国地震台网产出的速报结果，涵盖国内 3.0 以上和国外 5.0 级以上地震。包括发震时刻、经度、纬度、震级、深度、参考地点等。
资源类型：数据集
数据格式：其他
更新频率：不定期更新
用户权限：公开
起 始 年：2009 年
责任单位：中国地震台网中心
联系电话：010-59959437
电子邮箱：zhaogf@seis.ac.cn
链接地址：http://earthquake.ckcest.cn/dzcestsc/earthquake_sbml.html

◆ 地震灾情数据库

语　　种：中文简体
学科领域：地震、灾害
关 键 词：发震时刻；经度；纬度；震级；深度；参考位置

摘　　要：收集整理 1901～2017 年全国 5 级及以上地震事件及相关地震产品信息数据。
资源类型：数据集
数据格式：数值
更新频率：不定期更新
用户权限：授权
起 始 年：1901 年
责任单位：中国地震台网中心
联系电话：010-59959437
电子邮箱：zhaogf@seis.ac.cn
链接地址：http://earthquake.ckcest.cn/featured_resources/disaster_show.html

◆ 地震专业术语

语　　种：中文简体
学科领域：地球物理学
关 键 词：术语层级关系；多语种信息；图片；概念
摘　　要：根据地震知识服务功能拓展的需要，重点拓展地震实体监测、地震术语在符号和图片等方向的拓展语义。
资源类型：其他
数据格式：文本
更新频率：年度更新
用户权限：公开
责任单位：中国地震台网中心

联系电话：010-59959423

电子邮箱：zhangjh@seis.ac.cn

链接地址：http://earthquake.ckcest.cn/descriptor/descriptor.html?dataType=术语资源

◆ 国家台网震相数据库

语　　种：中文简体

学科领域：地震

关 键 词：发震时刻；经度；纬度；震级；深度；参考位置

摘　　要：国家台网震相数据由中国地震台网中心使用国家测震台网 24 个基本台的数据整理生成，每个地震一个文件，时间采用国际时。目前，在线数据自 1985 年 1 月 1 日至 2018 年 2 月 28 日，共计 145 002 条事件记录，6 018 005 条震相记录。

资源类型：数据集

数据格式：数值

更新频率：不定期更新

用户权限：授权

起 始 年：1985 年

责任单位：中国地震台网中心

联系电话：010-59959437

电子邮箱：zhaogf@seis.ac.cn

链接地址：http://earthquake.ckcest.cn/dzcestsc/product_show_zhenxiang.html

◆ 历史地震数据库

语　　种：中文简体

学科领域：地震

关 键 词：发震时刻；经度；纬度；震级；深度；参考位置

摘　　要：收录由顾功叙主编的地震目录，包括公元前 1831 年～公元 1969 年发生在我国的破坏性地震（M ≥ 4.0），共 5163 条目录。

资源类型：数据集

数据格式：数值

更新频率：不定期更新

用户权限：授权

起 始 年：公元前 1831 年

责任单位：中国地震台网中心

联系电话：010-59959437

电子邮箱：zhaogf@seis.ac.cn

链接地址：http://earthquake.ckcest.cn/dzcestsc/earthquake_lsdz.html

地理信息

◆ "一带一路"基础地理信息数据

语　　种：中文简体
学科领域：地理信息
关 键 词："一带一路"
摘　　要：收录"一带一路"沿线国家（地区）相关行政区划、地势、地貌、铁路、公路等地图资料及人口、经济统计资料，对收集到的资料进行分析和评价，确定出资料的使用价值和使用程度，统一专题数据的分类指标、度量单位等重要参数，并进行数据格式转换。基于专题制图数据加工规范，进行图例符号设计、图面配置设计、地图色彩及网纹设计等工作，完成"一带一路"专题地图数据库建设，并将专题成果数据发布成地图服务接口，供中国工程科技知识中心各分中心及"一带一路"专题频道免费使用。专题地图库主要包括："一带一路"经济走廊及其途经城市分布影像图、"一带一路"经济走廊及其途经城市分布地势图、"一带一路"经济走廊及其途经城市分国设色图等。
资源类型：图片
数据格式：图形图像
更新频率：不定期更新
用户权限：公开
起 始 年：2019 年
责任单位：国家基础地理信息中心
联系电话：010-63880131
电子邮箱：zhaixi@ngcc.cn

链接地址：http://kmap.ckcest.cn/specialMap/index

◆ 《地理信息世界》期刊全文

语　　种：中文简体
学科领域：地理信息
关 键 词：地理信息世界
摘　　要：《地理信息世界》是以刊载地理空间信息科学和地理信息系统的理论与方法、技术与应用为主要内容的综合性科学技术类期刊，是我国目前唯一以地理信息为显著标志的科技期刊。提供 PDF 文件，并分类存储于服务器文件系统中。
资源类型：期刊论文
数据格式：文本
更新频率：季度更新
用户权限：公开
起 始 年：2017 年
责任单位：国家基础地理信息中心
联系电话：010-63880131
电子邮箱：zhaixi@ngcc.cn
链接地址：http://kmap.ckcest.cn/periodical/index

◆ 1∶100 万与 1∶25 万全国基础地理数据

语　　种： 中文简体

学科领域： 地理信息

关 键 词： 1∶100 万；全国数据

摘　　要： 数据来源于全国地理信息资源目录服务系统的全国基础地理数据公开部分。全国 1∶100 万与全国 1∶25 万基础地理数据覆盖全国陆地范围和包括台湾岛、海南岛、钓鱼岛、南海诸岛在内的主要岛屿及其邻近海域，该数据整体现势性为 2015年。数据信息存储于地理信息系统数据库中，可通过名称和图幅号查询下载。包括元数据联系单位、生产时间、一级类类型数量、地表覆盖影像色彩模式、大地基准、6 度分带带号、高程基准、分发单位、成果类型、数据分辨率、地表覆盖影像数据格式、分类影像数据源、投影、中央经线、数据格式，同时配有缩略图，可通过行政省份进行筛选，还可通过新图号进行查询。

资源类型： 图片

数据格式： 图形图像

更新频率： 不定期更新

用户权限： 授权

起 始 年： 2017 年

责任单位： 国家基础地理信息中心

联系电话： 010-63880131

电子邮箱： zhaixi@ngcc.cn

链接地址： http://kmap.ckcest.cn/nation

wideMap/index

◆ GlobeLand30 数据

语　　种： 中文简体

学科领域： 地理信息

关 键 词： 全球数据

摘　　要： 数据来源于全国地理信息资源目录服务系统的全球基础地理数据公开部分。包含大洋洲、北美洲、南美洲、南极洲、欧洲、亚洲、非洲数据，按照国家分类组织，包括元数据联系单位、生产时间、一级类类型数量、地表覆盖影像色彩模式、大地基准、6 度分带带号、高程基准、分发单位、成果类型、数据分辨率、地表覆盖影像数据格式、分类影像数据源、投影、中央经线、数据格式，同时配有缩略图，可通过所在国家进行筛选，还可通过新图号进行查询。

资源类型： 图片

数据格式： 图形图像

更新频率： 不定期更新

用户权限： 授权

起 始 年： 2017 年

责任单位： 国家基础地理信息中心

联系电话： 010-63880131

电子邮箱： zhaixi@ngcc.cn

链接地址： http://kmap.ckcest.cn/resour

ce/search/normal?words=&dataCode=global30

◆ 版图知识库

语　　种：中文简体
学科领域：地理信息
关 键 词：版图知识
摘　　要：收录地理版图多媒体数据资源，使用实体抽取、文本主题标引等知识提取工具，基于非结构化数据库技术开发版图知识数据库管理系统，初步构建地理版图知识模型，实现版图知识库的简单语义查询功能，为各领域专家、学者研究成果地图插图提供权威的、标准化的底图服务。
资源类型：图片
数据格式：图形图像
更新频率：不定期更新
用户权限：公开
起 始 年：2016 年
责任单位：国家基础地理信息中心
联系电话：010-63880131
电子邮箱：zhaixi@ngcc.cn
链接地址：http://kmap.ckcest.cn/otherSearch/searchZsfwPage

◆ 测绘地理信息档案目录

语　　种：中文简体
学科领域：地理信息
关 键 词：测绘；地理信息
摘　　要：主要包括在测绘生产、科研、教育等活动中形成的具有国家等级精度的各种测绘基准档案、遥感航摄影像资料、国家基本比例尺地形图、国内外出版的专题图、地图集、边界测绘资料以及国家大型测绘项目档案资料。共收藏档案超过 540 万件，7 万卷，馆藏数字档案、数字航摄和卫星影像数据、地图数据等 500TB 左右。
资源类型：数据集
数据格式：图形图像
更新频率：不定期更新
用户权限：授权
起 始 年：2017 年
责任单位：国家基础地理信息中心
联系电话：010-63880131
电子邮箱：zhaixi@ngcc.cn
链接地址：http://kmap.ckcest.cn/otherSearch/archivesList

◆ 测绘科学与地理科学叙词库

语　　种：中文简体
学科领域：地理信息
关 键 词：测绘叙词
摘　　要：基于叙词表提取工具，建立测绘科学叙词库，叙词条数共 3021 条，可提供语义查询、文献标引、知识库构建等工作提供语料支撑。建立地理科学叙词库，叙词条数共 6721 条，可为语义查询、文献标引、构建知识库等任务提供语料支撑。
资源类型：其他
数据格式：文本
更新频率：不定期更新
用户权限：公开
起 始 年：2016 年
责任单位：国家基础地理信息中心
联系电话：010-63880131
电子邮箱：zhaixi@ngcc.cn
链接地址：http://kmap.ckcest.cn/words/index

◆ 测绘相关法律法规

语　　种：中文简体
学科领域：地理信息
关 键 词：法律法规
摘　　要：国内关于测绘方面的法律法规，包括《中华人民共和国测绘法》、《中华人民共和国测绘成果管理条例》、《基础测绘条例》、《国务院办公厅转发测绘局等部门关于加强国家版图意识宣传教育和地图市场监管意见的通知》和《地图审核管理规定》。
资源类型：产业政策
数据格式：文本
更新频率：不定期更新
用户权限：公开
起 始 年：2019 年
责任单位：国家基础地理信息中心
联系电话：010-63880131
电子邮箱：zhaixi@ngcc.cn
链接地址：http://kmap.ckcest.cn/otherSearch/searchZsfwPage

◆ 测绘专家库

语　　种：中文简体
学科领域：地理信息
关 键 词：专家库

摘　　要：为了有效地保存、管理测绘学科知识资产，便于中国工程科技知识中心各专业分中心的学术交流与分享，基于开放理论的新型知识组织和传播方式，构建测绘学科机构知识库。收集我国测绘专业相关的学者、机构、学术成果等，并通过可视化图谱揭示学者学术科研网络。

资源类型：专家学者
数据格式：文本
更新频率：不定期更新
用户权限：公开
起 始 年：2017 年
责任单位：国家基础地理信息中心
联系电话：010-63880131
电子邮箱：zhaixi@ngcc.cn
链接地址：http://kmap.ckcest.cn/academician/list

◆ 论文插图数据

语　　种：中文简体
学科领域：地理信息
关 键 词：论文插图
摘　　要：收录世界地图（中文）和世界地图（英文）；中国地图（包含区域地图和中国全图）；专题地图（包含 G20 国家、地势图、京津冀都市圈、"一带一路"、长江经济带区域）。依据最新版的世界地图和中国地图更新维护。

资源类型：数据集
数据格式：图形图像
更新频率：不定期更新
用户权限：公开
起 始 年：2019 年
责任单位：国家基础地理信息中心
联系电话：010-63880131
电子邮箱：zhaixi@ngcc.cn
链接地址：http://kmap.ckcest.cn/illustration/index

◆ 全国地理信息档案目录数据

语　　种：中文简体
学科领域：地理信息
关 键 词：档案目录
摘　　要：国家基础地理信中心（国家测绘档案资料馆）馆藏有航空航天遥感、大地测量、测绘地理信息采集与更新、地理国情监测等各类测绘项目档案以及国家基本比例尺地形图档案，还收藏有历史地图、国内外出版的专题图和地图集等。馆藏地形图档案有多个比例尺，覆盖全国范围，最早的测制年代可追溯至清代。依据国家基础地理信息中心（国家测绘档案资料馆）馆藏数据进行更新维护。

资源类型：其他
数据格式：文本
更新频率：不定期更新
用户权限：公开
起 始 年：2019 年
责任单位：国家基础地理信息中心
联系电话：010-63880131
电子邮箱：zhaixi@ngcc.cn
链接地址：http://www.webmap.cn/map
DataAction.do?method=archiveSearch&
locationType=2

联系电话：010-63880131
电子邮箱：zhaixi@ngcc.cn
链接地址：http://kmap.ckcest.cn/other
Search/searchCgmlPage

◆ **全球 1∶1700 万地理数据**

语　　种：中文简体
学科领域：地理信息
关 键 词：全球数据；空间数据；地
理数据
摘　　要：全球 1∶1700 万地理数据
包括机场、铁路、河流、道路、湖
泊、海洋、城市、村镇等 23 万个地
理要素。
资源类型：图片
数据格式：图形图像
更新频率：不定期更新
用户权限：授权
起 始 年：2019 年
责任单位：国家基础地理信息中心
联系电话：010-63880131
电子邮箱：zhaixi@ngcc.cn
链接地址：2020 年上线

◆ **全国地理信息资源成果目录数据**

语　　种：中文简体
学科领域：地理信息
关 键 词：成果目录
摘　　要：包括地形要素数据
（DLG）、数字高程模型（DEM）、数
字栅格地图（DRG）、数字正射影像
数据（DOM）。每类数据都提供查询
和下载方式。
资源类型：图片
数据格式：图形图像
更新频率：不定期更新
用户权限：授权
起 始 年：2019 年
责任单位：国家基础地理信息中心

◆ 全球地表覆盖 30 米数据

语　　种：中文简体
学科领域：地理信息
关 键 词：地表覆盖
摘　　要：依据 GlobeLand30 数据中的地表覆盖类别，即同一地表覆盖类别的知识地图构成不同的类别知识子集，所有类别的知识子集和集间关系共同构成知识地图集。包括建设用地、陆表水域、耕地、湿地、生态环境等地图数据。全球地表覆盖 30 米数据组织为图文结合的可视化知识，供系统使用者查看，了解全球地表覆盖知识。
资源类型：图片
数据格式：图形图像
更新频率：不定期更新
用户权限：授权
起 始 年：2018 年
责任单位：国家基础地理信息中心
联系电话：010-63880131
电子邮箱：zhaixi@ngcc.cn
链接地址：http://kmap.ckcest.cn/resource/search/normal?words=&dataCode=global30

◆ 世界版图标准画法

语　　种：中文简体
学科领域：地理信息
关 键 词：世界版图
摘　　要：世界版图包含世界地图（中文）和世界地图（英文）。
资源类型：图片
数据格式：图形图像
更新频率：不定期更新
用户权限：公开
起 始 年：2018 年
责任单位：国家基础地理信息中心
联系电话：010-63880131
电子邮箱：zhaixi@ngcc.cn
链接地址：http://kmap.ckcest.cn/illustration/index

◆ 机构空间化数据

语　　种：中文简体
学科领域：地理信息
关 键 词：文献；专利机构空间化数据
摘　　要：完成 2000 万条文献的机构空间化标注工作，为了进一步提高空间化标注的数据质量，开发机构坐标精度检测评价算法，对自动化处理完成数据进行快速定位精准性检查，筛选定位错误机构，重新进行人工空间化定位。根据中国工程科技知识中心的要求，数据集包括提取的每个机构的地址、省、市、县、经度、纬度。

资源类型：其他
数据格式：文本
更新频率：不定期更新
用户权限：公开
起 始 年：2019 年
责任单位：国家基础地理信息中心
联系电话：010-63880131
电子邮箱：zhaixi@ngcc.cn
链接地址：http://kmap.ckcest.cn/

◆ 文献目录数据

语　　种：中文简体
学科领域：地理信息
关 键 词：文献目录数据
摘　　要：科技文献包括期刊论文、学位论文、会议论文、专利、年鉴等。在科技文献的基础上，对机构、作者字段进行清洗，提高内容质量。对正文内容进行分析提取研究区，对机构执行空间化获取机构位置信息。数据内容包括标题、作者、机构、发表时间、关键词、摘要、引用等。

资源类型：其他
数据格式：文本
更新频率：不定期更新
用户权限：公开
起 始 年：2019 年
责任单位：国家基础地理信息中心
联系电话：010-63880131
电子邮箱：zhaixi@ngcc.cn
链接地址：http://kmap.ckcest.cn/search/index

◆ 中国版图标准画法

语　　种：中文简体
学科领域：地理信息
关 键 词：中国版图
摘　　要：中国版图包含区域地图和中国全图
资源类型：图片
数据格式：图形图像
更新频率：不定期更新
用户权限：公开
起 始 年：2018 年
责任单位：国家基础地理信息中心
联系电话：010-63880131
电子邮箱：zhaixi@ngcc.cn
链接地址：http://kmap.ckcest.cn/illustration/index

◆ 中国地理底图数据

语　　种：中文简体

学科领域：地理信息

关 键 词：中国地理底图

摘　　要：为满足广大社会群众对地理信息数据资源的需求，经国家测绘地理信息局同意，提供部分中国地理底图数据。下载数据均采用标准图幅分发，内容含行政区（面）、行政境界点（领海基点）、行政境界（线）、水系（点、线、面）、公路、铁路（点、线）、居民地（点、面）、居民地地名（注记点）、自然地名（注记点）等 12 类要素层。

资源类型：图片

数据格式：图形图像

更新频率：不定期更新

用户权限：公开

起 始 年：2019 年

责任单位：国家基础地理信息中心

联系电话：010-63880131

电子邮箱：zhaixi@ngcc.cn

链接地址：http://kmap.ckcest.cn/nationwideMap/index

◆ 专题地图数据

语　　种：中文简体

学科领域：地理信息

关 键 词：专题地图

摘　　要：包含 20 国集团（G20）、地势图、京津冀都市圈、"一带一路"、长江经济带区域等专题图。依据国家权威部门发布的专题信息更新维护，可供系统使用者查看、下载、使用。

资源类型：图片

数据格式：图形图像

更新频率：不定期更新

用户权限：公开

起 始 年：2019 年

责任单位：国家基础地理信息中心

联系电话：010-63880131

电子邮箱：zhaixi@ngcc.cn

链接地址：http://kmap.ckcest.cn/specialMap/index

其他（交叉学科）

试验技术

◆ 试验技术法律法规库

语　　种：中文简体
学科领域：试验技术
关 键 词：试验技术；政策文件；法律法规
摘　　要：收录试验技术相关的政策文件、法律法规等。
资源类型：产业政策
数据格式：文本
更新频率：不定期更新
用户权限：公开
起 始 年：2018 年
责任单位：北京中实国金国际实验室能力验证研究有限公司
联系电话：010-62182322
电子邮箱：test@analysis.org.cn
链接地址：http://test.ckcest.cn/home/search?documentType=%E6%B3%95%E5%BE%8B%E6%B3%95%E8%A7%84

◆ 能力验证项目数据库

语　　种：中文简体
学科领域：试验技术
关 键 词：国内外；能力验证；实验室间比对

摘　　要：收录国内外提供的能力验证项目。能力验证项目（包括测量审核项目）是对试验机构的检测技术能力进行技术评价的国际化通用手段，与现场评审互为补充，是认证认可机构最常用的两种能力评价技术，也是国家认证认可工作的重要技术支撑。
资源类型：数据集
数据格式：数值
更新频率：年度更新
用户权限：公开
起 始 年：2016 年
责任单位：北京中实国金国际实验室能力验证研究有限公司
联系电话：010-62182322
电子邮箱：test@analysis.org.cn
链接地址：http://test.ckcest.cn/home/search?documentType=%E9%A1%B9%E7%9B%AE

◆ 实验室技术能力评价数据

语　　种：中文简体
学科领域：试验技术
关 键 词：能力验证计划；能力验证结果；实验室评价结果
摘　　要：以能力验证结果为主，汇聚实验室评价结果。收录试验机构参加能力验证项目的信息、检测对象和检测参数的信息、检测结果可靠性的评价结果信息、检测技术能力与其他机构进行对比的信息。实验室技术能力评价库是项目建设承担单位独有的实时更新的特色资源。该资源用于提供数据库关联分析和对比可视化，不在试验技术专业知识服务系统前台展示。

资源类型：数据集
数据格式：数值
更新频率：年度更新
用户权限：授权
起 始 年：2016 年
责任单位：北京中实国金国际实验室能力验证研究有限公司
联系电话：010-62182322
电子邮箱：test@analysis.org.cn
链接地址：http://test.ckcest.cn/MoreList/TrendAnalysis

◆ **实验室检测项目数据库**

语　　种：中文简体
学科领域：试验技术
关 键 词：检测机构；认证认可；计量认证
摘　　要：收录各类实验室通过认证认可、计量认证的项目。依据中国工程科技知识中心和中国合格评定国家

认可委员会秘书处签署的《共同推动国家认可支撑科技创新战略合作协议》行动计划，新增的认可机构中检测实验室的能力范围定期更新共享。数据库用于支撑实验室服务能力查询工具。

资源类型：数据集
数据格式：文本
更新频率：年度更新
用户权限：授权
起 始 年：2016 年
责任单位：北京中实国金国际实验室能力验证研究有限公司
联系电话：010-62182322
电子邮箱：test@analysis.org.cn
链接地址：http://test.ckcest.cn/LabServiceAbility

◆ **试验对象和参数**

语　　种：中文简体
学科领域：试验技术
关 键 词：试验技术；产品；指标
摘　　要：涵盖试验技术对应的产品和指标，以静态数据为主，每年增量较小。当研制出新产品、开发出新方法或者新仪器，以及关注产品新的性能指标时，会更新数据资源，用于支撑实验室服务能力查询工具。

资源类型：数据集
数据格式：文本
更新频率：年度更新
用户权限：授权
起 始 年：2016 年
责任单位：北京中实国金国际实验室能力验证研究有限公司
联系电话：010-62182322
电子邮箱：test@analysis.org.cn
链接地址：http://test.ckcest.cn/LabServiceAbility

◆ 试验方法库

语　　种：中文简体
学科领域：试验技术
关 键 词：标准方法；CSM 方法；文献方法。
摘　　要：根据来源不同，收录的试验方法可分为标准方法、CSM 方法和文献方法三种。标准方法包括但不限于：国际标准、国家标准、行业标准、团体标准、企业标准。CSM 方法为中国金属学会方法，均来自承建单位自建。文献方法来自专业期刊数据库，在中国知网中筛选 126 种中文试验技术相关期刊文献和 109 种英文试验技术相关期刊文献。试验方法库定期自动或人工入库更新。

资源类型：数据集
数据格式：其他
更新频率：季度更新
用户权限：授权
起 始 年：2016 年
责任单位：北京中实国金国际实验室能力验证研究有限公司
联系电话：010-62182322
电子邮箱：test@analysis.org.cn
链接地址：http://test.ckcest.cn/home/search?channelName=%E6%96%B9%E6%B3%95%E6%80%BB%E5%BA%93

◆ 试验机构库

语　　种：中文简体
学科领域：试验技术
关 键 词：检测实验室；能力验证提供者（PTP）；标准物质提供者（RMP）；仪器厂商；科研试验机构
摘　　要：收录试验技术的相关试验检测实验室数据、能力验证提供者数据、标准物质提供者数据。试验机构库采用表单展示的形式。资源来源于中国国家认证认可监督管理委员会负责监管的检验检测机构信息，国际能力验证提供者和国际仪器厂商的信息，以及与中国合格评定国家认可委员会共享的数据。试验机构库为专业工具——实验室服务能力查询和产品质量检测技术能力评价工具提供关联的机构信息。

资源类型：科技机构

数据格式：文本

更新频率：年度更新

用户权限：公开

起 始 年：2016 年

责任单位：北京中实国金国际实验室能力验证研究有限公司

联系电话：010-62182322

电子邮箱：test@analysis.org.cn

链接地址：http://test.ckcest.cn/home/search?documentType=%E6%9C%BA%E6%9E%84

◆ **试验技术标准物质库**

语 种：中文简体

学科领域：试验技术

关 键 词：标准物质；标准样品；质控样品

摘 要：收录标准物质、标准样品、质控样品等资源。包括样品编号、中文名称、英文名称、应用领域、用途、保存条件、使用注意事项、特征形态、基体、主要分析方法、定值单位、规格、研制单位名称、标准值等。标准物质来自承建单位自建、纳克标准物质网和国家标准物质资源网。

资源类型：数据集

数据格式：数值

更新频率：年度更新

用户权限：公开

起 始 年：2016 年

责任单位：北京中实国金国际实验室能力验证研究有限公司

联系电话：010-62182322

电子邮箱：test@analysis.org.cn

链接地址：http://test.ckcest.cn/home/search?DocumentType=%E7%89%A9%E8%B4%A8

◆ **试验技术科研课题库**

语 种：中文简体

学科领域：试验技术

关 键 词：试验技术；科研项目；研究热点；资金支持

摘 要：收录科学技术部等国家部委、自然科学基金委、地方科委等发布的科研项目信息。为广大用户提供国家和地方政府在试验技术领域的重大需求和政策支持信息，以及行业组织和科研机构的研究热点与资金支持信息，推进试验技术领域的快速发展。包括科研项目的主题、发布单位、时间等。

资源类型： 科研项目

数据格式： 其他

更新频率： 季度更新

用户权限： 公开

起 始 年： 2019 年

责任单位： 北京中实国金国际实验室能力验证研究有限公司

联系电话： 010-62182322

电子邮箱： test@analysis.org.cn

链接地址： http://test.ckcest.cn/

◆ 试验技术培训视频库

语　　种： 中文简体

学科领域： 试验技术

关 键 词： 仪器操作；标准宣贯；方法应用；专业讲座

摘　　要： 收录与试验技术相关的专业视频，大部分视频为国内独家资源。内容涉及仪器操作演示、标准宣贯、试验原理培训、方法应用、试验机构监管政策培训、专业讲座等。用户可以直接点击观看。

资源类型： 数据集

数据格式： 视频

更新频率： 年度更新

用户权限： 公开

起 始 年： 2017 年

责任单位： 北京中实国金国际实验室能力验证研究有限公司

联系电话： 010-62182322

电子邮箱： test@analysis.org.cn

链接地址： http://test.ckcest.cn/home/search?documentType=%E8%A7%86%E9%A2%91

◆ 试验技术图谱资源库

语　　种： 中文简体

学科领域： 试验技术

关 键 词： 样品检测；图片；谱线

摘　　要： 收录真实样品检测的专业图片和谱线，具有非常大的参考意义。涉及领域主要包括：化学分析测试图谱、海洋腐蚀的试验图片、材料相图等物理性能图片、材料力学与服役性能的试验谱线。

资源类型： 图片

数据格式： 图形图像

更新频率： 年度更新

用户权限： 公开

起 始 年： 2017 年

责任单位： 北京中实国金国际实验室能力验证研究有限公司

联系电话： 010-62182322

电子邮箱： test@analysis.org.cn

链接地址： http://test.ckcest.cn/home/

search?documentType=%E5%9B%BE%E8%B0%B1

◆ 试验技术知识问答库

语　　种：中文简体
学科领域：试验技术
关 键 词：试验技术；知识问答；百科
摘　　要：收录常见试验相关技术知识问答，包括无损检测技术、水处理技术、环境保护技术、试验技术原理等。
资源类型：数据集
数据格式：文本
更新频率：季度更新
用户权限：公开
起 始 年：2017 年
责任单位：北京中实国金国际实验室能力验证研究有限公司
联系电话：010-62182322
电子邮箱：test@analysis.org.cn
链接地址：http://test.ckcest.cn/home/search?documentType=%E9%97%AE%E7%AD%94%E5%BA%93

◆ 试验技术专家库

语　　种：中文简体
学科领域：试验技术
关 键 词：试验技术；高级职称；技术人员
摘　　要：收录高级职称以上的试验相关技术人员，包括试验机构的技术专家、授权签字人，以及研究单位的教授和行业领域的专家。将专家库和文献资源进行关联，一方面便于用户找到所需的技术专家，从而进行专业技术咨询，提升技术能力；另一方面便于国家和行业组建专家队伍，解决重大问题。
资源类型：专家学者
数据格式：文本
更新频率：年度更新
用户权限：公开
起 始 年：2016 年
责任单位：北京中实国金国际实验室能力验证研究有限公司
联系电话：010-62182322
电子邮箱：test@analysis.org.cn
链接地址：http://test.ckcest.cn/home/search?documentType=%E4%B8%93%E5%AE%B6

◆ 试验技术专业报告库

语　　种：中文简体

学科领域：试验技术

关 键 词：进展报告；仪器应用报
告；试验技术前沿报告

摘　　要：收录最新进展报告、仪器
应用报告、试验技术前沿报告等。
2018 年，"仪器评议报告库"改为
"试验技术专业报告库"，除包括已有
的仪器评议报告，还收录关于试验技
术的最新进展报告。

资源类型：数据集

数据格式：文本

更新频率：月度更新

用户权限：授权

起 始 年：2017 年

责任单位：北京中实国金国际实验室
能力验证研究有限公司

联系电话：010-62182322

电子邮箱：test@analysis.org.cn

链接地址：http://test.ckcest.cn/home/
search?documentType=%E6%8A%A5%
E5%91%8A

◆ 分析测试试验人员信息库

语　　种：中文简体

学科领域：试验技术

关 键 词：试验技术；人员；分析测试

摘　　要：收录试验相关技术人员信
息。从事试验操作的技术人员，可通
过参加能力验证活动，来证明其试验
技术水平。人员信息与机构信息库和
技术能力评价库密切关联，并通过业
务活动与试验技术代码和能力验证项
目相关联。可支撑试验人员能力查询
工具的运行，能帮助现场评审人员资
质确认。

资源类型：专家学者

数据格式：文本

更新频率：年度更新

用户权限：公开

起 始 年：2016 年

责任单位：北京中实国金国际实验室
能力验证研究有限公司

联系电话：010-62182322

电子邮箱：test@analysis.org.cn

链接地址：http://test.ckcest.cn/home/
search?DocumentType=%E4%BA%B
A%E5%91%98

◆ 试验仪器设备库

语　　种：中文简体
学科领域：仪器、设备
关 键 词：试验技术；仪器；设备
摘　　要：收录试验技术相关的仪器设备信息，包括仪器名称、型号、性能指标等，与试验方法相关联。仪器设备资源来自承建单位自建、展会、邀约授权等；下一步建设前台自动登记功能，拓展采集渠道。提供仪器对比功能，可为用户采购仪器提供参考。
资源类型：数据集

数据格式：文本
更新频率：年度更新
用户权限：公开
起 始 年：2016 年
责任单位：北京中实国金国际实验室能力验证研究有限公司
联系电话：010-62182322
电子邮箱：test@analysis.org.cn
链接地址：http://test.ckcest.cn/home/search?DocumentType=%E4%BB%AA%E5%99%A8

战略性新兴产业

◆ 战略性新兴产业百科词条库

语　　种：中文简体

学科领域：战略性新兴产业

关 键 词：基础知识；技术；产品；工程；企业

摘　　要：收录战略性新兴产业八大领域相关百科词条，词条内容涵盖战略性新兴产业基础知识、技术、产品、工程、企业等，来源为百度百科、维基百科、MBA 智库百科。

资源类型：百科

数据格式：文本

更新频率：不定期更新

用户权限：公开

起 始 年：2016 年

责任单位：中国航天系统科学与工程研究院

联系电话：010-68373574

电子邮箱：caest@ckcest.cn

链接地址：http://sei.ckcest.cn/search/generalSearchList.html?classen=encyclopedias_meta

◆ 战略性新兴产业标准库

语　　种：中文简体

学科领域：战略性新兴产业

关 键 词：标准编号；发布日期；发布单位；标准状态；实施日期；国际标准分类号

摘　　要：收录战略性新兴产业八大领域相关标准数据，来源为各领域行业协会、国务院标准化行政主管部门、国务院有关行政主管部门、国家市场监督管理总局、国家标准化管理委员会官网。

资源类型：标准

数据格式：文本

更新频率：不定期更新

用户权限：公开

起 始 年：1905 年

责任单位：中国航天系统科学与工程研究院

联系电话：010-68373574

电子邮箱：caest@ckcest.cn

链接地址：http://sei.ckcest.cn/search/generalSearchList.html?classen=standard_meta

◆ 战略性新兴产业产品样本库

语　　种：中文简体

学科领域：战略性新兴产业

关 键 词：企业信息；产品目录；产品信息；产品图片；产品技术文档；

CAD 设计图

摘　　要：收录战略性新兴产业八大领域相关产品/产品样本信息，包括完整的产品样本资源，企业及产品信息来源为全球领军企业、国内重点企业、主要研究机构、行业协会等官方发布网站。专利及文献信息来源于国家知识产权局、中国知网、万方、维普、中国科学院文献情报中心、智慧芽数据库等。

资源类型：其他

数据格式：其他

更新频率：不定期更新

用户权限：授权

起 始 年：2018 年

责任单位：中国航天系统科学与工程研究院

联系电话：010-68373574

电子邮箱：caest@ckcest.cn

链接地址：http://sei.ckcest.cn/search/generalSearchList.html?classen=product_meta

◆ 战略性新兴产业园区库

语　　种：中文简体

学科领域：战略性新兴产业

关 键 词：工业园区；经济技术开发区；高新技术产业开发区；特色产业园区；出口加工区；保税区；边境经济合作区

摘　　要：收录战略性新兴产业八大领域相关产业园区，来源为国家发展和改革委员会、科学技术部、国土资源部、住房和城乡建设部、商务部、海关总署发布的《中国开发区审核公告目录》（2018 年版）。

资源类型：其他

数据格式：其他

更新频率：不定期更新

用户权限：公开

起 始 年：1984 年

责任单位：中国航天系统科学与工程研究院

联系电话：010-68373574

电子邮箱：caest@ckcest.cn

链接地址：http://sei.ckcest.cn/search/generalSearchList.html?classen=industrial_park_meta

◆ 战略性新兴产业会议库

语　　种：中文简体

学科领域：战略性新兴产业

关 键 词：会议名称；举办时间；结束时间；举办地点；组织机构；会议概况；参会对象；参会经费；注意事项；联系方式；会议网址

摘　　要：收录战略性新兴产业八大领域相关权威会议及论坛，来源为战略性新兴产业研究领域各研究院所官方发布的会议信息，以及中国工程科技知识中心战略性新兴产业分中心协建单位（如中国环境科学研究院、中国汽车工程研究院股份有限公司、中国农业科学院生物技术研究所）等权威科研机构提供的数据。

资源类型：其他

数据格式：文本

更新频率：不定期更新

用户权限：公开

起 始 年：2016 年

责任单位：中国航天系统科学与工程研究院

联系电话：010-68373574

电子邮箱：caest@ckcest.cn

链接地址：http://sei.ckcest.cn/search/generalSearchList.html?classen=conference_meta

◆　**战略性新兴产业政策库**

语　　种：中文简体

学科领域：战略性新兴产业

关 键 词：技术创新；产业环境；机制体制

摘　　要：从国务院、国家发展和改革委员会、工业和信息化部等国家权威机构，收集国家和地方颁布的有关战略性新兴产业的政策法规。将全部政策数据按照专家提供的政策分类和政策功能进行一、二级分类，包括技术创新、产业环境、机制体制和综合类，每一个分类又包含不同的政策功能，如技术创新分类包括加强产业关键技术研发、强化企业技术创新能力建设等。

资源类型：产业政策

数据格式：文本

更新频率：不定期更新

用户权限：公开

起 始 年：1991 年

责任单位：中国航天系统科学与工程研究院

联系电话：010-68373574

电子邮箱：caest@ckcest.cn

链接地址：http://sei.ckcest.cn/search/generalSearchList.html?classen=policy_meta

◆　**战略性新兴产业专家库**

语　　种：中文简体

学科领域：战略性新兴产业

关 键 词：专家姓名；出生年月；学

历；职称；毕业院校；研究领域方向；主要成就

摘　　要：基于战略性新兴产业重点领域和产业方向，收集战略性新兴产业专家信息资源，包括各专家姓名、出生年月、学历、职称、毕业院校、研究领域方向、主要成就等。来源为中国航天工程科技发展战略研究院专家库。

资源类型：专家学者
数据格式：其他
更新频率：不定期更新
用户权限：授权

起 始 年：2017 年
责任单位：中国航天系统科学与工程研究院
联系电话：010-68373574
电子邮箱：caest@ckcest.cn
链接地址：http://sei.ckcest.cn/search/generalSearchList.html?classen=expert_meta

颠覆性技术

◆ 颠覆性技术科技机构

语　　种：中文简体

学科领域：颠覆性技术

关 键 词：智库；高校；风投公司；研发机构

摘　　要：全面收集整理国内外开展颠覆性技术的主要科研院所、重点实验室、创新团队的情况，梳理这些机构的技术特点、技术优势和取得的技术成果。机构包括颠覆性技术研发机构、颠覆性技术战略研究机构及相关企业等。同时，总结和汇总机构的建设背景、研究历程和近年来的进展等。

资源类型：科技机构

数据格式：文本

更新频率：年度更新

用户权限：授权

起 始 年：2020 年

责任单位：中国工程物理研究院科技信息中心

联系电话：028-2483721

电子邮箱：9768031@qq.com

链接地址：http://view.ckcest.cn/（2020 年 5 月上线）

◆ 颠覆性技术科研项目与研究成果

语　　种：中文简体

学科领域：颠覆性技术

关 键 词：图谱；文献；科学史；原理

摘　　要：全面梳理国内外颠覆性技术相关的科研项目和取得的研究成果，包括技术类成果和咨询类成果，如国内开展的颠覆性技术的相关项目、美国国防部高级研究计划局（DARPA）每年资助的各类研发项目、美国国家研究委员会（NRC）颠覆性技术研究小组和兰德公司的咨询报告等，以及这些成果所采用的工具、方法、手段的汇总。

资源类型：科技成果

数据格式：文本

更新频率：年度更新

用户权限：授权

起 始 年：2020 年

责任单位：中国工程物理研究院科技信息中心

联系电话：028-2483721

电子邮箱：9768031@qq.com

链接地址：http://view.ckcest.cn/（2020 年 5 月上线）

◆ 颠覆性技术基础科技资源库

语　　种：中文简体

学科领域：颠覆性技术

关 键 词：颠覆性；突破性；破坏
性；创新

摘　　要：收集整理与颠覆性技术相
关的各类科技信息资源，包括中外文
期刊、会议、图书、科技报告、专利
等。同时，以文摘数据为基础，提供
文献信息的查询和检索。对颠覆性技
术知识图谱、案例研究、文献分析所
需的各类科技信息资源进行汇总。

资源类型：数据集

数据格式：文本

更新频率：年度更新

用户权限：授权

起 始 年：2019 年

责任单位：中国工程物理研究院科技
信息中心

联系电话：028-2483721

电子邮箱：9768031@qq.com

链接地址：http://view.ckcest.cn/（2020
年 5 月上线）

◆ 宏观战略库

语　　种：中文简体

学科领域：颠覆性技术

关 键 词：颠覆性；管理；政策；趋势

摘　　要：围绕具体颠覆性技术，整
理与该技术相关的市场、经济、生
产、发展规划、政策文件等的相关数
据和科技报告，为该技术的深入研究
提供数据支撑。

资源类型：产业政策

数据格式：文本

更新频率：年度更新

用户权限：授权

起 始 年：2020 年

责任单位：中国工程物理研究院科技
信息中心

联系电话：028-2483721

电子邮箱：9768031@qq.com

链接地址：http://view.ckcest.cn/（2020
年 5 月上线）

◆ 颠覆性技术专家库

语　　种：中文简体

学科领域：颠覆性技术

关 键 词：颠覆性；专家履历；专家

成果

摘　　要：收录国内外开展颠覆性技术的专家、学者及研究团队等的相关信息，既包括技术研发专家，也包括战略咨询、政策研究专家。对专家的研究领域、主要成果、研发进展等综合信息进行汇总。

资源类型：专家学者

数据格式：文本

更新频率：年度更新

用户权限：授权

起 始 年：2020 年

责任单位：中国工程物理研究院科技信息中心

联系电话：028-2483721

电子邮箱：9768031@qq.com

链接地址：http://view.ckcest.cn/（2020年 5 月上线）

◆ 颠覆性技术典型案例专题数据库

语　　种：中文简体

学科领域：颠覆性技术

关 键 词：发光二极管（LED）；高铁；液晶显示技术；核武器；互联网

摘　　要：收录国内外颠覆性技术案例研究成果，近期主要围绕 LED、高铁、液晶显示技术、核武器、互联网

五个案例库。对各项技术原理、研发历程、最新进展等内容进行汇集、组织与加工。

资源类型：其他

数据格式：文本

更新频率：年度更新

用户权限：授权

起 始 年：2019 年

责任单位：中国工程物理研究院科技信息中心

联系电话：028-2483721

电子邮箱：9768031@qq.com

链接地址：http://view.ckcest.cn/（2020年 5 月上线）

◆ 颠覆性技术知识体系数据库

语　　种：中文简体

学科领域：颠覆性技术

关 键 词：颠覆性概念；背景；发展

摘　　要：颠覆性技术是一门新兴的研究领域，其从产生到发展再到应用是一个不断完善、调整的过程，因此对该技术的认识也需要不断地丰富和提升。为了能让广大研究人员、社会公众更多地了解颠覆性技术，应围绕颠覆性技术开展相关理论知识体系梳理，形成包括有关概念、知识术语、技术架构等在内的知识体系，并不断优化、调整这一知识体系。

资源类型：其他

数据格式：文本

更新频率：年度更新

用户权限：授权

起 始 年：2020 年

责任单位：中国工程物理研究院科技信息中心

联系电话：028-2483721

电子邮箱：9768031@qq.com

链接地址：http://view.ckcest.cn/（2020 年 5 月上线）

创新设计

◆ 创新设计案例集

语　　种：中文简体
学科领域：轻工业基础理论、设计、工艺、标准
关 键 词：艺术；设计；竞赛
摘　　要：收录设计领域设计师、企业的成功案例及其成果，以及在设计方面为人们展示的各大设计产品数据。主要包括设计竞赛、设计作品案例。
资源类型：数据集
数据格式：图形图像
更新频率：季度更新
用户权限：公开
起 始 年：2014 年
责任单位：浙江大学
联系电话：0571-87953090
电子邮箱：aergo@zju.edu.cn
链接地址：http://dsgn.ckcest.cn/index.php?m=content&c=index&a=lists&catid=167

◆ 创新设计领域专家

语　　种：中文简体
学科领域：轻工业基础理论、设计、工艺、标准
关 键 词：设计师；设计专家；国内
摘　　要：收录国内从事设计相关工作的教师、专家、设计师等。
资源类型：专家学者
数据格式：文本
更新频率：季度更新
用户权限：公开
起 始 年：2015 年
责任单位：浙江大学
联系电话：0571-87953090
电子邮箱：aergo@zju.edu.cn
链接地址：http://dsgn.ckcest.cn/index.php?m=content&c=index&a=lists&catid=19

◆ 创新设计技术构成

语　　种：中文简体
学科领域：轻工业基础理论、设计、工艺、标准
关 键 词：技术；材料；元器件；新闻资讯
摘　　要：收录设计领域各行各业所需要的材料信息，包括材料的名称、结构、制造商和来源等，以及与技术相关的要素与新闻，如材料、元器件等。
资源类型：数据集

数据格式：图形图像
更新频率：季度更新
用户权限：公开
起 始 年：2015 年
责任单位：浙江大学
联系电话：0571-87953090
电子邮箱：aergo@zju.edu. cn
链接地址：http://dsgn.ckcest.cn/index.
php?m=content&c=index&a=lists&catid=
165

◆ 创新设计人本构成

语　　种：中文简体
学科领域：轻工业基础理论、设计、
工艺、标准
关 键 词：脑电；心电；肌电
摘　　要：收录人本构成相关文献、
数据资源，以及人体相关数据，如心
理、生理数据等。
资源类型：数据集
数据格式：数值
更新频率：季度更新
用户权限：公开
起 始 年：2016 年
责任单位：浙江大学
联系电话：0571-87953090
电子邮箱：aergo@zju.edu. cn
链接地址：http://dsgn.ckcest.cn/index.

php?m=content&c=index&a=lists&catid=
166

◆ 创新设计商业构成

语　　种：中文简体
学科领域：轻工业基础理论、设计、
工艺、标准
关 键 词：商品价格；商业模式；流
行趋势
摘　　要：收录产品商业价值数据，
包括商业模式和商品基本属性。商业
构成是创新设计成功的关键要素，可
大大丰富创新设计的范畴。
资源类型：数据集
数据格式：图形图像
更新频率：季度更新
用户权限：公开
起 始 年：2016 年
责任单位：浙江大学
联系电话：0571-87953090
电子邮箱：aergo@zju.edu. cn
链接地址：http://dsgn.ckcest.cn/index.
php?m=content&c=index&a=lists&catid=
162

◆ 创新设计文化构成

语　　种：中文简体

学科领域：轻工业基础理论、设计、工艺、标准

关 键 词：剪纸；馆藏；古文物

摘　　要：将文化瑰宝转化为各种数字化文化产品和服务，使创新设计有独特的产品内涵和文化特质，进而形成具有民族和时代特性的文化品牌。涉及文化相关商品属性，如历史、文物博物馆馆藏，以及剪纸、非物质文化等。

资源类型：数据集

数据格式：图形图像

更新频率：季度更新

用户权限：公开

起 始 年：2016 年

责任单位：浙江大学

联系电话：0571-87953090

电子邮箱：aergo@zju.edu.cn

链接地址：http://dsgn.ckcest.cn/index.php?m=content&c=index&a=lists&catid=168

◆ 创新设计艺术构成

语　　种：中文简体

学科领域：轻工业基础理论、设计、工艺、标准

关 键 词：艺术；书法；诗画

摘　　要：收录设计行业领域关于琴棋书画、音乐等艺术设计产品的数据，包括图片与文字简介。

资源类型：数据集

数据格式：图形图像

更新频率：季度更新

用户权限：公开

起 始 年：2017 年

责任单位：浙江大学

联系电话：0571-87953090

电子邮箱：aergo@zju.edu.cn

链接地址：http://dsgn.ckcest.cn/index.php?m=content&c=index&a=lists&catid=164

防灾减灾

◆ 地震灾害专题库

语　　种：英文

学科领域：灾害及其防治

关 键 词：数据集；地震灾害；"一带一路"沿线

摘　　要：描述中国西南、青藏高原东南部和"一带一路"沿线国家（地区）的地震灾害分布情况，主要记录地震位置、地震等级、地震波覆盖范围等。可用于研究地震灾害的发生和分布，可为预防地震灾害和减小地震灾害影响提供参考。

资源类型：数据集

数据格式：数值

更新频率：不定期更新

用户权限：授权

起 始 年：公元前 780 年

责任单位：中国科学院地理科学与资源研究所

联系电话：010-64889048-8006

电子邮箱：ikcest-drr@lreis.ac.cn

链接地址：http://drr.ikcest.org/filter/2202

◆ 干旱专题数据库

语　　种：英文

学科领域：灾害及其防治

关 键 词：干旱；时空分布；"一带一路"

摘　　要：主要包括"一带一路"沿线国家（地区）干旱信息的时空分布。以热带雨量测量卫星（TRMM）3B43 的降水资料为数据源，采用降水异常百分率干旱模型，获取 1998～2015 年"一带一路"沿线国家（地区）50°N 以南旱情的月时空分布。基于 MODIS-MCD12Q1 数据，提取 2001～2013 年"一带一路"沿线国家（地区）农田的年时空分布，根据旱情和农业用地层数的叠加，获取该国家（地区）156 个月的干旱等级数据。同时，还获取了 1981～2012 年蒙古国干旱分布数据。

资源类型：数据集

数据格式：数值

更新频率：不定期更新

用户权限：授权

起 始 年：1981 年

责任单位：中国科学院地理科学与资源研究所

联系电话：010-64889048-8006

电子邮箱：ikcest-drr@lreis.ac.cn

链接地址：http://drr.ikcest.org/filter/2204

◆ 洪水灾害专题库

语　　种：英文
学科领域：灾害及其防治
关 键 词：洪水灾害；洞庭湖；松辽盆地
摘　　要：涵盖中国洪水灾害损失数据集、洞庭湖数据集和松辽盆地数据集。中国洪水灾害损失数据集包括2018 年洪水灾害的时间、事件名称、地点、死亡人数、失踪人数、受灾人口、直接经济损失和作物受灾地区等。洞庭湖数据集包括 2013 年的堤垸分布以及 1949～1998 年、1998～2008 年和 2008～2013 年的堤垸空间变化。松辽盆地数据集包括地理数据库、水文数据库和洪水灾情数据库。
资源类型：数据集
数据格式：数值
更新频率：不定期更新
用户权限：授权
起 始 年：1949 年
责任单位：中国科学院地理科学与资源研究所
联系电话：010-64889048-8006
电子邮箱：ikcest-drr@lreis.ac.cn
链接地址：http://drr.ikcest.org/filter/2205

◆ 冰冻灾害专题库

语　　种：英文
学科领域：灾害及其防治
关 键 词：冰冻雪灾；评估；森林；中国南部
摘　　要：收录中国南部的森林灾害，包括冰雪灾害、受损森林植被的恢复程度、植被物候、受损植被的空间分布和森林损失评价、受损植被恢复诊断数据和冰雪灾害风险评估数据等。
资源类型：数据集
数据格式：数值
更新频率：不定期更新
用户权限：授权
起 始 年：2004 年
责任单位：中国科学院地理科学与资源研究所
联系电话：010-64889048-8006
电子邮箱：ikcest-drr@lreis.ac.cn
链接地址：http://drr.ikcest.org/filter/2203

◆ 高温热浪灾害专题库

语　　种：英文
学科领域：灾害及其防治

关 键 词：高温热浪；灾害；南亚和东南亚

摘　　要：高温热浪灾害专题数据的时间范围为 1989～2019 年，空间范围为南亚—东南亚，可通过气象站点数据计算和插值获得。气象站点数据来自美国国家海洋和大气管理局（NOAA），包括气温、风速、降水等。将一个站的最高温度连续超过 35℃作为热波过程，可以得到各站的热波频率，然后通过克里金插值得到覆盖整个研究区域的栅格数据。

资源类型：数据集

数据格式：数值

更新频率：不定期更新

用户权限：授权

起 始 年：1989 年

责任单位：中国科学院地理科学与资源研究所

联系电话：010-64889048-8006

电子邮箱：ikcest-drr@lreis.ac.cn

链接地址：http://drr.ikcest.org/filter/2211

◆ 生态环境灾害专题库

语　　种：英文

学科领域：灾害及其防治

关 键 词：生态环境；灾害；专题数据库

摘　　要：涵盖鄱阳湖数据集和三江源区数据集。鄱阳湖数据集包括 2000～2013 年的悬浮物浓度（SSC）和 2009～2012 年的叶绿素 a 浓度，有望为鄱阳湖水环境遥感监测和区域环境管理提供支持。三江源区数据集包括草地产量的准确估算，可为生态脆弱区域资源开发和社会经济可持续发展提供科学参考。

资源类型：数据集

数据格式：数值

更新频率：不定期更新

用户权限：授权

起 始 年：2000 年

责任单位：中国科学院地理科学与资源研究所

联系电话：010-64889048-8006

电子邮箱：ikcest-drr@lreis.ac.cn

链接地址：http://drr.ikcest.org/filter/2208

◆ 城市灾害专题库

语　　种：英文

学科领域：灾害及其防治

关 键 词：数据集；城市灾害；中国

摘　　要：包括冰冻、雪害、洪涝灾害、旱灾、雾霾灾害、大风沙尘灾害、冰雹灾害、干热高温灾害、雷电灾害、暴雨洪涝灾害等灾害类型。目前，通过历史文献调研等方法获得了中国北京、重庆和上海的城市灾害数据。

资源类型：数据集
数据格式：数值
更新频率：不定期更新
用户权限：授权
起 始 年：1841 年
责任单位：中国科学院地理科学与资源研究所
联系电话：010-64889048-8006
电子邮箱：ikcest-drr@lreis.ac.cn
链接地址：http://drr.ikcest.org/filter/2212

◆ 灾害信息网络挖掘专题库

语　　种：中文简体
学科领域：灾害及其防治
关 键 词：网络文本；灾害；中国
摘　　要：网络新闻文本数据来源于新浪网。收录地震、干旱、洪水、台风等灾害数据，数据格式为 Excel，空间范围为中国，时间范围为2004～2018 年。目前，灾难新闻短信已超过12 000 条。
资源类型：数据集
数据格式：其他
更新频率：不定期更新
用户权限：授权

起 始 年：2004 年
责任单位：中国科学院地理科学与资源研究所
联系电话：010-64889048-8006
电子邮箱：ikcest-drr@lreis.ac.cn
链接地址：http://drr.ikcest.org/filter/2213

◆ "一带一路"孕灾环境专题库

语　　种：英文
学科领域：灾害及其防治
关 键 词：国家基础地理信息；防灾减灾；"一带一路"
摘　　要：收录"一带一路"经济走廊沿线国家（地区）的基础信息，包括基本国情、自然资源、政治和经济三大类。具体二级分类数据指标包括地理位置、行政区划、地形、土壤、气候、江河湖泊、环境、土地资源、水资源、森林资源、动物资源、植物资源、能源资源、矿产资源、非金属矿产资源、旅游资源、语言文字、民族、宗教、节日、政治外交、经济、科技、教育、体育、病床密度等。
资源类型：数据集
数据格式：数值
更新频率：不定期更新
用户权限：授权

起 始 年：2015 年

责任单位：中国科学院地理科学与资
源研究所

联系电话：010-64889048-8006

电子邮箱：ikcest-drr@lreis.ac.cn

链接地址：http://drr.ikcest.org/filter/2209

◆ 孟中印缅经济走廊防灾减灾专题库

语　　种：英文

学科领域：灾害及其防治

关 键 词：防灾减灾；孟加拉国；中国；印度；缅甸

摘　　要：关注孟加拉国、中国、印度和缅甸经济走廊沿线的灾害。数据集来源于谷歌新闻、维基百科、紧急事件数据库和参考文档。通过数据爬取进行收集和整理，描述 1981～2018 年孟加拉国、中国、印度和缅甸发生的一些寒潮、热浪、干旱、地震和洪水。可以帮助用户了解这些灾害发生的时空分布，为防灾减灾及相关科学研究提供有力支持。

资源类型：数据集

数据格式：数值

更新频率：不定期更新

用户权限：授权

起 始 年：1981 年

责任单位：中国科学院地理科学与资源研究所

联系电话：010-64889048-8006

电子邮箱：ikcest-drr@lreis.ac.cn

链接地址：http://drr.ikcest.org/filter/2207

◆ 中蒙俄经济走廊防灾减灾专题库

语　　种：英文

学科领域：灾害及其防治

关 键 词：沙漠化；土地覆盖；灾害；中国；蒙古国；俄罗斯

摘　　要：时间范围为 1980～2015 年，空间范围主要集中在中蒙俄经济走廊地区。收录蒙古国土地覆盖数据、蒙古高原土地覆盖数据，以及中俄蒙地区降水、气温和荒漠化数据。可为防止沙尘暴、洪水和其他由沙漠化引起的灾害以及减轻沙漠化的负面影响提供科学参考，有助于开展长期的动态同化和植被数据分析研究。

资源类型：数据集

数据格式：数值

更新频率：不定期更新

用户权限：授权

起 始 年：1980 年

责任单位：中国科学院地理科学与资源研究所

联系电话：010-64889048-8006

电子邮箱：ikcest-drr@lreis.ac.cn

链接地址：http://drr.ikcest.org/filter/2201

◈ 防灾减灾地图库

语　　种：英文

学科领域：灾害及其防治

关 键 词：地图库；自然灾害；中国

摘　　要：地图资源灾害类型包括地震、洪水和干旱灾害等。所有地图数据均经过采集、处理、发布和可视化处理。目前，有 500 多张地图供用户浏览和使用。

资源类型：数据集

数据格式：数值

更新频率：不定期更新

用户权限：授权

责任单位：中国科学院地理科学与资源研究所

联系电话：010-64889048-8006

电子邮箱：ikcest-drr@lreis.ac.cn

链接地址：http://drr.ikcest.org/map/

◈ 防灾减灾机构库

语　　种：英文

学科领域：灾害及其防治

关 键 词：机构；防灾减灾；知识服务

摘　　要：收录地震、洪涝、干旱等防灾减灾相关领域的组织机构信息，包括机构名称、国家、网站链接、经纬度信息、简介、相关灾害类型等。以上信息通过网络抓取、搜索、编译、翻译等方法获取，且具备相应的质量控制措施，目前已有 200 多条组织信息供用户查询浏览。

资源类型：科技机构

数据格式：其他

更新频率：不定期更新

用户权限：授权

起 始 年：2016 年

责任单位：中国科学院地理科学与资源研究所

联系电话：010-64889048-8006

电子邮箱：ikcest-drr@lreis.ac.cn

链接地址：http://drr.ikcest.org/filter/3112

◈ 防灾减灾专家库

语　　种：英文

学科领域：灾害及其防治

关 键 词：专家；防灾减灾；知识服务

摘　　要：收录地震、洪涝、干旱等防灾减灾相关领域专家的信息，包括专家姓名、学科、工作经历、单位、主页、访问链接、国籍等。以上信息通过网络抓取、搜索、编译、翻译等方法获取，且具备相应的质量控制措施，目前已有 200 多条组织信息供用户查询浏览。

资源类型：专家学者

数据格式：其他

更新频率：不定期更新

用户权限：授权

起 始 年：2016 年

责任单位：中国科学院地理科学与资源研究所

联系电话：010-64889048-8006

电子邮箱：ikcest-drr@lreis.ac.cn

链接地址：http://drr.ikcest.org/filter/3111

◆ 视频课件专题库

语　　种：英文

学科领域：灾害及其防治

关 键 词：课件；专题数据库；防灾减灾

摘　　要：收录遥感、环境、灾害数据管理与共享、灾害评估等与减灾相关的视频课件资源，授课时间主要为 2015～2017 年。目前，已收录 40 个视频课件资源供用户在线访问。

资源类型：其他

数据格式：其他

更新频率：不定期更新

用户权限：授权

起 始 年：2015 年

责任单位：中国科学院地理科学与资源研究所

联系电话：010-64889048-8006

电子邮箱：ikcest-drr@lreis.ac.cn

链接地址：http://drr.ikcest.org/filter/2100

智能城市

◆ 世界城市基础数据库

语　　种：英文
学科领域：智慧城市
关 键 词：世界城市基础数据
摘　　要：采集整理各个国家统计局网站的数据，加工处理后形成世界城市基础数据库。
资源类型：数据集
数据格式：数值
更新频率：年度更新
用户权限：公开
起 始 年：2017 年
责任单位：同济大学
联系电话：021-65980048
电子邮箱：icity@wuslab.org
链接地址：http://icity.ikcest.org/city/citydata

◆ 城市最佳实践案例库

语　　种：英文
学科领域：智慧城市
关 键 词：最佳案例实践；支撑联合国可持续发展目标建设
摘　　要：对案例进行统一制作与存储管理，图文并茂，具有较强的可读性；提供点赞、评论等功能，可提升案例页面的趣味性与互动性；力争建立一套国际顶尖的智能城市案例库。
资源类型：数据集
数据格式：其他
更新频率：月度更新
用户权限：公开
起 始 年：2016 年
责任单位：同济大学
联系电话：021-65980048
电子邮箱：icity@wuslab.org
链接地址：http://icity.ikcest.org/content/bp

◆ CityIQ 数据库

语　　种：英文
学科领域：智慧城市
关 键 词：智能管理与服务；智能环境与建设；智能硬件设施；居民智能素养；智能经济与产业
摘　　要：将智能城市评价指标体系中的分项指标进行语义转化，形成网络搜索的关键词列表。按照关键词与城市名输入至 Google News 和 Twitter 搜索引擎中，得到关于某个城市在智能城市方面的近期新闻动态和社交媒体的反应。将这些检索到的数据转换为相应的得分指数。研发智能数据导入模块，实现定时城市数据自动获取更新、数据自动清洗过滤、数据格式化存储。

资源类型：数据集
数据格式：数值
更新频率：月度更新
用户权限：公开
起 始 年：2018 年
责任单位：同济大学
联系电话：021-65980048
电子邮箱：icity@wuslab.org
链接地址：http://icity.ikcest.org/content/cityiq

◆ CityIQ 数据库子库–城市舆情分析库

语　种：英文
学科领域：智慧城市
关 键 词：智能制造；智能社会；绿色环境
摘　要：接入网络社交媒体的舆情分析数据，保证数据库的动态性。运用技术创新手段，不断更新、完善数据库，研发智能数据导入模块，实现定时城市数据自动获取更新、数据自动清洗过滤、数据格式化存储。

资源类型：数据集
数据格式：文本

更新频率：月度更新
用户权限：公开
起 始 年：2019 年
责任单位：同济大学
联系电话：021-65980048
电子邮箱：icity@wuslab.org
链接地址：http://icity.ikcest.org/content/cityiq

◆ 城市规划教育视频数据库

语　种：英文
学科领域：智慧城市
关 键 词：城乡规划；教育；知识
摘　要：在规划教育视频内容上，对所有教育视频进行分类整理，并为每个视频增加课程介绍、讲师介绍、课后习题；在规划教育视频展示页面上，提供实时笔记、笔记分享、点赞评论等功能；同时，开发具有自身特色的中英语音转换功能，方便不同国家的用户群体都可以享受到一流的教育服务。

资源类型：数据集
数据格式：视频
更新频率：月度更新
用户权限：公开
起 始 年：2018 年
责任单位：同济大学

联系电话：021-65980048
电子邮箱：icity@wuslab.org
链接地址：http://icity.ikcest.org/video/

◆ 规划研究热点关键词数据库

语　　种：英文
学科领域：城乡规划学
关 键 词：城乡规划；研究热点；领域；研究方向
摘　　要：可根据数据库分析得出城市规划研究领域中各个细分的研究方向，以及不同年份研究的热点。数据集字段包括关键词名称、被提及的频次、所属的子类领域、最相近的同义词。
资源类型：数据集
数据格式：文本
更新频率：月度更新
用户权限：公开
起 始 年：2017 年
责任单位：同济大学
联系电话：021-65980048
电子邮箱：icity@wuslab.org
链接地址：http://icity.ikcest.org/

◆ 城市流动要素数据库

语　　种：中文简体
学科领域：城乡规划
关 键 词：流动要素；大数据；城市交通
摘　　要：城市流动要素能在静态要素的基础上，更加全面地反映城市的实时运行状态，更好地辅助精准、实时的城市管理。收录城市公交车、地铁、出租车等城市交通大数据，为实时掌握城市交通运行状态提供可能，为"以流定形，形流互动"的规划方法提供实证支撑。
资源类型：数据集
数据格式：数值
更新频率：不定期更新
用户权限：公开
起 始 年：2014 年
责任单位：同济大学
联系电话：021-65980048
电子邮箱：icity@wuslab.org
链接地址：http://icity.ikcest.org/

◆ 数据流关系网数据库

语　　种：中文简体

学科领域：城乡规划

关 键 词：学科分类；数据流；关系索引

摘　　要：城市规划包含区域规划、总体规划、专项规划等类型，每种规划类型涉及的数据既有重叠又有差异，因此有必要建立规划学科与规划数据之间的对应关系，以及规划数据之间的索引关系。数据流关系网数据库能使不同规划学科之间的数据实现共享，并提高数据的查询与使用效率。

资源类型：数据集

数据格式：数值

更新频率：不定期更新

用户权限：公开

起 始 年：2016 年

责任单位：同济大学

联系电话：021-65980048

电子邮箱：icity@wuslab.org

链接地址：http://icity.ikcest.org/

◆ **"全球工程"专题资源库**

语　　种：中文简体

学科领域：城乡规划

关 键 词：全球工程；技术前沿；科技发展

摘　　要：为把握世界科技发展大势、研判世界科技革命新方向，"全球工程"专题资源库聚焦前沿研究，搭建了一个跨行业、跨领域的平台，同时聚焦全球工程科技前沿，洞察科技发展规律，为我国科技发展布局指引方向，为经济社会可持续发展保驾护航。

资源类型：期刊论文

数据格式：文本

更新频率：月度更新

用户权限：公开

起 始 年：2019 年

责任单位：同济大学

联系电话：021-65980048

电子邮箱：icity@wuslab.org

链接地址：http://icity.ikcest.org/

◆ **"一带一路"专题资源库**

语　　种：中文简体

学科领域：城乡规划

关 键 词：沿线国家；战略支撑；资源整合

摘　　要：随着"一带一路"倡议的推进和研究的深入，对于相关信息资源的需求越来越大，相应的专题数据库也在不断开发和建设中。整合国内外"一带一路"研究成果，搭建"一带一路"沿线国家（地区）前沿战略支撑平台。展现"一带一路"沿线国家（地区）的国情、基础设施、经济发展、资源环境、历史文化，打造权威专业的"一带一路"研究基础资料库、学术参考库和投资指南库。

资源类型：期刊论文

数据格式：文本

更新频率：月度更新

用户权限：公开

起 始 年：2019 年

责任单位：同济大学

联系电话：021-65980048

电子邮箱：icity@wuslab.org

链接地址：http://icity.ikcest.org/

丝路

◆ 工业经济数据库

语　　种：英文
学科领域：经济；冶金材料；机械运输
关 键 词：工业；经济；SWOT
摘　　要：收录"一带一路"沿线国家（地区）的经济现状、经济政策、国际贸易，以及物联网、产品竞争分析等，为企业投资提供参考。文献类型包括 SWOT 分析报告、期刊论文、会议论文。
资源类型：期刊论文
数据格式：文本
更新频率：月度更新
用户权限：授权
起 始 年：2016 年
责任单位：西安交通大学
联系电话：029-82668902
电子邮箱：liujun902@xjtu.edu.cn
链接地址：http://silkroadst.ikcest.org/subject-homepages/6283fdbe-255f-4a19-acc1-de7f73022c27

◆ 国情咨文数据库

语　　种：英文
学科领域：其他
关 键 词：国家报告；国情；国际关系
摘　　要：收录国家报告、国际关系探索、国际冲突与合作、世界政治等。文献类型包括期刊论文、电子图书和新闻等，可供读者研判国际事件在中短期内产生的国际影响，了解某个国家或地区发生的主要事件。
资源类型：期刊论文
数据格式：文本
更新频率：月度更新
用户权限：授权
起 始 年：2016 年
责任单位：西安交通大学
联系电话：029-82668902
电子邮箱：liujun902@xjtu.edu.cn
链接地址：http://silkroadst.ikcest.org/subject-homepages/b09efe7d-d952-4b26-be7b-d9ffb159ea1b

◆ 教育科技数据库

语　　种：英文
学科领域：机械运输；信息电子；化学与化学工程；冶金材料；矿业、石油燃气；能源动力；电力工业；土木建筑；环境与水利；轻工与安全；农业；海洋和海洋工程；医药卫生；生物和生物工程；基础科学；经济
关 键 词：教育；科技；工程

摘　要：收录丝绸之路大学盟校发表的科技文献（如期刊论文、会议论文、学位论文、著作或译著、课件等），同时，还收录部分外文开放获取资源平台统一的发现和揭示。开放获取资源打破了知识壁垒，有利于"一带一路"沿线国家（地区）有效获取前沿科技论文。

资源类型：期刊论文
数据格式：文本
更新频率：月度更新
用户权限：授权
起 始 年：2016 年
责任单位：西安交通大学
联系电话：029-82668902
电子邮箱：liujun902@xjtu.edu.cn
链接地址：http://silkroadst.ikcest.org/subject-homepages/2d178b1d-7c1c-465b-960a-269254b961dd

◆ 历史文化数据库

语　　种：英文
学科领域：其他
关 键 词：历史；文化；语言
摘　　要：收录"一带一路"沿线国家（地区）区域政治、经济、文化、发展策略、政治研究等的电子资源。文献类型主要包括 EBSCO、iGROUP

等高质量出版社出版的电子图书、期刊论文、会议论文等。
资源类型：图书
数据格式：文本
更新频率：月度更新
用户权限：授权
起 始 年：2016 年
责任单位：西安交通大学
联系电话：029-82668902
电子邮箱：liujun902@xjtu.edu.cn
链接地址：http://silkroadst.ikcest.org/subject-homepages/9023f40c-7b0f-4345-9a88-d781cd768342

◆ 人口环境数据库

语　　种：英文
学科领域：环境与水利；其他
关 键 词：气候变化；气候治理；碳排放；水文变化
摘　　要：收录"一带一路"沿线国家（地区）气候变化影响、气候治理、碳排放、水文变化等的电子资源。文献类型包括期刊论文、会议论文等。以期能够有效揭示国家概况，为区域可持续发展研究、政府管理决策、社会公众提供服务。
资源类型：期刊论文
数据格式：文本

更新频率：月度更新
用户权限：授权
起 始 年：2016 年
责任单位：西安交通大学
联系电话：029-82668902
电子邮箱：liujun902@xjtu.edu.cn
链接地址：http://silkroadst.ikcest.org/
subject-homepages/bdcbc228-75f1-427d-
b59b-641a89931f3d

◆ 政策法规数据库

语　　种：英文
学科领域：其他
关 键 词：公共政策；公共投资；财
政政策；移民
摘　　要：收录"一带一路"沿线国
家（地区）公共政策分析、公共投
资、财政政策、移民等。文献类型包
括期刊论文、会议论文、电子图书、
新闻等。
资源类型：期刊论文
数据格式：文本
更新频率：月度更新
用户权限：授权
起 始 年：2016 年
责任单位：西安交通大学
联系电话：029-82668902
电子邮箱：liujun902@xjtu.edu.cn

链接地址：http://silkroadst.ikcest.org/
subject-homepages/e3641db4-bcbf-42f1-
b25c-17e70ffc10c2

◆ 中国传统文化公开课

语　　种：英文
学科领域：能源；工程材料；其他
关 键 词：文学；能源；历史文化；
计算机；商业管理；材料；生命科学
摘　　要：收录"一带一路"沿线国
家（地区）留学生感兴趣的公开课视
频，以工程科技、中国历史文化类课
程为主。可用于加深留学生对中国传
统文化的了解和前沿科技课程的学
习，支持课程在线点播、学习，可用
于支撑在线认证教育和学历教育。
资源类型：其他
数据格式：视频
更新频率：月度更新
用户权限：授权
起 始 年：2016 年
责任单位：西安交通大学
联系电话：029-82668902
电子邮箱：liujun902@xjtu.edu.cn
链接地址：http://mooc.silkroadst.ikcest.
org/Default.aspx

◆ UN（联合国）综合数据集

语　　种：英文

学科领域：海洋和海洋工程；医药卫生；其他

关 键 词：联合国；可持续发展目标（SDG）；目标

摘　　要：紧密围绕联合国可持续发展目标，突出可持续发展目标对科学界的作用。文献类型包括期刊论文、会议论文、图书、学位论文、报告等。提供多语种支持服务，可为专家学者和企业单位实践可持续发展目标提供直观参考。

资源类型：期刊论文

数据格式：文本

更新频率：月度更新

用户权限：授权

起 始 年：2019 年

责任单位：西安交通大学

联系电话：029-82668902

电子邮箱：liujun902@xjtu.edu.cn

链接地址：http://silkroadst.ikcest.org/xjtu-obor/un-ilibrary

◆ "一带一路"综合数据集

语　　种：英文

学科领域：经济；其他

关 键 词："一带一路"；商业；人文

摘　　要：按照"一带一路"沿线国家（地区）组织信息资源，包括贸易、商业、经济、投资、文学、艺术、人文、地理等学科文献。文献类型包括期刊论文、会议论文、图书、学位论文、标准等。提供多语种支持服务，旨在培养具有国际视野的高素质人才。

资源类型：期刊论文

数据格式：文本

更新频率：月度更新

用户权限：授权

起 始 年：2019 年

责任单位：西安交通大学

联系电话：029-82668902

电子邮箱：liujun902@xjtu.edu.cn

链接地址：http://silkroadst.ikcest.org/xjtu-obor/belt-road

◆ "一带一路"高等教育排名数据集

语　　种：其他

学科领域：其他

关 键 词：大学；排行；"一带一路"

摘　　要：收录"一带一路"沿线高等学校世界排名方面的相关数据，便于"一带一路"沿线国家（地区）工程科技人员了解沿线高等教育情况，方便招生、择校等。

资源类型：其他

数据格式：文本

更新频率：月度更新

用户权限：授权

起 始 年：2019 年

责任单位：西安交通大学

联系电话：029-82668902

电子邮箱：liujun902@xjtu.edu.cn

链接地址：http://silkroadst.ikcest.org/xjtu-obor/the-world-rank

◆ "一带一路"发展指数数据集

语　　种：其他

学科领域：其他

关 键 词："一带一路"；发展指数；历年

摘　　要：整理"一带一路"沿线国家（地区）的多项发展指数，如人口总数、人口增长、国土面积、贫困人口比例、总生育率、入学率、森林面积、年度淡水抽取量总量、能源使用量、二氧化碳排放量、商品贸易量、偿还债务总量等，提供中、英、俄、阿拉伯语四个语种的数据集下载。

资源类型：数据集

数据格式：数值

更新频率：月度更新

用户权限：授权

起 始 年：1968 年

责任单位：西安交通大学

联系电话：029-82668902

电子邮箱：liujun902@xjtu.edu.cn

链接地址：http://silkroadst.ikcest.org/xjtu-obor/world-development-indicators

工程教育

◆ MOOC 课程库

语　　种：英文

学科领域：工科

关 键 词：计算机；微专业；MOOC；慕课

摘　　要：主要选取名校工科课程，以英文授课或中文授课英文字幕的形式实现，课程视频包括出镜讲解、手写讲解、实景讲解等多种教育形式。MOOC 课程可以充分发挥在线授课的优势，达到更好的授课效果，让学习者有机会接触到更多工程名师的真知灼见，聆听专家学者的精彩讲课。

资源类型：视频

数据格式：视频

更新频率：年度更新

用户权限：授权

起 始 年：2016 年

责任单位：清华大学

联系电话：010-62791751

电子邮箱：tian2017@mail.tsinghua.edu.cn

链接地址：http://mooc.engedu.ikcest.org/

◆ 工程教育期刊论文

语　　种：英文

学科领域：工程教育

关 键 词：工程教育；教育研究；大学教育；期刊；论文

摘　　要：收录《高等工程教育研究》《清华大学教育研究》等。其中，《高等工程教育研究》已收录近 10 年的工程教育相关期刊文章，收录的元数据包括关键词、摘要、标题、作者、文章链接、专业领域、发表日期、作者单位等。收录的文章关键词包括工程、教育、大学教育、职业教育、翻转课堂、教学模式、创客教育等；2019 年新增 1500 条，约占《高等工程教育研究》近 10 年文章总量的 70%。收录《清华大学教育研究》近 10 年的工程教育相关文章，收录的元数据包括标题、文章链接、作者、关键词、摘要、发表日期、作者单位等。

资源类型：期刊论文

数据格式：文本

更新频率：月度更新

用户权限：公开

起 始 年：2010 年

责任单位：清华大学

联系电话：010-62791751

电子邮箱：tian2017@mail.tsinghua.edu.cn

链接地址：http://engedu.ikcest.org/unesco/

◆ 工程教育认证信息

语　　种：中文简体

学科领域：工科

关 键 词：工程教育；华盛顿协议；专业认证

摘　　要：工程教育专业认证是专业认证机构针对高等教育机构开设的工程类专业教育实施的专门性认证。工程教育专业认证是国际通行的工程教育质量保障制度，也是实现工程教育国际互认和工程师资格国际互认的重要基础。1989 年，美国、英国、加拿大、爱尔兰、澳大利亚、新西兰 6 个国家的民间工程专业团体发起和签署了《华盛顿协议》，该协议主要针对本科工程学历的资格互认，会员国间彼此承认其通过认证的学系/学程。通过认证专业的毕业生在《华盛顿协议》相关国家和地区申请工程师执业资格或研究生学位时，享有当地毕业生同等待遇。

资源类型：其他

数据格式：文本

更新频率：季度更新

用户权限：公开

起 始 年：2007 年

责任单位：清华大学

联系电话：010-62791751

电子邮箱：tian2017@mail.tsinghua.edu.cn

链接地址：http://engedu.ikcest.org/unesco/database/accreditation

◆ 工程教育学术会议

语　　种：英文

学科领域：工程教育

关 键 词：工程；教育；会议；学术

摘　　要：收录国内外工程教育相关的学术会议，包括会议名称、会议地点、会议主题、会议链接、会议封面等。建设方式主要是人工整理搜集，后期考虑采用数据爬虫的方式进行批量爬取搜集。会议按照已结束和未开始进行分类，以用户访问时的时间为界限。

资源类型：学术活动

数据格式：文本

更新频率：月度更新

用户权限：公开

起 始 年：2017 年

责任单位：清华大学

联系电话：010-62791751

电子邮箱：tian2017@mail.tsinghua.edu.cn

链接地址：http://engedu.ikcest.org/unesco/database/seminars/3/3/

◆ 工程教育学位论文

语　　种：英文

学科领域：工程教育

关 键 词：工程教育；学位；论文

摘　　要：收录国内外工程教育相关的学位论文资源，包括中文硕士论文、英文硕士论文、中文博士论文、英文博士论文。数据来源于互联网，采用人工+数据爬虫相结合的方式进行整理。主要字段包括论文名称、作者、单位、关键词、论文摘要、正文链接、指导教师等。

资源类型：学位论文

数据格式：文本

更新频率：月度更新

用户权限：公开

起 始 年：1900 年

责任单位：清华大学

联系电话：010-62791751

电子邮箱：tian2017@mail.tsinghua.edu.cn

链接地址：http://engedu.ikcest.org/unesco/database/literature/doctor/1/1/

◆ 工程教育政策法规文件数据集

语　　种：其他

学科领域：工程教育

关 键 词：工程教育；政策；法规

摘　　要：收录国内外与工程教育相关的政策、政府法令、教育主管部门文件等。目前，已收录中国、美国、德国、法国、俄罗斯、日本、英国的相关政策。数据来源于互联网，采用人工整理的方式进行建设，后期考虑采用机器爬取来代替。可为工程教育学者或者政策制定者、研究者提供学习参考。

资源类型：产业政策

数据格式：文本

更新频率：月度更新

用户权限：公开

起 始 年：2010 年

责任单位：清华大学

联系电话：010-62791751

电子邮箱：tian2017@mail.tsinghua.edu.cn

链接地址：http://engedu.ikcest.org/unesco/database/seminars/2/2/

◈ 工程教育图书

语　　种：英文
学科领域：工程教育
关 键 词：工程教育；书籍；著作
摘　　要：收录国内外工科、计算机相关书籍著作，包括封面图、图书名称、作者、出版社、ISBN、书籍简介等。
资源类型：图书
数据格式：文本
更新频率：月度更新
用户权限：公开
起 始 年：1986 年
责任单位：清华大学
联系电话：010-62791751
电子邮箱：tian2017@mail.tsinghua.edu.cn
链接地址：http://engedu.ikcest.org/unesco/database/publications/

◈ 工程科普视频集

语　　种：其他
学科领域：工程
关 键 词：工程教育；科普；视频；大国工程
摘　　要：主要内容为国内大型工程系列，如大国工程、中国铁路、桥梁、港口等大型工程科普纪录片合集，字段包括纪录片封面、视频链接地址、系列视频的分集、系列工程的工程介绍等。
资源类型：视频
数据格式：视频
更新频率：季度更新
用户权限：公开
起 始 年：2006 年
责任单位：清华大学
联系电话：010-62791751
电子邮箱：tian2017@mail.tsinghua.edu.cn
链接地址：http://engedu.ikcest.org/unesco/visual/engineerign-instruction

◈ 工程能力建设数据库

语　　种：英文
学科领域：工程
关 键 词：工程教育；世界银行；工程能力
摘　　要：包括 8 大类，56 个指标，分别为：国力资源（national resources）、公共资源（public resources）、科学技术（science and technology）、人力资本（human capital）、教育水平（education level）、 工业企业（industrial enterprises）、 经济情况（economic

situation）、工程教育水平（engineering education level）；56 个指标包括人口总数、人均 GDP、GDP 增长率、知识产权使用费、专利申请数量等。

资源类型：其他
数据格式：数值
更新频率：季度更新
用户权限：公开
起 始 年：1960 年
责任单位：清华大学
联系电话：010-62791751
电子邮箱：tian2017@mail.tsinghua.edu.cn
链接地址：http://engedu.ikcest.org/unesco/database/engineerign

◆ **知识点视频集**

语　　种：英文
学科领域：工科
关 键 词：知识点；微课；视频
摘　　要：知识点视频的制作依托工科 MOOC 课程，首先挑选相对独立的知识点，设计成微课脚本，然后由后期人员最终制作成视频微课。知识点视频采用碎片化的形式呈现给学习者，平均时长为 8～12 分钟，遵循一个视频讲完一个知识点，方便学习者在日常的碎片化时间学习。依托高端国际工程教育合作交流频繁的优势，

在国内外专家本人授权的基础上，录制专家对工程教育前沿趋势、热点问题和新技术理念的访谈，经过编辑加工，制作成一定时长的知识点视频。

资源类型：视频
数据格式：视频
更新频率：月度更新
用户权限：公开
起 始 年：2018 年
责任单位：清华大学
联系电话：010-62791751
电子邮箱：tian2017@mail.tsinghua.edu.cn
链接地址：http://engedu.ikcest.org/unesco/visual/knowledge-point-gathering

◆ **工程教育专家视频集**

语　　种：英文
学科领域：工程教育
关 键 词：工程教育；国际工程教育论坛；清华大学；专家演讲
摘　　要：收录国际工程教育领域专家的最新观点和思想。用户可以了解国际工程教育专家学者对国际工程教育面临问题和挑战的权威分析、高等工程教育发展趋势的准确解读、工程师政策制度的指导建议等。数据集内容包括每年清华大学组织的国际工程教育论坛中的嘉宾演讲，录制的、经

过后期制作、相关 PPT 插入和合成形成的会议视频，以及最终生成的独立微课。

资源类型：其他

数据格式：视频

更新频率：年度更新

用户权限：公开

起 始 年：2017 年

责任单位：清华大学

联系电话：010-62791751

电子邮箱：tian2017@mail.tsinghua.edu.cn

链接地址：http://engedu.ikcest.org/unesco/visual/academiclist

其他（综合学科）

学术活动

◆ 全球科研人才数据库

语　　种：英文
学科领域：全学科（以计算机、医学等为主）
关 键 词：学者；论文；研究方向
摘　　要：加工整理全球重要科研人才（发表论文在一定数量以上的）的相关信息，包括姓名、单位、职位、研究兴趣、教育经历、个人简历等基本信息，论文、专利等扩展信息，以及学术统计、研究兴趣分析、合作者网络等知识服务信息。
资源类型：专家学者
数据格式：文本
更新频率：月度更新
用户权限：授权
起 始 年：2018 年
责任单位：清华大学
联系电话：010-82158861
电子邮箱：debingliu@tsinghua.edu.cn
链接地址：https://gct.aminer.cn/eb/gallery?from=/eb/gallery/detail/eb/591fa8cb9ed5db409e22a8eb

◆ 北京大学教师学者库

语　　种：中文简体
学科领域：全学科（以计算机、医学等为主）
关 键 词：北京大学；教师；学术
摘　　要：加工整理北京大学教师的相关信息，包括姓名、单位、职位、研究兴趣、教育经历、个人简历等基本信息，论文、专利等扩展信息，以及学术统计、研究兴趣分析、合作者网络等知识服务信息。
资源类型：专家学者
数据格式：文本
更新频率：月度更新
用户权限：授权
起 始 年：2016 年
责任单位：清华大学
联系电话：010-82158861
电子邮箱：debingliu@tsinghua.edu.cn
链接地址：https://gct.aminer.cn/

◆ 全领域学术活动数据库

语　　种：中文简体
学科领域：全学科（以计算机、医学等为主）

关 键 词：中国工程院；中国工程院外；百场学术活动；学术活动

摘　　要：收集、加工和整理中国工程院 2016 年和 2017 年百场学术活动相关信息，包括学术活动（会议）时间、地点、主办单位、参会人员、会议成果、会议影像等，以及采集的中国工程院外学术活动相关信息，包括会议时间、地点、主题、参会人员、会议成果等。

资源类型：学术活动

数据格式：其他

更新频率：月度更新

用户权限：公开

起 始 年：2017 年

责任单位：清华大学

联系电话：010-82158861

电子邮箱：debingliu@tsinghua.edu.cn

链接地址：https://www.aminer.cn/subject

◆ 国外工程科技论文文献

语　　种：英文

学科领域：全学科（以计算机、医学等为主）

关 键 词：题目；作者；期刊会议

摘　　要：加工整理会议论文、期刊论文，包括论文标题、作者、会议/期刊名、发表年限、卷期号、简介等基本信息，以及引用数、全文链接等扩展信息。

资源类型：期刊论文

数据格式：文本

更新频率：月度更新

用户权限：公开

起 始 年：2016 年

责任单位：清华大学

联系电话：010-82158861

电子邮箱：debingliu@tsinghua.edu.cn

链接地址：https://www.aminer.cn/search/pub?t=b&q=

◆ 清华大学教师库

语　　种：中文简体

学科领域：全学科（以计算机、医学等为主）

关 键 词：清华大学；教师；研究方向

摘　　要：加工整理清华大学教师的相关信息，包括姓名、单位、职位、研究兴趣、教育经历、个人简历等基本信息，论文、专利等扩展信息，以及学术统计、研究兴趣分析、合作者网络等知识服务信息。

资源类型：专家学者

数据格式：文本

更新频率：月度更新

用户权限：授权

起 始 年：2015 年

责任单位：清华大学

联系电话：010-82158861

电子邮箱：debingliu@tsinghua.edu.cn

链接地址：https://www.aminer.cn/expert/5600bd5245ce866b0aa1c87a

◆ 全球高端人才库

语　　种：英文

学科领域：全学科（以计算机、医学等为主）

关 键 词：诺贝尔奖；澳大利亚；院士

摘　　要：加工整理全球高端人才（如美国、英国、法国、德国、澳大利亚等国家的院士，以及诺贝尔奖、图灵奖、菲尔兹奖的顶级奖励获得者）的相关信息，包括姓名、单位、职位、研究兴趣、教育经历、个人简历等基本信息，论文、专利等扩展信息，以及学术统计、研究兴趣分析、合作者网络等知识服务信息。

资源类型：专家学者

数据格式：文本

更新频率：月度更新

用户权限：授权

起 始 年：2017 年

责任单位：清华大学

联系电话：010-82158861

电子邮箱：debingliu@tsinghua.edu.cn

链接地址：https://gct.aminer.cn/eb/gallery?from=/eb/gallery/detail/eb/5a03c9779ed5db4f9795a33f

◆ 全球领域专家库

语　　种：英文

学科领域：全学科（以计算机、医学等为主）

关 键 词：全球；专家；基本信息

摘　　要：加工整理全球特定技术领域，如数据挖掘、机器学习、人工智能等领域的权威专家（H-index 排名前列）的相关信息，包括姓名、单位、职位、研究兴趣、教育经历、个人简历等基本信息，论文、专利等扩展信息，以及学术统计、研究兴趣分析、合作者网络等知识服务信息。

资源类型：专家学者

数据格式：文本

更新频率：月度更新

用户权限：授权

起 始 年：2017 年

责任单位：清华大学

联系电话：010-82158861

电子邮箱：debingliu@tsinghua.edu.cn

链接地址：https://gct.aminer.cn/eb/gallery?from=/eb/gallery/detail/eb/59ad04ff9ed5dbda0286207f

◆ 全球人工智能最具影响力学者榜单

语　　种：英文

学科领域：全学科（以计算机、医学等为主）

关 键 词：人工智能；子领域；最具影响力

摘　　要：收录人工智能相关的 21 个子领域近 10 年的高引学者榜单。每个子领域选择 1～2 个顶级会议或者期刊，根据这些会议和期刊上近 10 年发表论文的引用情况（根据 Google Scholar）生成高引学者榜单。

资源类型：专家学者

数据格式：文本

更新频率：月度更新

用户权限：公开

起 始 年：2019 年

责任单位：清华大学

联系电话：010-82158861

电子邮箱：debingliu@tsinghua.edu.cn

链接地址：https://www.aminer.cn/ai10

◆ 全球信息技术领域 10 大前沿技术

语　　种：英文

学科领域：全学科（以计算机、医学等为主）

关 键 词：信息技术；前沿技术；发展脉络

摘　　要：根据 AMiner 平台中论文、学者、专利数据，自动预测未来前沿技术的算法模型，同时对预见的前沿技术进行深度分析，包括历史发展脉络、发展过程的代表性人物及代表性成果等。

资源类型：其他

数据格式：文本

更新频率：月度更新

用户权限：公开

起 始 年：2019 年

责任单位：清华大学

联系电话：010-82158861

电子邮箱：debingliu@tsinghua.edu.cn

链接地址：http://report.aminer.cn/trend?query=-

◆ 全球信息技术领域权威专家 TOP100

语　　种：英文

学科领域：全学科（以计算机、医学等为主）

关 键 词：信息技术；TOP100；专家

摘　　要：加工整理全球学者信息技术领域权威专家相关信息，以机器生成图表+人工审核完善的方式发布全球学者信息技术领域 TOP100 权威专家。

资源类型：专家学者

数据格式：文本

更新频率：月度更新

用户权限：公开

起 始 年：2019 年

责任单位：清华大学

联系电话：010-82158861

电子邮箱：debingliu@tsinghua.edu.cn

链接地址：https://www.aminer.cn/ai10

◆ 人工智能系列研究报告

语　　种：中文简体

学科领域：全学科（以计算机、医学等为主）

关 键 词：人工智能；研究报告；技术网络

摘　　要：以机器自动生成图表+专家审核完善的方式，编写发布人工智能系列研究报告，涵盖人工智能当前热点技术分支的发展趋势、代表人物、代表机构、热点地区，以及技术关联分析等。

资源类型：科技（咨询、行业）报告

数据格式：文本

更新频率：月度更新

用户权限：授权

起 始 年：2019 年

责任单位：清华大学

联系电话：010-82158861

电子邮箱：debingliu@tsinghua.edu.cn

链接地址：https://reports.aminer.cn/

◆ 信息技术领域热点技术发展趋势分析系列报告

语　　种：中文简体

学科领域：全学科（以计算机、医学等为主）

关 键 词：热点技术；趋势分析；报告

摘　　要：以机器自动生成图表+人工审核完善的方式，编写发布当前热点技术的发展趋势分析报告，涵盖该热点技术的相关技术网络、技术历史发展脉络、代表人物等。

资源类型：科技（咨询、行业）报告

数据格式：文本

更新频率：月度更新

用户权限：公开

起 始 年：2019 年

责任单位：清华大学

联系电话：010-82158861

电子邮箱：debingliu@tsinghua.edu.cn

链接地址：https://www.aminer.cn/research_report/articlelist

◆ 学术知识图谱数据库

语　　种：英文

学科领域：全学科（以计算机、医学等为主）

关 键 词：知识图谱；学术知识；知识融合

摘　　要：基于工程科技 1～2 个领域文献数据，建立机构、作者、关键技术、论文或专利等实体的知识图谱。

资源类型：数据集

数据格式：数值

更新频率：月度更新

用户权限：公开

起 始 年：2019 年

责任单位：清华大学

联系电话：010-82158861

电子邮箱：debingliu@tsinghua.edu.cn

链接地址：http://report.aminer.cn/knowledge-graph?query=-

◆ 工程科技学者库

语　　种：英文

学科领域：全学科（以计算机、医学等为主）

关 键 词：学者；姓名；职称

摘　　要：加工整理学者的相关信息，包括姓名、单位、职位、研究兴趣、教育经历、个人简历等基本信息，论文、专利等扩展信息，以及学术统计、研究兴趣分析、合作者网络等知识服务信息。

资源类型：专家学者

数据格式：文本

更新频率：月度更新

用户权限：公开

起 始 年：2015 年

责任单位：清华大学

联系电话：010-82158861

电子邮箱：debingliu@tsinghua.edu.cn

链接地址：https://gct.aminer.cn/eb/gallery?check=all

◆ 学者-文献映射关系库

语　　种：英文

学科领域：全学科（以计算机、医学等为主）

关 键 词：学者；论文；期刊会议

摘　　要：加工整理学者论文相关信息，包括学者姓名、单位、论文题目、发表时间、发表期刊/会议、摘要等。

资源类型：数据集

数据格式：数值

更新频率：月度更新

用户权限：授权

起 始 年：2019 年

责任单位：清华大学

联系电话：010-82158861

电子邮箱：debingliu@tsinghua.edu.cn

链接地址：https://www.aminer.cn/

◆ 优秀青年人才数据库

语　　种：英文

学科领域：全学科（以计算机、医学等为主）

关 键 词：青年长江；科技奖；青年千人

摘　　要：加工整理中国青年科技奖获得者、青年千人、优秀青年、青年长江、万人计划青年拔尖等青年人才的相关信息，包括姓名、单位、职位、研究兴趣、教育经历、个人简历等基本信息，论文、专利等扩展信息，以及学术统计、研究兴趣分析、合作者网络等知识服务信息。

资源类型：专家学者

数据格式：文本

更新频率：月度更新

用户权限：授权

起 始 年：2017 年

责任单位：清华大学

联系电话：010-82158861

电子邮箱：debingliu@tsinghua.edu.cn

链接地址：https://gct.aminer.cn/eb/gallery?from=/eb/gallery/detail/eb/58e5e2d99ed5db076b9b8cb2

◆ 中国工程院院士库

语　　种：中文简体

学科领域：全学科（以计算机、医学等为主）

关 键 词：中国工程院；院士；基本信息

摘　　要：加工整理中国工程院院士的相关信息，包括姓名、单位、职位、研究兴趣、教育经历、个人简历等基本信息，论文、专利等扩展信息，以及学术统计、研究兴趣分析、合作者网络等知识服务信息。

资源类型：专家学者

数据格式：文本

更新频率：月度更新

用户权限：授权

起 始 年：2015 年

责任单位：清华大学

联系电话：010-82158861

电子邮箱：debingliu@tsinghua.edu.cn

链接地址：http://gct.aminer.cn/eb/gallery/detail/eb/55e6573845ce9da5c99535a9

◆ 中国国家自然科学基金杰出青年库

语　　种：中文简体

学科领域：全学科（以计算机、医学等为主）

关 键 词：国家自然科学基金；杰出青年；简历

摘　　要：加工整理中国国家杰出青年科学基金获得者的相关信息，包括姓名、单位、职位、研究兴趣、教育经历、个人简历等基本信息，论文、专利等扩展信息，以及学术统计、研究兴趣分析、合作者网络等知识服务信息。

资源类型：专家学者

数据格式：文本

更新频率：月度更新

用户权限：授权

起 始 年：2016 年

责任单位：清华大学

联系电话：010-82158861

电子邮箱：debingliu@tsinghua.edu.cn

链接地址：https://www.aminer.cn/expert/59dc413a9ed5dbffd22cbc84

◆ 中国科学院院士库

语　　种：中文简体

学科领域：全学科（以计算机、医学等为主）

关 键 词：中国科学院；院士；基本信息

摘　　要：加工整理中国科学院院士的相关信息，包括姓名、单位、职位、研究兴趣、教育经历、个人简历等基本信息，论文、专利等扩展信息，以及学术统计、研究兴趣分析、合作者网络等知识服务信息。

资源类型：专家学者

数据格式：文本

更新频率：月度更新

用户权限：公开

起 始 年：2015 年

责任单位：清华大学

联系电话：010-82158861

电子邮箱：debingliu@tsinghua.edu.cn

链接地址：http://gct.aminer.cn/eb/gallery/detail/eb/55ebd8b945cea17ff0c53d5a

◆ 重点院校学术报告数据库

语　　种：中文简体

学科领域：全学科（以计算机、医学等为主）

关 键 词：学术活动；高校；活动主题

摘　　要：加工整理国内重要学术活动的相关信息，包括活动名称、举办时间、举办地点、活动主题等。

资源类型：数据集

数据格式：数值

更新频率：月度更新

用户权限：公开

起 始 年：2017 年

责任单位：清华大学

联系电话：010-82158861

电子邮箱：debingliu@tsinghua.edu.cn

链接地址：https://www.aminer.cn/seminar

专家库

◆ 专家库数据核心集

语　　种：中文简体

学科领域：综合

关 键 词：专家

摘　　要：中国工程科技知识中心构建了以专家库数据核心集（CKE-C）、专家库数据扩展集（CKE-E）、专家库数据学者集（CKE-S）为内容架构的中国工程科技专家库。专家库数据核心集收录各领域专家数据，包括基本信息、个人介绍、履历、学术成果、合作关系等，数据均经过人工整理，并分配 ISNI 编号，体量不超过 3 万人。

资源类型：专家学者

数据格式：文本

更新频率：不定期更新

用户权限：公开

起 始 年：2017 年

责任单位：浙江大学

联系电话：010-59300004

电子邮箱：zx@ckcest.cn

链接地址：http://expert.ckcest.cn

◆ 专家库数据扩展集

语　　种：中文简体

学科领域：综合

关 键 词：专家

摘　　要：中国工程科技知识中心构建了以专家库数据核心集（CKE-C）、专家库数据扩展集（CKE-E）、专家库数据学者集（CKE-S）为内容架构的中国工程科技专家库。专家库数据扩展集收录各领域发文频率较高、学术领域活跃的学者数据，包括基本信息、学术成果、合作关系等，数据需经过机器认领，并分配 ISNI 编号，体量为 10 万人。

资源类型：专家学者

数据格式：文本

更新频率：不定期更新

用户权限：公开

起 始 年：2017 年

责任单位：浙江大学

联系电话：010-59300004

电子邮箱：zx@ckcest.cn

链接地址：http://expert.ckcest.cn

◆ 专家库数据学者集

语　　种：中文简体

学科领域：综合

关 键 词：学者

摘　　要：中国工程科技知识中心构建了以专家库数据核心集（CKE-C）、专家库数据扩展集（CKE-E）、专家库数据学者集（CKE-S）为内容架构的中国工程科技专家库。专家库数据学者集收录各领域在核心期刊有过发文记录的作者，包括学者基本信息、学术成果、合作关系等，数据未经认领，是专家数据建设的基础，体量为 900 万人。

资源类型：专家学者

数据格式：文本

更新频率：不定期更新

用户权限：公开

起 始 年：2017 年

责任单位：浙江大学

联系电话：010-59300004

电子邮箱：zx@ckcest.cn

链接地址：http://expert.ckcest.cn

知识组织体系

◆ 中国工程科技知识中心分类体系

语　　种：中文简体

学科领域：综合

关 键 词：知识中心；分类体系；工程科技

摘　　要：根据《中国工程科技知识中心顶层设计升级方案》，中国科学技术信息研究所牵头制定了《知识中心中文文献类资源导航分类体系》。该体系将作为中国工程科技知识中心中文文献类数据资源分类的基础结构，主要用于中国工程科技知识中心总平台的分类导航。类目设置时主要考虑以下 3 个方面：①中国工程科技知识中心资源分布侧重于服务工程科技领域；②目前多数文献类资源均有中图分类法标识，学科的映射以中图分类为基础，减轻重复标注工作量；③网站导航的易用性原则。因此，设置 17 个部类，以工农医为主，基础科学为辅，在此基础上，根据文献分布的多少，划分 224 个一级类目，1447 个二级类目，983 个三级类目，20 个四级类目，并且所有的节点类目均有中图分类法映射类号。

资源类型：其他

数据格式：文本

更新频率：不定期更新

用户权限：授权

起 始 年：2017 年

责任单位：中国科学技术信息研究所

联系电话：010-58882035/58882039

电子邮箱：vocabularyservice@163.com

链接地址：http://kos.ckcest.cn

◆ 中国工程科技知识中心词表总表核心集

语　　种：中文简体

学科领域：综合

关 键 词：知识中心；核心集；工程科技；词表

摘　　要：中国工程科技知识中心词表总表核心集是由中国科学技术信息研究所在领域分表的基础上融合而成的，服务于中国工程科技知识中心总平台等综合类应用。按照严格的主题词表（叙词表）要求构建关系，并进行适当的扩展。

资源类型：其他

数据格式：文本

更新频率：年度更新

用户权限：授权

起 始 年：2017 年

责任单位：中国科学技术信息研究所

联系电话：010-58882035/58882039

电子邮箱：vocabularyservice@163.com

链接地址：http://kos.ckcest.cn

◆ 中国工程科技知识中心词表总表扩展集

语　　种：中文简体
学科领域：综合
关 键 词：知识中心；扩展集；工程科技；词表
摘　　要：中国工程科技知识中心词表总表扩展集是由中国科学技术信息研究所在领域分表、中国科学技术信息研究所提供词表、新词发现和关系推荐等工作的基础上融合而成的，服务于综合类应用。扩展集收词和关系数据构建较为宽泛，支撑中国工程科技知识中心泛关系类知识服务。
资源类型：其他
数据格式：文本
更新频率：年度更新
用户权限：授权
起 始 年：2017 年
责任单位：中国科学技术信息研究所
联系电话：010-58882035/58882039
电子邮箱：vocabularyservice@163.com
链接地址：http://kos.ckcest.cn

◆ 化工领域工程科技重点领域词表

语　　种：中文简体
学科领域：化工
关 键 词：化工；词表；重点领域；化学工程
摘　　要：化工领域工程科技重点领域词表是中国工程科技知识中心化工分中心根据实际工作需要，构建自身知识服务所需的重点领域分表，包括无机化工、有机化工等特定细分领域的深入关联的词表。
资源类型：其他
数据格式：文本
更新频率：年度更新
用户权限：授权
起 始 年：2017 年
责任单位：中国工程科技知识中心化工分中心
联系电话：010-58882035/58882039
电子邮箱：vocabularyservice@163.com
链接地址：http://kos.ckcest.cn

◆ 农业领域工程科技重点领域词表

语　　种：中文简体

学科领域：农业

关 键 词：农业；词表；重点领域；农业工程

摘　　要：农业领域工程科技重点领域词表是中国工程科技知识中心农业分中心根据实际工作需要，构建自身知识服务所需的重点领域分表，包含植物生物工程、动物生物工程等特定细分领域的深入关联的词表。

资源类型：其他

数据格式：文本

更新频率：年度更新

用户权限：授权

起 始 年：2017 年

责任单位：中国工程科技知识中心农业分中心

联系电话：010-58882035/58882039

电子邮箱：vocabularyservice@163.com

链接地址：http://kos.ckcest.cn

◆ 医药领域工程科技重点领域词表

语　　种：中文简体

学科领域：医药

关 键 词：医药；词表；重点领域；医学工程

摘　　要：医药领域工程科技重点领域词表是中国工程科技知识中心医药卫生分中心根据实际工作需要，构建自身知识服务所需的重点领域分表，包括基础医学、临床医学等特定细分领域的深入关联的词表。

资源类型：其他

数据格式：文本

更新频率：年度更新

用户权限：授权

起 始 年：2017 年

责任单位：中国工程科技知识中心医药卫生分中心

联系电话：010-58882035/58882039

电子邮箱：vocabularyservice@163.com

链接地址：http://kos.ckcest.cn

◆ 制造业领域工程科技重点领域词表

语　　种：中文简体

学科领域：制造业

关 键 词：制造业；词表；重点领域；机械工程

摘　　要：制造业领域工程科技重点领域词表是中国工程科技知识中心制造业分中心根据实际工作需要，构建自身知识服务所需的重点领域分表，包括机械设计、机械制造等特定细分领域的深入关联的词表。

资源类型：其他

数据格式：文本

更新频率：年度更新

用户权限：授权

起 始 年：2017 年

责任单位：中国工程科技知识中心制造业分中心

联系电话：010-58882035/58882039

电子邮箱：vocabularyservice@163.com

链接地址：http://kos.ckcest.cn

◆ 能源领域工程科技重点领域词表

语　　种：中文简体

学科领域：能源

关 键 词：能源；词表；重点领域；能源工程

摘　　要：能源领域工程科技重点领域词表是中国工程科技知识中心能源分中心根据实际工作需要，构建自身知识服务所需的重点领域分表，包括能源矿产、新能源等特定细分领域的深入关联的词表。

资源类型：其他

数据格式：文本

更新频率：年度更新

用户权限：授权

起 始 年：2017 年

责任单位：中国工程科技知识中心能源分中心

联系电话：010-58882035/58882039

电子邮箱：vocabularyservice@163.com

链接地址：http://kos.ckcest.cn

◆ 海洋领域工程科技重点领域词表

语　　种：中文简体

学科领域：海洋

关 键 词：海洋；词表；重点领域；海洋工程

摘　　要：海洋领域工程科技重点领域词表是中国工程科技知识中心海洋分中心根据实际工作需要，构建自身知识服务所需的重点领域分表，包括船舶海洋工程、水声工程等特定细分领域的深入关联的词表。

资源类型：其他

数据格式：文本

更新频率：年度更新

用户权限：授权

起 始 年：2017 年

责任单位：中国工程科技知识中心海洋分中心

联系电话：010-58882035/58882039

电子邮箱：vocabularyservice@163.com

链接地址：http://kos.ckcest.cn

◆ 环境领域工程科技重点领域词表

语　　种：中文简体

学科领域：环境

关 键 词：环境；词表；重点领域；环境工程

摘　　要：环境领域工程科技重点领域词表是中国工程科技知识中心环境分中心根据实际工作需要，构建自身知识服务所需的重点领域分表，包括环境监测、环境评价等特定细分领域的深入关联的词表。

资源类型：其他

数据格式：文本

更新频率：年度更新

用户权限：授权

起 始 年：2017 年

责任单位：中国工程科技知识中心环境分中心

联系电话：010-58882035/58882039

电子邮箱：vocabularyservice@163.com

链接地址：http://kos.ckcest.cn

◆ 信息技术领域工程科技重点领域词表

语　　种：中文简体

学科领域：信息技术

关　键　词：信息技术；词表；重点领域；计算机；通信；自动化

摘　　要：信息技术领域工程科技重点领域词表是中国工程科技知识中心信息技术分中心根据实际工作需要，构建自身知识服务所需的重点领域分表，包括计算机、电子技术、传感器技术等特定细分领域的深入关联的词表。

资源类型：其他

数据格式：文本

更新频率：年度更新

用户权限：授权

起　始　年：2017 年

责任单位：中国工程科技知识中心信息技术分中心

联系电话：010-58882035/58882039

电子邮箱：vocabularyservice@163.com

链接地址：http://kos.ckcest.cn

◆ 地质领域工程科技重点领域词表

语　　种：中文简体

学科领域：地质

关　键　词：地质；词表；重点领域；地质工程

摘　　要：地质领域工程科技重点领域词表是中国工程科技知识中心地质分中心根据实际工作需要，构建自身知识服务所需的重点领域分表，包括地质勘查、地质探测等特定细分领域的深入关联的词表。

资源类型：其他

数据格式：文本

更新频率：年度更新

用户权限：授权

起　始　年：2017 年

责任单位：中国工程科技知识中心地质分中心

联系电话：010-58882035/58882039

电子邮箱：vocabularyservice@163.com

链接地址：http://kos.ckcest.cn

◆ 冶金领域工程科技重点领域词表

语　　种：中文简体

学科领域：冶金

关 键 词：冶金；词表；重点领域；冶金工程

摘　　要：冶金领域工程科技重点领域词表是中国工程科技知识中心冶金分中心根据实际工作需要，构建自身知识服务所需的重点领域分表，包括冶金热能工程、粉末冶金等特定细分领域的深入关联的词表。

资源类型：其他

数据格式：文本

更新频率：年度更新

用户权限：授权

起 始 年：2017 年

责任单位：中国工程科技知识中心冶金分中心

联系电话：010-58882035/58882039

电子邮箱：vocabularyservice@163.com

链接地址：http://kos.ckcest.cn

◆ 地理资源领域工程科技重点领域词表

语　　种：中文简体

学科领域：地理资源

关 键 词：地理资源；词表；重点领域；地理学

摘　　要：地理资源领域工程科技重点领域词表是中国工程科技知识中心地理资源与生态分中心根据实际工作需要，构建自身知识服务所需的重点领域分表，包括土壤资源、生态资源等特定细分领域的深入关联的词表。

资源类型：其他

数据格式：文本

更新频率：年度更新

用户权限：授权

起 始 年：2017 年

责任单位：中国工程科技知识中心地理资源与生态分中心

联系电话：010-58882035/58882039

电子邮箱：vocabularyservice@163.com

链接地址：http://kos.ckcest.cn

◆ 地图领域工程科技重点领域词表

语　　种：中文简体
学科领域：地图
关 键 词：地图；词表；重点领域；地理信息系统
摘　　要：地图领域工程科技重点领域词表是中国工程科技知识中心地理信息分中心根据实际工作需要，构建自身知识服务所需的重点领域分表，包括地图信息、地理信息等特定细分领域的深入关联的词表。
资源类型：其他
数据格式：文本
更新频率：年度更新
用户权限：授权
起 始 年：2017 年
责任单位：中国工程科技知识中心地理信息分中心
联系电话：010-58882035/58882039
电子邮箱：vocabularyservice@163.com
链接地址：http://kos.ckcest.cn

◆ 气象领域工程科技重点领域词表

语　　种：中文简体
学科领域：气象
关 键 词：气象；词表；重点领域；气象工程
摘　　要：气象领域工程科技重点领域词表是中国工程科技知识中心气象分中心根据实际工作需要，构建自身知识服务所需的重点领域分表，包括气候预测、大气探测等特定细分领域的深入关联的词表。
资源类型：其他
数据格式：文本
更新频率：年度更新
用户权限：授权
起 始 年：2017 年
责任单位：中国工程科技知识中心气象分中心
联系电话：010-58882035/58882039
电子邮箱：vocabularyservice@163.com
链接地址：http://kos.ckcest.cn

◈ 林业领域工程科技重点领域词表

语　　种：中文简体
学科领域：林业
关 键 词：林业；词表；重点领域；林业工程
摘　　要：林业领域工程科技重点领域词表是中国工程科技知识中心林业分中心根据实际工作需要，构建自身知识服务所需的重点领域分表，包括林木育种、森林培育等特定细分领域的深入关联的词表。
资源类型：其他
数据格式：文本
更新频率：年度更新
用户权限：授权
起 始 年：2017 年
责任单位：中国工程科技知识中心林业分中心
联系电话：010-58882035/58882039
电子邮箱：vocabularyservice@163.com
链接地址：http://kos.ckcest.cn

◈ 水利领域工程科技重点领域词表

语　　种：中文简体
学科领域：水利
关 键 词：水利；词表；重点领域；水利工程
摘　　要：水利领域工程科技重点领域词表是中国工程科技知识中心水利分中心根据实际工作需要，构建自身知识服务所需的重点领域分表，包括水工结构工程、水利水电工程等特定细分领域的深入关联的词表。
资源类型：其他
数据格式：文本
更新频率：年度更新
用户权限：授权
起 始 年：2017 年
责任单位：中国工程科技知识中心水利分中心
联系电话：010-58882035/58882039
电子邮箱：vocabularyservice@163.com
链接地址：http://kos.ckcest.cn

◆ 地震领域工程科技重点领域词表

语　　种：中文简体

学科领域：地震

关 键 词：地震；词表；重点领域；地震工程

摘　　要：地震领域工程科技重点领域词表是中国工程科技知识中心地震分中心根据实际工作需要，构建自身知识服务所需的重点领域分表，包括地震烈度、抗震防震等特定细分领域的深入关联的词表。

资源类型：其他

数据格式：文本

更新频率：年度更新

用户权限：授权

起 始 年：2017 年

责任单位：中国工程科技知识中心地震分中心

联系电话：010-58882035/58882039

电子邮箱：vocabularyservice@163.com

链接地址：http://kos.ckcest.cn

◆ 渔业领域工程科技重点领域词表

语　　种：中文简体

学科领域：渔业

关 键 词：渔业；词表；重点领域；渔业工程

摘　　要：渔业领域工程科技重点领域词表是中国工程科技知识中心渔业分中心根据实际工作需要，构建自身知识服务所需的重点领域分表，包括水产养殖、捕捞工程等特定细分领域的深入关联的词表。

资源类型：其他

数据格式：文本

更新频率：年度更新

用户权限：授权

起 始 年：2017 年

责任单位：中国工程科技知识中心渔业分中心

联系电话：010-58882035/58882039

电子邮箱：vocabularyservice@163.com

链接地址：http://kos.ckcest.cn

◆ 航天领域工程科技重点领域词表

语　　种：中文简体
学科领域：航天
关 键 词：航天；词表；重点领域；航天工程
摘　　要：航天领域工程科技重点领域词表是中国工程科技知识中心航天分中心根据实际工作需要，构建自身知识服务所需的重点领域分表，包括飞行器制造、自动控制工程等特定细分领域的深入关联的词表。
资源类型：其他
数据格式：文本
更新频率：年度更新
用户权限：授权
起 始 年：2017 年
责任单位：中国工程科技知识中心航天分中心
联系电话：010-58882035/58882039
电子邮箱：vocabularyservice@163.com
链接地址：http://kos.ckcest.cn

◆ 试验技术领域工程科技重点领域词表

语　　种：中文简体
学科领域：试验技术
关 键 词：试验技术；词表；重点领域；能力验证
摘　　要：试验技术领域工程科技重点领域词表是中国工程科技知识中心试验技术分中心根据实际工作需要，构建自身知识服务所需的重点领域分表，包括工程和技术试验发展、能力测试验证等特定细分领域的深入关联的词表。
资源类型：其他
数据格式：文本
更新频率：年度更新
用户权限：授权
起 始 年：2017 年
责任单位：中国工程科技知识中心试验技术分中心
联系电话：010-58882035/58882039
电子邮箱：vocabularyservice@163.com
链接地址：http://kos.ckcest.cn

◆ 材料领域工程科技重点领域词表

语　　种：中文简体

学科领域：材料

关 键 词：材料；词表；重点领域；材料工程

摘　　要：材料领域工程科技重点领域词表是中国工程科技知识中心材料分中心根据实际工作需要，构建自身知识服务所需的重点领域分表，包括金属材料、高分子材料等特定细分领域的深入关联的词表。

资源类型：其他

数据格式：文本

更新频率：年度更新

用户权限：授权

起 始 年：2017 年

责任单位：中国工程科技知识中心材料分中心

联系电话：010-58882035/58882039

电子邮箱：vocabularyservice@163.com

链接地址：http://kos.ckcest.cn

◆ 有色金属领域工程科技重点领域词表

语　　种：中文简体

学科领域：有色金属

关 键 词：有色金属；词表；重点领域；材料工程

摘　　要：有色金属领域工程科技重点领域词表是中国工程科技知识中心知识组织项目组和中国工程科技知识中心材料分中心根据实际工作需要，构建自身知识服务所需的重点领域分表，包括有色金属特性、有色金属加工应用等特定细分领域的深入关联的词表。

资源类型：其他

数据格式：文本

更新频率：年度更新

用户权限：授权

起 始 年：2017 年

责任单位：中国工程科技知识中心材料分中心

联系电话：010-58882035/58882039

电子邮箱：vocabularyservice@163.com

链接地址：http://kos.ckcest.cn

◆ 黑色金属领域工程科技重点领域词表

语　　种：中文简体

学科领域：黑色金属

关键词：黑色金属；词表；重点领域；材料工程

摘　　要：黑色金属领域工程科技重点领域词表是中国工程科技知识中心知识组织项目组和中国工程科技知识中心材料分中心根据实际工作需要，构建自身知识服务所需的重点领域分表，包括黑色金属特性、黑色金属加工应用等特定细分领域的深入关联的词表。

资源类型：其他

数据格式：文本

更新频率：年度更新

用户权限：授权

起始年：2017 年

责任单位：中国工程科技知识中心材料分中心

联系电话：010-58882035/58882039

电子邮箱：vocabularyservice@163.com

链接地址：http://kos.ckcest.cn

工程教科图书

◆ 工程教科课程元数据集

语　　种：英文
学科领域：工程科技领域
关 键 词：公开课；开放课程；工程科技
摘　　要：收集整理国内外工程领域的开放课程信息，涵盖计算机、医学、信息、设计、管理等各领域课程，数据来源于 Coursera、edX、MIT OCW、网易公开课等开放课程网站，包括课程名、课程介绍、来源、访问网址、主讲人等。用户可查询相关课程，并访问课程所在主页来浏览课程内容。
资源类型：其他
数据格式：文本
更新频率：不定期更新
用户权限：公开
责任单位：浙江大学
联系电话：0571-87953779
电子邮箱：luwm@zju.edu.cn
链接地址：http://ebs.ckcest.cn/Engineering/searchResultCourse.jsp

◆ 工程教科图书

语　　种：中文简体
学科领域：工程科技领域
关 键 词：工程图书；图书全文；工程科技
摘　　要：数字化加工的工程领域类图书，涉及工业技术、农业科技、医药卫生、运输交通、航空航天、生物科学、环境科学等领域，包括图书标题、作者、出版社、出版年份等元数据和全文数据。
资源类型：图书
数据格式：文本
更新频率：不定期更新
用户权限：公开
起 始 年：1906 年
责任单位：浙江大学
联系电话：0571-87953779
电子邮箱：luwm@zju.edu.cn
链接地址：http://ebs.ckcest.cn/Engineering/searchResultBook.jsp

◆ 通用知识问答库

语　　种：中文简体
学科领域：全领域

关　键　词：知识问答；三元组知识；百科知识

摘　　　要：从知识图谱和百科原始页面中抽取得到的三元组知识，如嘉峪关–所在位置–甘肃嘉峪关市向西 5 公里处，用户可通过提问的方式寻求相关答案。

资源类型：其他

数据格式：文本

更新频率：不定期更新

用户权限：公开

责任单位：浙江大学

联系电话：0571-87953779

电子邮箱：luwm@zju.edu.cn

链接地址：http://ebs.ckcest.cn/QA/

◆ 图书知识问答库

语　　　种：中文简体

学科领域：工程科技领域

关　键　词：问答知识；工程科技；图书知识

摘　　　要：从工程科技类图书中抽取的问答知识，包括问题和答案，以及图书来源信息。

资源类型：其他

数据格式：文本

更新频率：不定期更新

用户权限：公开

责任单位：浙江大学

联系电话：0571-87953779

电子邮箱：luwm@zju.edu.cn

链接地址：http://ebs.ckcest.cn/Engineering/QACategory

◆ 知识图谱实体库

语　　　种：中文简体

学科领域：全领域

关　键　词：知识图谱；中文实体；英文实体；实体图像

摘　　　要：基于百度百科、互动百科、维基百科抽取的中英文实体信息，包括实体名称、摘要、属性信息、相关实体、相关分类、相关图像等。

资源类型：其他

数据格式：文本

更新频率：不定期更新

用户权限：公开

责任单位：浙江大学

联系电话：0571-87953779

电子邮箱：luwm@zju.edu.cn

链接地址：http://ebs.ckcest.cn/kb/

学术引领

◆ 中国工程院院刊数据

语　　种：其他
学科领域：工程综合类
关 键 词：Engineering；前沿期刊；中国工程院院刊；智能制造；学术引领；核能
摘　　要：收录中国工程院院刊的期刊论文数据。
资源类型：期刊论文
数据格式：文本
更新频率：月度更新
用户权限：公开
起 始 年：2018 年
责任单位：《中国工程科学》杂志社
联系电话：010-58581912/58582505
电子邮箱：zz@cae.cn；zhc@cae.cn
链接地址：http://engineering.ckcest.cn/
（2020 年 5 月上线）

◆ 中国工程科技会议信息

语　　种：其他
学科领域：工程综合类
关 键 词：含能材料；工程会议；中国工程科技
摘　　要：收录国内外工程科技会议

信息。
资源类型：会议论文
数据格式：文本
更新频率：月度更新
用户权限：公开
起 始 年：2019 年
责任单位：《中国工程科学》杂志社
联系电话：010-58581912/58582505
电子邮箱：zz@cae.cn；zhc@cae.cn
链接地址：http://engineering.ckcest.cn/
（2020 年 5 月上线）

◆ 学术视频

语　　种：中文简体
学科领域：工程综合类
关 键 词：院士；视频；采访；中国工程院建院 20 周年；中华人民共和国成立 70 周年；展望
摘　　要：中国工程院院士大会期间采访院士的视频，涉及工程科技各领域；2019 年共采集 4 个批次的视频，包括工程管理、环境科学、医学、电子信息技术四大领域。
资源类型：视频
数据格式：视频
更新频率：月度更新
用户权限：公开
起 始 年：2019 年

责任单位：《中国工程科学》杂志社
联系电话： 010-58581912/58582505
电子邮箱： zz@cae.cn；zhc@cae.cn
链接地址： http://engineering.ckcest.cn/
（2020 年 5 月上线）

战略咨询智能支持系统

◆ 中国企业创新数据

语　　种：中文简体

学科领域：涉及多学科

关键词：创新；资金投入；研发经费

摘　　要：创新数据的数据来源为北京艾维格信息咨询服务公司，包括企业专利数量、研发人员数量、政府资金投入、研发经费等。创新数据的空间覆盖范围是广东、浙江、江苏、上海、北京、天津、河北7个省份，时间跨度为2008～2013年，总计19万条。企业创新数据统计我国企业科技的投入、创新、扩散情况，包括企业在创新方面的人力、物力投入，与高校的合作情况，以及获取的专利情况。主要字段包括机构人员合计、机构经费支出、项目数、专利申请数等。

资源类型：数据集

数据格式：其他

更新频率：不定期更新

用户权限：授权

起始年：2008年

责任单位：清华大学

联系电话：010-59300255

电子邮箱：liuyf@cae.cn

链接地址：https://sso.ckcest.cn/

◆ 中国工业企业数据

语　　种：中文简体

学科领域：涉及多学科

关键词：企业基本信息；财务数据；经营利润

摘　　要：中国工业企业数据全称为全部国有及规模以上［企业每年主营业务收入（销售额）在500万元以上，2011年起为2000万元以上］非国有工业企业数据。涵盖工业企业产销状况、财务状况、成本费用情况、主要工业产品销售、库存和生产能力，以及企业生产经营景气状况等方面。数据来源于北京世纪佳兰科贸发展有限公司。主要字段包括资产总计、组织机构代码、全年营业收入合计、负债合计等。

资源类型：科技机构

数据格式：其他

更新频率：不定期更新

用户权限：授权

起始年：1998年

责任单位：清华大学

联系电话：010-59300255

电子邮箱：liuyf@cae.cn

链接地址：https://sso.ckcest.cn/

◈ 中国企业环境责任数据

语　　种：中文简体
学科领域：涉及多学科
关 键 词：国家统计局；企业基本信息；企业排污数据
摘　　要：数据来源于国家统计局，包括企业基本信息、废水排放量、氮气去除量/生产量、烟尘排放量/去除量等。数据库由中国工程科技知识中心项目支持建设，时间跨度为 1998～2012 年，包含 1 350 061 条数据，可用于企业向环保方向发展的相关研究。
资源类型：统计数据
数据格式：其他
更新频率：不定期更新
用户权限：授权
起 始 年：1998 年
责任单位：清华大学
联系电话：010-59300255
电子邮箱：liuyf@cae.cn
链接地址：https://sso.ckcest.cn/

◈ 全球未来技术库

语　　种：中文简体

学科领域：涉及多学科
关 键 词：未来技术；技术预见；技术方向；核心前沿技术
摘　　要：汇总全球各国未来 2～30 年的重大技术方向，主要内容包括：各国官方发布的近期以及未来国家重点发展的技术方向；典型科技智库对未来技术发展的判断；典型国家或典型机构技术预见类项目中涉及的未来技术发展方向。
资源类型：数据集
数据格式：数值
更新频率：不定期更新
用户权限：授权
起 始 年：2015 年
责任单位：中国工程院战略咨询中心
联系电话：010-59300033
电子邮箱：zwj@cae.cn
链接地址：https://sso.ckcest.cn/

◈ 典型智库咨询报告

语　　种：英文
学科领域：涉及多学科
关 键 词：咨询报告；美国；政策研究
摘　　要：通过互联网采集和数据交换，获得全球典型智库的战略咨询报告。目前，已采集美国国家科学理事会、美国国家工程院、美国国家科学院、美国医学科学院、美国国会研究中心等美国智库的战略咨询报告。主要包括报告标题、关键字、摘要、作者、报告分类等。

资源类型：科技（咨询、行业）报告

数据格式：文本

更新频率：不定期更新

用户权限：授权

起 始 年：2010 年

责任单位：中国工程院战略咨询中心

联系电话：010-59300033

电子邮箱：zwj@cae.cn

链接地址：https://sso.ckcest.cn/

◆ 全球科研项目库

语 种：其他

学科领域：涉及多学科

关 键 词：基金项目；创新研究；前沿研究

摘 要：依托中国工程院战略咨询中心承担的战略咨询项目，通过项目收集、数据交互、互联网采集等渠道，获得全球各个项目资助机构近年来的项目资助情况。主要包括标题、关键字、摘要、研究费用、时间、分类、资助机构、承担单位、承担人等。

资源类型：科研项目

数据格式：文本

更新频率：不定期更新

用户权限：授权

起 始 年：1990 年

责任单位：中国工程院战略咨询中心

联系电话：010-59300033

电子邮箱：zwj@cae.cn

链接地址：https://sso.ckcest.cn/

总平台

◆ 产业报告数据库

语　　种：中文简体
学科领域：综合
关　键　词：产业报告；人工智能；共享经济；大数据；电商
摘　　要：对中国整体的宏观经济形势进行分析，建立报告数据集合，可帮助研究者快速发现行业特征和发展脉络。建立产业专题，以企业属性、产品产量、对外贸易、固定资产投资等为切入点，结合分析框架，对传统行业进行深入剖析。加入热点专题栏目，关注当前新兴行业，配合图片、文字，给研究者提供更直观的体验。
资源类型：科技（咨询、行业）报告
数据格式：文本
更新频率：不定期更新
用户权限：授权
责任单位：浪潮软件集团有限公司
联系电话：010-59300004
电子邮箱：service@ckcest.cn
链接地址：http://www.ckcest.cn/default/newapplist?keywords=%E4%B8%AD%E5%AE%8F&sortType=1

◆ 经济统计研究报告集

语　　种：中文简体
学科领域：综合
关　键　词：统计报告；世界经济；研究报告；"一带一路"
摘　　要：收录国务院发展研究中心的重大研究成果和专家观点。独家网络授权，具备极高的研究、参考价值。广泛与各类智库、研究机构合作，全面、系统地整合宏观经济、金融、行业、区域等海量深度研究报告、政策解读等，助力研究与决策。整合、编译来自国际/区域性组织、各国政府部门、知名研究机构和媒体的最新研究报告，涵盖国际经济、金融形势动态，对全球经济的分析判断与预测，对各国经济发展热点问题的研究评论，以及最新的经济理论研究。
资源类型：科技（咨询、行业）报告
数据格式：文本
更新频率：不定期更新
用户权限：授权
责任单位：浪潮软件集团有限公司
联系电话：010-59300004
电子邮箱：service@ckcest.cn
链接地址：http://www.ckcest.cn/default/newapplist?keywords=%E7%BB%8F%E6%B5%8E%E6%8A%A5%E5%91%8A&sortType=1

◆ 统计和产业数据库

语　　种： 中文简体

学科领域： 综合

关 键 词： 产业数据；统计数据；经济；产业

摘　　要： 包括全国宏观月度库、全国宏观年度库、分省宏观月度库、分省宏观年度库、海关月度库、城市年度库、县域年度库、OECD 月度库、OECD 年度库九大子库。覆盖宏观、农业、石油、煤炭、电力、机械、钢铁、纺织、石化、电子、汽车、医药、有色、建材、家电、食品饮料、造纸印刷、车船、房地产、金融、保险、商贸、交通、旅游 24 个重点领域。

资源类型： 统计数据

数据格式： 数值

更新频率： 不定期更新

用户权限： 授权

责任单位： 浪潮软件集团有限公司

联系电话： 010-59300004

电子邮箱： service@ckcest.cn

链接地址： http://zjtj.app.ckcest.cn/page/Default.aspx

◆ 科技（咨询、行业）报告数据集

语　　种： 其他

学科领域： 综合

关 键 词： 报告；工程；科技；智库报告；战略咨询

摘　　要： 收录并加工的报告类资源，覆盖国内各级政府、国家省部级院士、行业协会、领域领军企业和专业咨询公司发布的报告，国际工程科技领域智库排名前 200 家高端智库最新发布的研究报告。元数据字段包括但不限于报告名称、作者、机构、摘要、起始日期、完成日期、总页数、报告类型等。

资源类型： 科技（咨询、行业）报告

数据格式： 文本

更新频率： 每天更新

用户权限： 授权

起 始 年： 2001 年

责任单位： 浪潮软件集团有限公司

联系电话： 010-59300004

电子邮箱： service@ckcest.cn

链接地址： http://www.ckcest.cn/portal/search/report

◆ 工程科技产业政策

语　　种：中文简体

学科领域：综合

关 键 词：产业；政策；工程；科技

摘　　要：收录并加工的产业政策数据，是政府为了实现一定的经济和社会目标，对产业的形成和发展进行干预的各种规划、纲要、政策等。元数据字段包括但不限于标题、摘要、全文、发布日期、发布机构、关键词等。

资源类型：产业政策

数据格式：文本

更新频率：每天更新

用户权限：授权

责任单位：浪潮软件集团有限公司

联系电话：010-59300004

电子邮箱：service@ckcest.cn

链接地址：http://www.ckcest.cn/default/es/search

◆ 工程科技会议论文

语　　种：中文简体

学科领域：综合

关 键 词：会议论文；工程；科技

摘　　要：收录并加工的会议论文数据，是国内外会议主办单位或论文汇编单位的重要会议论文。元数据字段包括论文题名、作者、关键词、专业领域、摘要、会议时间、会议名称、支持基金、参考文献、详细地址等。

资源类型：会议论文

数据格式：文本

更新频率：每天更新

用户权限：授权

起 始 年：1980 年

责任单位：浪潮软件集团有限公司

联系电话：010-59300004

电子邮箱：service@ckcest.cn

链接地址：http://www.ckcest.cn/default/es/search

◆ 工程科技科技成果

语　　种：中文简体

学科领域：综合

关 键 词：科技成果；工程；科技

摘　　要：工程科技成果数据是指正式登记的中国科技成果，按行业、成果级别、学科领域分类。元数据字段包括但不限于成果名称、成果类型、奖励名称、奖励等级、奖励年份、推荐单位、简要技术说明、完成人、完成单位等。

资源类型：科技成果

数据格式：文本

更新频率：每天更新

用户权限：授权

起　始　年：1998 年

责任单位：浪潮软件集团有限公司

联系电话：010-59300004

电子邮箱：service@ckcest.cn

链接地址：http://www.ckcest.cn/default/es/search

◆ **工程科技科研机构**

语　　种：中文简体

学科领域：综合

关 键 词：科研机构；工程；科技

摘　　要：收录国内从事科学研究的高校、事业单位和企业机构。元数据字段包括但不限于机构名称、机构类型、机构简介、人才队伍、组织框架、学术成果、所在国家/地区、通信地址等。

资源类型：科技机构

数据格式：文本

更新频率：每天更新

用户权限：授权

起　始　年：1901 年

责任单位：浪潮软件集团有限公司

联系电话：010-59300004

电子邮箱：service@ckcest.cn

链接地址：http://www.ckcest.cn/default/es/search

◆ **工程科技科研项目**

语　　种：中文简体

学科领域：综合

关 键 词：科研项目；工程；科技

摘　　要：收录全球重要国家（如美国、英国、德国、日本等），以及国内重要基金机构（如国家自然科学基金委、国家社会科学基金委）等支持的项目信息。元数据包括但不限于项目名称、摘要、专业领域、项目人员、项目机构、起始日期、结束日期、产出物等。

资源类型：科研项目

数据格式：文本

更新频率：每天更新

用户权限：授权

起　始　年：1998 年

责任单位：浪潮软件集团有限公司

联系电话：010-59300004

电子邮箱：service@ckcest.cn

链接地址：http://www.ckcest.cn/default/es/search

◆ 工程科技期刊论文

语　　种：中文简体

学科领域：综合

关 键 词：期刊论文；工程；科技

摘　　要：收录并加工的国内外期刊论文数据。国内期刊论文覆盖工程科技、基础科学、医药科技、经济管理、信息科技、农业科技等方面，期刊文献数据包括工程科技领域重要的刊物数据。汇聚工程科技各学科 JCR 一区顶级期刊最新开放期刊论文，跟踪各学科一流科研成果。

资源类型：期刊论文

数据格式：文本

更新频率：每天更新

用户权限：授权

责任单位：浪潮软件集团有限公司

联系电话：010-59300004

电子邮箱：service@ckcest.cn

链接地址：http://www.ckcest.cn/default/es/search

◆ "一带一路"专题数据集

语　　种：中文简体

学科领域：综合

关 键 词："一带一路"；沿线国家（地区）；知识专题服务；带路指数

摘　　要：收录"一带一路"沿线国家（地区）数据，如论文、政策法规、咨询动态、统计数据，包括国家（地区）简介、政治情况、经济情况、文化情况、信用评级（标普、穆迪、惠誉）、经济发展、物流成本、投资指数等。

资源类型：其他

数据格式：数值

更新频率：不定期更新

用户权限：授权

责任单位：浪潮软件集团有限公司

联系电话：010-59300004

电子邮箱：service@ckcest.cn

链接地址：http://ydyl.ckcest.cn/country/index

◆ 工程科技学术会议视频

语　　种：中文简体
学科领域：综合
关 键 词：知领；学术会议；视频；直播
摘　　要：知领直播以支撑中国工程院百场学术会议直播为切入点，依托中国工程院院士资源优势，联合36家国家院所共同打造学术直播资源，助力工程院学术引领，提升中国工程科技知识中心影响力。覆盖能源矿业、高端装备、智能制造、材料等20个领域，累计直播学术会议90余场，积累专家视频1000余段。
资源类型：视频
数据格式：视频
更新频率：不定期更新
用户权限：授权
责任单位：浪潮软件集团有限公司
联系电话：010-59300004
电子邮箱：service@ckcest.cn
链接地址：http://video.ckcest.cn/

◆ 工程科技学位论文

语　　种：中文简体

学科领域：综合
关 键 词：学位论文；工程；科技
摘　　要：包括中国优秀博硕士学位论文全文数据库。元数据字段包括但不限于论文题名、作者、导师、关键词、专业领域、摘要、目次、答辩日期、学位授予日期、学位、参考文献、详细地址等。
资源类型：学位论文
数据格式：文本
更新频率：每天更新
用户权限：授权
起 始 年：2002 年
责任单位：浪潮软件集团有限公司
联系电话：010-59300004
电子邮箱：service@ckcest.cn
链接地址：http://www.ckcest.cn/default/es/search

◆ 大国工程专题数据集

语　　种：中文简体
学科领域：综合
关 键 词：中国工程；工程；大型项目
摘　　要：收录并加工的中国建设的大型工程项目，涵盖中国桥、中国路、中国车、中国港、中国网、航空航天、深海探测、创新驱动八个专题，内容包括但不限于工程简介、工程大事记、社会效益、工程参数、工程故事、工程图片、工程视频、新闻报道、相关文献等。

资源类型：其他

数据格式：其他

更新频率：不定期更新

用户权限：授权

责任单位：浪潮软件集团有限公司

联系电话：010-59300004

电子邮箱：service@ckcest.cn

链接地址：http://cbe.ckcest.cn/

◆ **全球专利数据集**

语　　种：中文简体

学科领域：综合

关 键 词：专利；工程；科技

摘　　要：收录全球和国内的专利数据，并实时更新。字段包括但不限于专利名称、摘要、专利类型、所属国家/地区/组织、申请人、专利权人、发明人、专利状态、申请日期、申请号、公开号、同族等。

资源类型：专利

数据格式：文本

更新频率：每天更新

用户权限：授权

责任单位：浪潮软件集团有限公司

联系电话：010-59300004

电子邮箱：service@ckcest.cn

链接地址：http://www.ckcest.cn/default/es/search

◆ **中国院士数据集**

语　　种：中文简体

学科领域：综合

关 键 词：中国工程院院士；中国科学院院士

摘　　要：收录约 2600 名中国工程院院士、中国工程院外籍院士、中国科学院院士、中国科学院外籍院士、中国籍院士（其他在国外获得院士荣誉称号的中国科学家）的基本信息、学术成就、个人风采等。

资源类型：专家学者

数据格式：文本

更新频率：不定期更新

用户权限：公开

起 始 年：2013 年

责任单位：浪潮软件集团有限公司

联系电话：010-59300004

电子邮箱：ysg@ckcest.cn

链接地址：http://ysg.ckcest.cn

国际工程

◈ 大国工程数据库

语　　种：英文

学科领域：工程科技

关 键 词：全球；工程；技术

摘　　要：收录全球范围内（以国外为主）最具代表性、创新性、推动人类社会发展的九大领域重大工程相关数据（工程介绍、重要突破、核心技术）。数据资源类型包括文字、图片、视频等。建设方式包括调研、网络资源爬虫、可视化展示等。

资源类型：数据集

数据格式：其他

更新频率：年度更新

用户权限：公开

起 始 年：2019 年

责任单位：上海软中信息科技有限公司

联系电话：010-59300004

电子邮箱：information@ikcest.org

链接地址：http://www.ikcest.org/globalEngineering/global_engineering.htm

◈ 工程科技最新出版物清单

语　　种：英文

学科领域：工程科技

关 键 词：期刊论文；出版物；科技论文

摘　　要：以列表方式展示与中国工程科技知识中心相关的近期出版物。每一条出版物信息展示出版物的标题、描述、作者、类型、发布时间、相关二类中心机构的名称以及机构的缩略图，帮助用户实时获取近期的出版物。

资源类型：期刊论文

数据格式：文本

更新频率：月度更新

用户权限：公开

起 始 年：2016 年

责任单位：上海软中信息科技有限公司

联系电话：010-59300004

电子邮箱：information@ikcest.org

链接地址：http://www.ikcest.org/journal_list.htm

◈ 国际学术会议信息

语　　种：英文

学科领域：工程科技

关 键 词：学术会议；国际；学科

摘　　要：收录会议名称、召开时间、会议地址、会议介绍、会议网站地址、会议主办单位、学科标签等。国际学术会议信息资源的开发工作包括整理各学科各级别（以一类、二类、三类为主）会议清单、会议网站地址；开发针对新增学术会议站点的抓取爬虫；开发会议站点网页清洗程序；开发后台国际学术会议数据管理系统。

资源类型：学术活动
数据格式：文本
更新频率：不定期更新
用户权限：公开
起 始 年：2016 年
责任单位：上海软中信息科技有限公司
联系电话：010-59300004
电子邮箱：information@ikcest.org
链接地址：http://www.ikcest.org/meetingExpert_index.htm

◆ 海外工程科技教育信息

语　　种：英文
学科领域：工程科技
关 键 词：图书；学科；教育
摘　　要：收录多个学科的图书资源，涉及学科领域包括计算机、经济、金融、工程、政治、农业、商业、传媒、艺术、航空、教育、环境、宗教、社会学、法律、生物等。
资源类型：图书
数据格式：文本

更新频率：不定期更新
用户权限：公开
起 始 年：2015 年
责任单位：上海软中信息科技有限公司
联系电话：010-59300004
电子邮箱：information@ikcest.org
链接地址：http://www.ikcest.org/textbook_list.htm

◆ 全球工程科技名录专家

语　　种：英文
学科领域：工程科技
关 键 词：专家；会议；学术
摘　　要：收录学术报告专家和全球工程科技专家的数据资源。其中，会议专家信息包括会议的各类主席、委员会成员等，专家信息包括姓名、E-mail 地址、单位、研究方向（可选）、介绍等。全球工程科技名录专家依赖的数据建设与维护包括：增加数据资源采集；构建多渠道专家资源汇聚功能；实现专家搜索引擎；开发对全球科技专家的快速检索功能；研发专家资源知识图谱技术；实现专家信息与资讯的关联分析；实现专家论文与专利信息的关联分析；提供专家数据的分析挖掘功能。
资源类型：专家学者

数据格式：其他

更新频率：不定期更新

用户权限：公开

起 始 年：2016 年

责任单位：上海软中信息科技有限公司

联系电话：010-59300004

电子邮箱：information@ikcest.org

链接地址：http://www.ikcest.org/expert_list.htm

◆ 全球知名科研机构及实验室信息库

语　　种：英文

学科领域：工程科技

关 键 词：科研机构；实验室；欧美发达国家

摘　　要：涵盖主要欧美发达国家（美国、英国、德国等）各学科科研机构和实验室信息。机构信息主要包括机构名称、国家、地理位置、学科领域、级别、机构介绍、机构主要科研人员、机构网站地址、主要科研项目或成果（可选）、机构照片等。实验室信息包括名称、国家、地理位置、学科领域、依托机构（高校）、级别、实验室介绍、重点项目（可选）、实验室网站、实验室主要设备、实验室照片、科研成员等。

资源类型：科技机构

数据格式：其他

更新频率：不定期更新

用户权限：公开

起 始 年：2018 年

责任单位：上海软中信息科技有限公司

联系电话：010-59300004

电子邮箱：information@ikcest.org

链接地址：http://ikcest.org/natureindex.htm

◆ 全球科技专利数据库

语　　种：英文

学科领域：工程科技

关 键 词：科技领域；专利；全球

摘　　要：提供科技领域专利数据资源，包括专利名称、摘要、专利类型、所属国家/地区/组织、申请日期、发布日期、发明人、专利权人等。

资源类型：专利

数据格式：文本

更新频率：不定期更新

用户权限：公开

起 始 年：2019 年

责任单位：上海软中信息科技有限公司

联系电话：010-59300004

电子邮箱：information@ikcest.org

链接地址：http://ikcest.org/patent_detail.htm?id=3302705

◆ **"一带一路"指数数据库**

语　　种：英文
学科领域：工程科技
关 键 词："一带一路"；国际；指数
摘　　要：收录"一带一路"沿线 66 个国家（地区）基本状况（简介、政治、文化等），以及沿线国家（地区）工程投资潜力指数、工程投资便利指数、科技创新指数等。
资源类型：数据集
数据格式：其他
更新频率：年度更新
用户权限：公开
起 始 年：2019 年
责任单位：上海软中信息科技有限公司
联系电话：010-59300004
电子邮箱：information@ikcest.org
链接地址：http://ikcest.org/beltRoad/road_index.htm

◆ **"支撑SDGs"数据库**

语　　种：英文
学科领域：工程科技
关 键 词：SDGs；目标；政策；法规
摘　　要：收录联合国教育、科学及文化组织关注的 SDGs（17 个目标下 169 个指标）中的相关内容（活动、政策、法规、文件、数据、技术、服务等），形成数据集。
资源类型：数据集
数据格式：其他
更新频率：年度更新
用户权限：公开
起 始 年：2019 年
责任单位：上海软中信息科技有限公司
联系电话：010-59300004
电子邮箱：information@ikcest.org
链接地址：http://ikcest.org/sdgs/sdgs_index.htm

索　引

G

H